30

Network promotion

分钟教会你
网络推广

十大行业的营销技巧

谭贤 / 编著

中国铁道出版社有限公司
CHINA RAILWAY PUBLISHING HOUSE CO., LTD.

内 容 简 介

30 分钟精通网络推广技巧，成为网络推广高手。

10 大行业 60 多个精彩网络推广案例，帮您一步步解决各类网络推广营销难题，从新手成为网络推广营销达人。

餐饮、房产、快消、游戏、汽车、服装、电商、微商、影视、图书等热门行业的网络推广知识、推广技巧、营销方法与成功案例相结合，可现学现用，让网络推广营销立竿见影。

本书结构清晰，图表丰富，案例新颖，实用性强，不仅适合对网络推广感兴趣的人士、还特别适合餐饮、房产、快消、游戏、汽车、服装、电商、微商、影视、图书等行业营销的从业人士，以及希望通过网络推广这个新兴领域获得第一桶金的投资者、创业者和各类企业的营销经理、品牌经理、广告策划人员、产品开发部门经理及企业的决策者。同时也适用于电子商务专员、政府媒体工作人员以及相关专业的学生等。

图书在版编目（CIP）数据

30 分钟教会你网络推广：十大行业的营销技巧 / 谭贤编著 . —北京：

中国铁道出版社，2017.4（2022.1 重印）

ISBN 978-7-113-22530-8

Ⅰ . ① 3… Ⅱ . ①谭… Ⅲ . ①网络营销 Ⅳ . ① F713.365.2

中国版本图书馆 CIP 数据核字（2016）第 275082 号

书　　名： 30 分钟教会你网络推广：十大行业的营销技巧
作　　者： 谭　贤

责任编辑： 张亚慧　　　**编辑部电话：**（010）51873035　　　**邮箱：** lampard@vip.163.com
封面设计： MXK DESIGN STUDIO
责任印制： 赵星辰

出版发行： 中国铁道出版社有限公司（100054，北京市西城区右安门西街 8 号）
印　　刷： 佳兴达印刷（天津）有限公司
版　　次： 2017 年 4 月第 1 版　　2022 年 1 月第 2 次印刷
开　　本： 700 mm×1 000 mm　1/16　**印张：** 17.75　**字数：** 308 千
书　　号： ISBN 978-7-113-22530-8
定　　价： 45.00 元

前言
PREFACE

01 **写作驱动**

网络推广已经成为各行各业主要的营销方法，现如今，效果显著的网络推广营销方式被广泛应用于餐饮、房产、快消、游戏、汽车、服装、电商、微商、影视、图书等多个行业。网络推广是生命力极强的一种推广形式。固然，越来越多的行业每天都会进行网络推广，但效果不佳，那是因为人们没有完全掌握网络推广的方法与技巧，不懂得每个行业都有属于自身特点的网络推广方式，因此，笔者才想推出本书，让大家能在30分钟内可以快速、有效率地学习网络推广的营销技巧。

笔者写下自己的经历、见阅，最终目的是让每一个读者都能更加了解网络推广的魅力，让读者不仅是从理论出发，还提供不少的案例，让读者更加清晰明了地了解网络推广的技巧，本书主要内容展示如下：

```
                ┌──────────────────────┐
                │ 30分钟教会你网络推广    │
                └──────────┬───────────┘
                           │
                           │          ┌────────┐ ┌────────┐ ┌────────┐ ┌────────┐
                           │          │O2O推广 │ │微信推广 │ │视频推广 │ │软文推广 │
         网络推广工具线       │          └────────┘ └────────┘ └────────┘ └────────┘
                           ├────────► ┌────────┐ ┌────────┐ ┌────────┐ ┌────────┐
                           │          │微博推广 │ │论坛推广 │ │视觉推广 │ │QQ推广  │
                           │          └────────┘ └────────┘ └────────┘ └────────┘
                           │          ┌────────┐ ┌────────┐
                           │          │APP推广 │ │百度推广 │
                           │          └────────┘ └────────┘
┌──────┐                   │
│ 内容  │                   │          ┌────────┐ ┌────────┐ ┌────────┐ ┌────────┐
│ 概述  │     行业线          │          │餐饮行业 │ │房产行业 │ │快消行业 │ │游戏行业 │
└───┬──┘                   │          └────────┘ └────────┘ └────────┘ └────────┘
    │                      ├────────► ┌────────┐ ┌────────┐ ┌────────┐ ┌────────┐
    │                      │          │汽车行业 │ │服装行业 │ │电商行业 │ │微商行业 │
    │                      │          └────────┘ └────────┘ └────────┘ └────────┘
    │                      │          ┌────────┐ ┌────────┐
    │                      │          │影视行业 │ │图书行业 │
    │                      │          └────────┘ └────────┘
    ▼
```

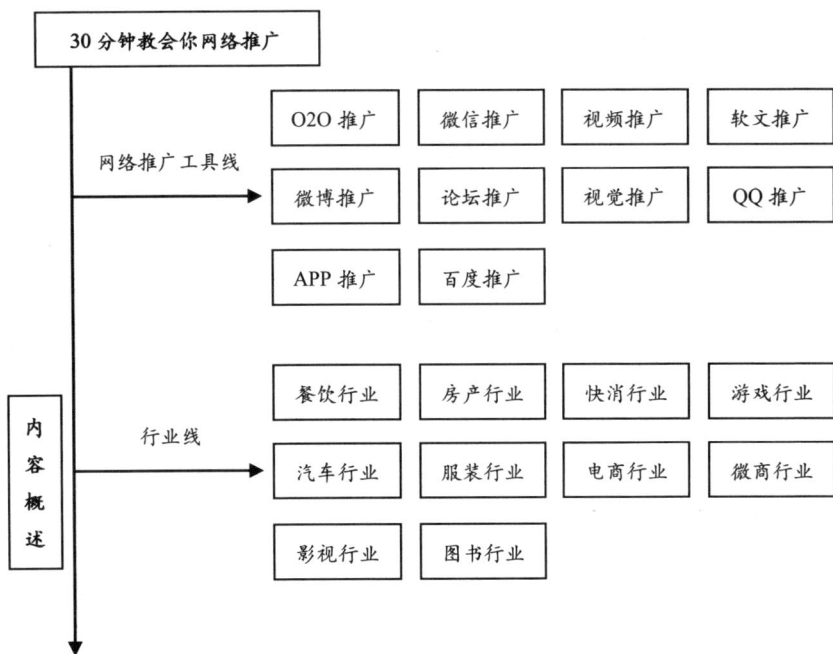

本书不是长篇大论的理论指导书，而是一本侧重实际应用的营销技巧、案例实战大放送的宝典，既帮助对网络推广感兴趣的读者全面掌握网络推广技巧，更对想通过网络推广解决实际问题的读者提供操作方法。

⑫ 内容特色

本书有以下 3 大特色：

（1）详细具体，通过 10 大行业精解：本书体系完整，从理论到细分行业进行了专题内容的详解，详细讲解了餐饮、房产、快消、游戏、汽车、服装、电商、微商、影视、图书这 10 种行业的网络推广，集理论指导、技巧操作、成功案例于一体，帮助读者彻底认识和学习到网络推广的技巧。

（2）图文结合，内容全面、专业性强：书中不仅讲述了网络推广的相关理论知识，同时还结合图片，通过行业案例，指导帮助读者彻底玩转网络推广。

（3）案例丰富，列举 60 多个案例分析：本书全面剖析当前各大热门行业的网络推广的技巧与方法，并配以经典案例，分析大量的真实案例，共达 60 多个，摆事实讲道理，告诉各位读者轻松玩转网络推广的具体方法和技巧。

03 内容安排

全书先总体放送网络推广技巧，然后从 10 大行业切入网络推广方法。

【网络推广技巧】：在第 1 章里，笔者简略地对 10 大网络推广工具进行了介绍，让读者对这些网络推广工具的定义和特点有大致的了解。

【10 大行业网络推广技巧】：餐饮行业 O2O 推广、房产行业微信推广、快消行业视频推广、游戏行业软文推广、汽车行业微博推广、服装行业论坛推广、电商行业视觉推广、微商行业 QQ 推广、影视行业 APP 推广、图书行业百度推广。从第 2 章～第 11 章，分别从各大行业入手，放松推出各大行业最适合的网络推广工具，让读者进一步挖掘网络推广的技巧。

由于作者知识水平有限，书中难免有错误和疏漏之处，恳请广大读者批评、指正，联系邮箱：feilongbook@163.com。

编者

2017 年 1 月

目录
CONTENTS

2
CHAPTER

餐饮行业——O2O 推广

目录 | C O N T E N T S

3
CHAPTER

房产行业——微信推广

4
CHAPTER

快消行业——视频推广

目录 | C O N T E N T S

5
CHAPTER

目录 | C O N T E N T S

6
CHAPTER

汽车行业——微博推广

7
CHAPTER

服装行业——论坛推广

目录 | C O N T E N T S

8

CHAPTER

电商行业——视觉推广

9
CHAPTER

微商行业——QQ 推广／197

目录 | C O N T E N T S

10 CHAPTER

影视行业——APP 推广

11
CHAPTER

目录 | C O N T E N T S

1

CHAPTER

快速入行：掌握
推广方法

1.1 什么是网络推广

网络推广是指企业基于互联网，通过各种营销活动或营销手段将企业品牌、产品或服务展现给网民的一种方式。网络推广复杂多样，而且几乎贯穿企业开展的网络活动的整个过程，企业要想融会贯通网络推广技巧，就必须从实践中发现网络推广的方法和规律。

1.1.1 分析网络推广

随着时代的进步，网络推广已经受到了企业的热捧。网络推广作为一种特殊的推广营销方式，并不是所有企业都能取得成功的，它也有局限性。因此，企业首要任务应该了解网络用户的特征，除此之外，企业还要了解一下网络推广营销适合哪些行业和产品。

据调查，当前网络用户一般具有如图 1-1 所示的总体特征。

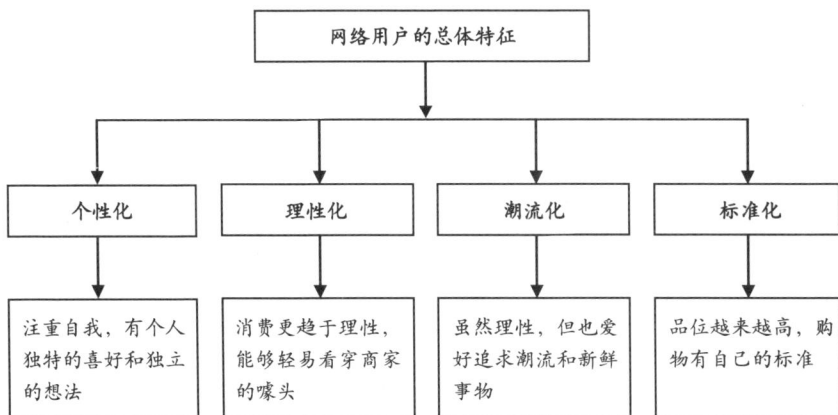

网络用户的总体特征			
个性化	理性化	潮流化	标准化
注重自我，有个人独特的喜好和独立的想法	消费更趋于理性，能够轻易看穿商家的噱头	虽然理性，但也爱好追求潮流和新鲜事物	品位越来越高，购物有自己的标准

◆ 图 1-1 网络用户的特征

同时，网络消费者的消费观念也发生了很大的变化，绿色消费、安全消费成为人们的主流价值观，综合而言，网络用户的主要消费特征是：追求新潮、勇于尝试，同时又有一定的理智，不会被铺天盖地的广告迷了双眼。

因此，企业需要把握好网络消费者的心态，抓住消费者的需求，同时配合网络推广营销工具，才能进行高效的品牌推广和传播。那么问题来了，什么样的产品利用网络推广营销会给企业带来宝贵的财富呢？就此笔者总结出了适合网络推广营销的十大行业，如图 1-2 所示。

```
          ┌──────────────────────┐
          │   适合网络推广营销的十大行业   │
          └──────────┬───────────┘
   ┌───┬───┬───┬───┬──┴─┬───┬───┬───┬───┐
   ▼   ▼   ▼   ▼   ▼   ▼   ▼   ▼   ▼   ▼
  餐  房  快  游  汽  服  电  影  微  图
  饮  产  消  戏  车  装  商  视  商  书
  行  行  行  行  行  行  行  行  行  行
  业  业  业  业  业  业  业  业  业  业
```

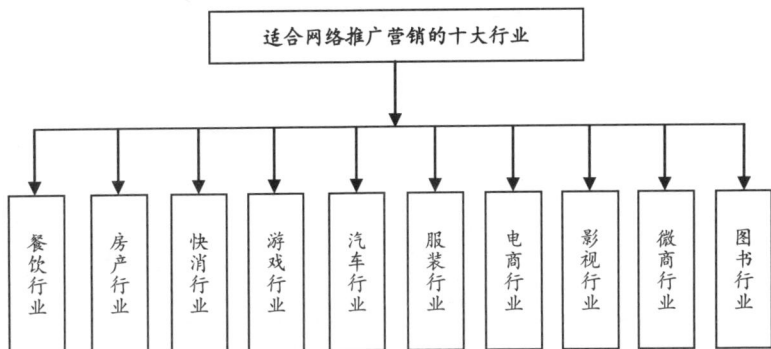

◆ 图1-2 适合网络推广营销的十大行业

在后面的章节里，将会针对这十大热门行业领域，紧扣互联网以及移动互联网营销工具进行详细讲解。

1.1.2 网络推广的优势及劣势

与传统推广营销相比，网络推广营销因受到互联网技术、移动互联网技术的冲击，因此具备一定的优势，但依然存在一些劣势，企业了解传统营销和网络推广营销的优势和劣势，可以更有效率地满足顾客的需求。

❶ 优势

网络推广营销的优势是显而易见的，就目前而看，主要有如图1-3所示的几点优势。

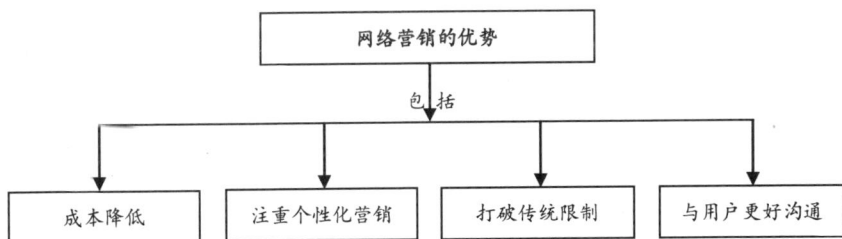

```
        ┌──────────────────┐
        │   网络营销的优势    │
        └────────┬─────────┘
              包括
   ┌──────┬──────┴──────┬──────┐
   ▼      ▼             ▼      ▼
┌──────┐┌────────────┐┌────────────┐┌────────────┐
│成本降低││ 注重个性化营销 ││ 打破传统限制 ││ 与用户更好沟通 │
└──────┘└────────────┘└────────────┘└────────────┘
```

◆ 图1-3 网络营销的优势

（1）成本降低

与传统的推广营销相比，网络推广营销模式可节省一部分的成本，原因如图1-4所示。

```
┌─────────────────────────────────┐
│      网络推广营销成本降低的原因      │
└─────────────────────────────────┘
              包 括
```

采购程序简化	人力、广告成本降低	节省流通费用
传统的原材料采购工作，流程十分烦琐且复杂，所以成本高，而网络时代，可以将采购产品与制造流程结合起来，因此可以简化采购程序，降低成本	传统推广方式往往需要投入大量资金和人力进行市场调查和推广，而网络时代，人力费用和通过网络渠道发布广告的平均费用大大降低	网络时代，网络推广营销能够为企业节省传统推广方式不得不花费的巨额流通费用，从而促使商品成本和价格大大地降低

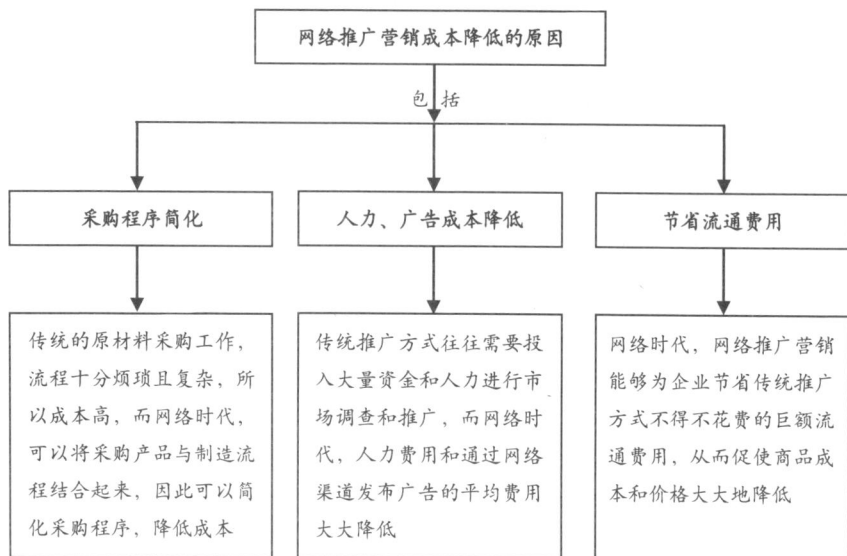

◆ 图 1-4　网络推广营销成本降低的原因

（2）注重个性化营销

比起传统推广营销方式，网络推广营销是一个更加注重客户需求、强调个性化需求的营销方式，它将对人的关注、释放人的个性及满足人的个性需求推到了核心的地位，让企业与消费者逐步形成了一种新型关系，如图 1-5 所示。

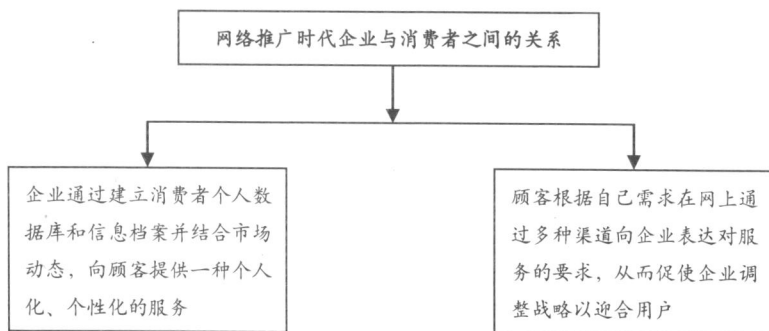

```
┌─────────────────────────────────┐
│    网络推广时代企业与消费者之间的关系   │
└─────────────────────────────────┘
```

企业通过建立消费者个人数据库和信息档案并结合市场动态，向顾客提供一种个人化、个性化的服务	顾客根据自己需求在网上通过多种渠道向企业表达对服务的要求，从而促使企业调整战略以迎合用户

◆ 图 1-5　网络推广时代企业与消费者之间的关系

（3）打破传统的限制

和传统营销方式相比，网络营销打破了传统营销时间、空间上的限制，企业可以随时随地进行推广营销，如图 1-6 所示。

```
┌─────────────────────────────────┐
│   网络营销打破了传统营销的限制    │
└─────────────────────────────────┘
```

```
┌──────────────────┐          ┌──────────────────┐
│  打破时间上的限制 │          │  打破空间上的限制 │
└──────────────────┘          └──────────────────┘
```

```
┌──────────────────┐          ┌──────────────────┐
│ 在网络上，企业可  │          │ 远程服务和移动服  │
│ 以全年无休地进行  │          │ 务打破了传统营销  │
│ 网络推广营销，没  │          │ 空间上的限制，商  │
│ 有时间的限制，而  │          │ 家在网上发布的信  │
│ 消费者也可以在任  │          │ 息，用户在任何地  │
│ 何时候看到企业发  │          │ 点都能查询到      │
│ 布的信息          │          │                  │
└──────────────────┘          └──────────────────┘
```

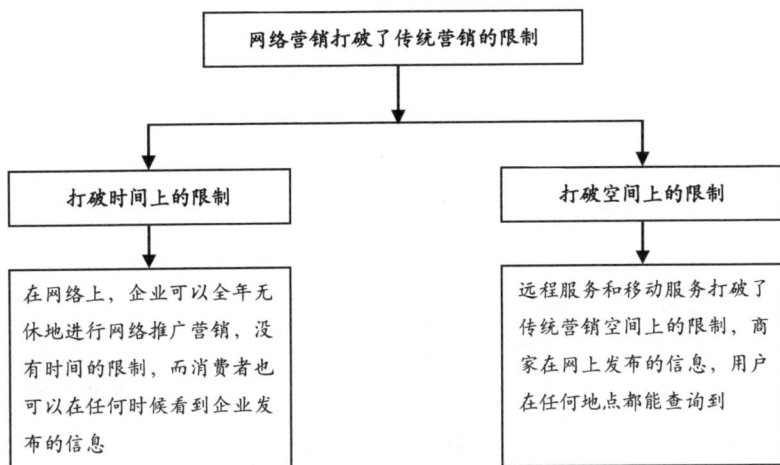

◆ 图 1-6　网络营销打破了传统营销的限制

（4）与用户更好沟通

在传统营销活动中，企业与消费者之间的沟通方式十分单一，而且沟通起来也比较困难，但在网络环境下，企业可以通过 QQ、微信公众号、微博、论坛等多种渠道方式与消费者进行互动沟通，并且随着网络推广营销的发展，企业与消费者之间的沟通形式和沟通内容也越来越贴心、越来越人性化了。

❷ 劣势

了解了网络推广营销的优势，下面笔者为大家介绍网络推广营销的几点劣势，如图 1-7 所示。

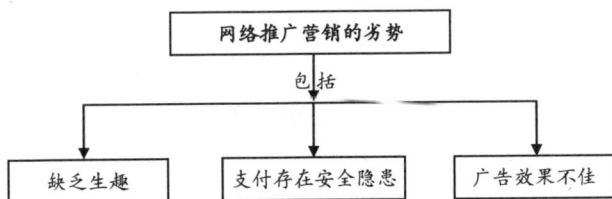

```
┌──────────────────┐
│  网络推广营销的劣势 │
└──────────────────┘
         包括
    ┌──────┼──────┐
┌────────┐ ┌──────────────┐ ┌──────────┐
│ 缺乏生趣 │ │ 支付存在安全隐患 │ │ 广告效果不佳 │
└────────┘ └──────────────┘ └──────────┘
```

◆ 图 1-7　网络推广营销的劣势

（1）缺乏生趣

在网络推广中，企业通过冷冰冰的电脑向用户传达推广的信息，用户面对的不是优雅舒适的购物环境，也没有精美的实物做参考或者亲临推广活动现场，因此相比传统推广方式来说，总是缺少一些生趣。

（2）支付存在安全隐患

随着我国网络发展水平逐渐提高，通过电子银行或信用卡付款，已经成为主流趋势。虽然现在有如支付宝、财付通等安全保护软件方便用户进行支付，但安全性还是不能百分百保证。一旦密码被人截获，消费者将会产生很大损失，这也是网络营销、网购发展必须面临并解决的大难题。

（3）广告效果不佳

企业通过网络广告做宣传，会遇到两方面的限制：

▶ 一是网页上可供选择的广告位的限制；

▶ 二是计算机屏幕展示出的广告效果的限制，因此网络上展示的广告效果不如电视、杂志、广播等传统方式展示的效果。

1.1.3 网络推广的特点

互联网为企业的推广营销带来了很多便利，并且因为其自身的开放、自由、个性、合作和免费等特点，让企业推广营销呈现出了如图1-8所示的鲜明特点。

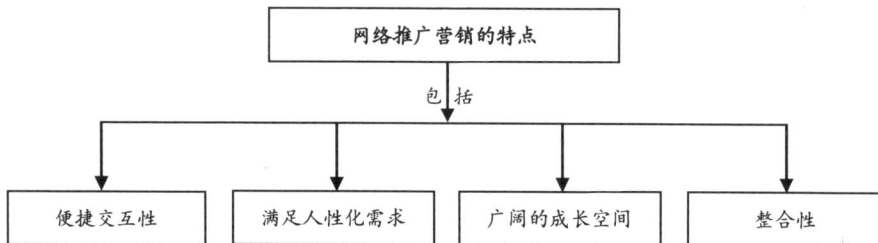

◆ 图1-8 网络推广营销的特点

❶ 便捷交互性

网络推广能够通过QQ、论坛、微博、微信、淘宝客服、博客等软件实现远距离、无障碍沟通，具体而言，其交流的便捷性主要表现在两方面：

▶ 一方面是能够让顾客通过网络迅速且有针对性地了解到自己想要的产品信息和活动信息；

▶ 另一方面是能够帮助企业通过网络了解到用户的需求，并在第一时间为用户提供更好的服务，以增强用户的依赖和体验感。

例如，现在有很多企业都开通了官方贴吧，如图1-9所示为"小米官方吧"。

◆ 图 1-9 "小米官方吧"

在"小米官方吧"上，可以看到很多有关产品信息的帖子，除此之外，还有很多答疑解惑、科普技巧、求助他人、投票类的帖子，用户可以随时提出他们想了解的问题，贴吧里会有专业人士负责解答，这样就提高了企业与客户之间的交互性，从而增强用户的信赖感和对企业的认可度。

❷ 满足人性化需求

网络推广打破了传统意义上的时间和空间上的限制，能够全天候 24 小时为用户服务，这就已经表明了网络推广的人性化特征，同时，通过网络推广平台，企业还可以根据用户的需要提供产品服务，例如，用户想要一台属于自己的、独有的笔记本电脑，戴尔公司可以根据每位用户的需求提供该项服务，如图 1-10 所示。

◆ 图 1-10 戴尔传统电脑与个性化对比

❸ 广阔的成长空间

互联网用户基数巨大且还在慢慢扩张中，在这些用户中，主要以年轻、中产阶级用户为主，而且很多用户都是受过高等教育的，由于这部分群体对市场有着深远的影响，因此对网络推广来说，极具开发潜力。

下面笔者就网络推广之所以具备如此广阔的成长空间的原因进行深入阐述，如图1-11所示。

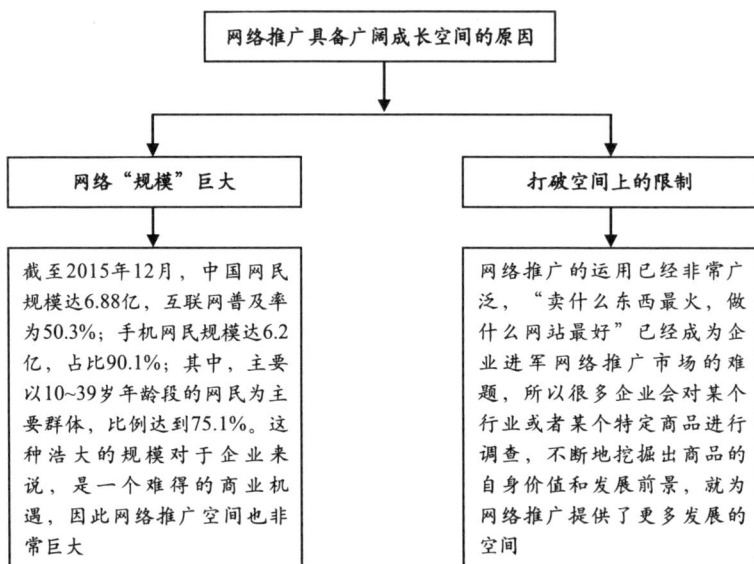

```
┌─────────────────────────────────┐
│   网络推广具备广阔成长空间的原因      │
└─────────────────────────────────┘
        ┌──────────┴──────────┐
┌──────────────────┐  ┌──────────────────┐
│  网络"规模"巨大    │  │  打破空间上的限制   │
└──────────────────┘  └──────────────────┘
```

截至2015年12月，中国网民规模达6.88亿，互联网普及率为50.3%；手机网民规模达6.2亿，占比90.1%；其中，主要以10~39岁年龄段的网民为主要群体，比例达到75.1%。这种浩大的规模对于企业来说，是一个难得的商业机遇，因此网络推广空间也非常巨大

网络推广的运用已经非常广泛，"卖什么东西最火，做什么网站最好"已经成为企业进军网络推广市场的难题，所以很多企业会对某个行业或者某个特定商品进行调查，不断地挖掘出商品的自身价值和发展前景，就为网络推广提供了更多发展的空间

◆ 图1-11　网络推广具备广阔发展空间的原因

❹ 整合性

在企业的网络推广营销过程中，需要根据环境对各种营销工具和营销资源进行即时的修正和整合。

1.1.4　网络推广的其他特点

网络推广，除了具备以上所说的便捷交互性、满足人性化需求、广阔的成长空间和整合性等特性之外，还具备以下特性。

❶ 强大功能性

毫无疑问，网络推广是一种利用互联网先进工具进行推广营销的、具备强大功能的营销方式，其强大功能性主要表现在如图 1-12 所示的方面。

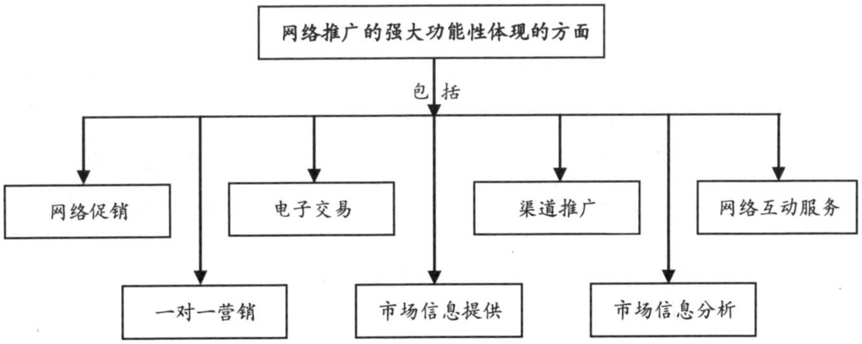

◆ 图 1-12　网络推广的强大功能性体现的方面

❷ 高效性

计算机的高效性决定了网络推广的高效性，计算机的高效性及意义如图 1-13 所示。

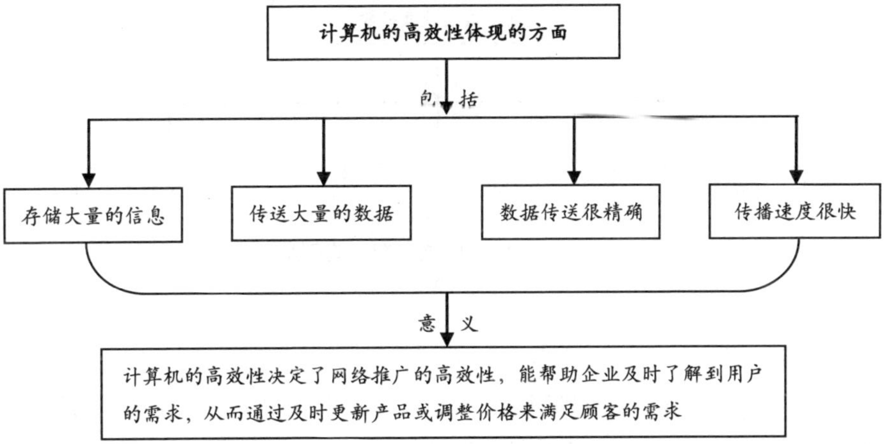

◆ 图 1-13　计算机的高效性的体现及意义

❸ 经济性

网络营销具备经济性特点主要有两个方面的原因：

▶ 一是企业通过网络进行信息交换，减少了传统的人力、物力、财力的支出；

▶ 另一方面是网络的发达帮助企业减少了多次交换带来的经济损耗。

1.2 网络推广的功能

近几年来，随着网络经济和网络技术的不断发展，网络营销、网络推广渐渐成为众企业争夺的领域，很多传统营销模式也渐渐向网络营销模式转型，然而，在不了解网络推广功能和作用的前提下，依然有很多企业在网络推广营销的过程中吃尽了苦头。因此，正确地认识和理解网络推广营销的功能和作用，是网络推广营销实战的基础和前提。

1.2.1 信息搜索功能

在网络推广营销中，企业可以利用多种搜索工具（如SEO综合查询、PR查询、百度权重等）主动积极地获取大量有用的信息，然后对搜索到的信息进行分析研究，从中了解对手的竞争态势，获得商机。

企业想要在网络推广中如鱼的水，就必须了解如图 1-14 所示的几种网络信息搜索引擎。

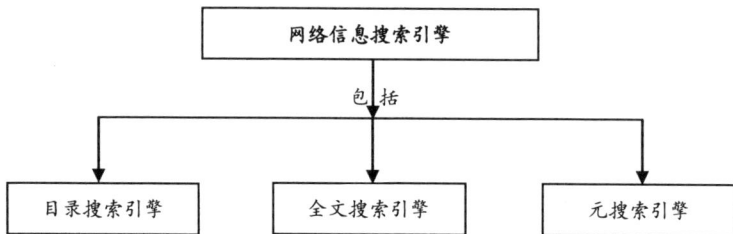

◆ 图 1-14　网络信息搜索引擎

❶ 目录搜索引擎

目录搜索引擎是一种面向网站、由专职编辑或志愿人员人工建立起来的文字描述工具，主要用于存储、查找和报道档案信息等。

国外的目录搜索引擎代表有：Yahoo！、Open Directory、LookSmart 等。

国内的目录搜索引擎代表有：新浪网、搜狐、网易搜索等。

因为目录搜索引擎信息由人工处理过程，因此其主要的优点包括以下几点：

▶ 无效链接较少；

▶ 信息相对要准确；

▶ 导航质量高。

但目录搜索引擎也存在一定的缺点，如下所示。

▶ 需要人工介入；

▶ 维护量大；

▶ 信息量少；

▶ 信息更新不及时。

由此可见，目录搜索引擎适用于学科调研领域。

❷ 全文搜索引擎

全文检索系统是按照全文检索理论建立起来的，提供全文检索服务的软件系统。全文检索引擎的功能包括：

▶ 建立索引功能；

▶ 增加索引功能；

▶ 优化索引结构功能；

▶ 提供查询功能；

▶ 提供方便的用户接口等功能。

从搜索结果来源的角度来看，全文搜索引擎可细分为两种，如图1-15所示。

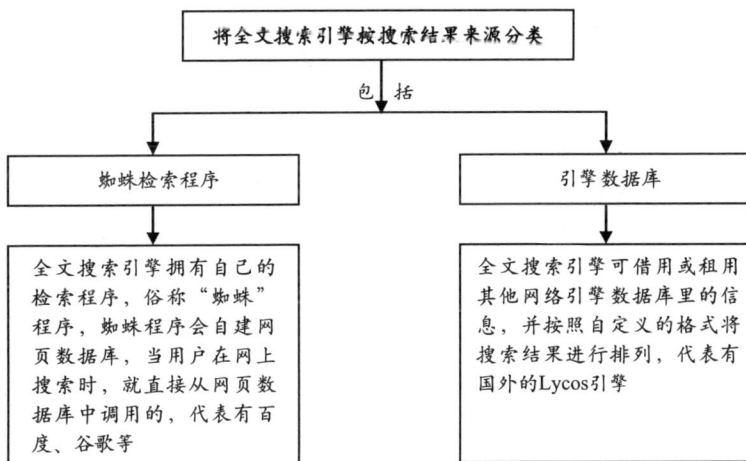

◆ 图1-15 将全文搜索引擎按搜索结果来源分类

❸ 元搜索引擎

元搜索引擎又称多搜索引擎，是通过一个统一的用户界面帮助用户在多个搜索引擎中选择合适的搜索引擎来实现检索操作的工具，其主要依赖于如下所示的技术进行全局控制：

▶ 数据库选择技术；

▶ 查询分派技术；

▶ 结果综合技术等。

元搜索引擎由三部分组成，如图1-16所示。

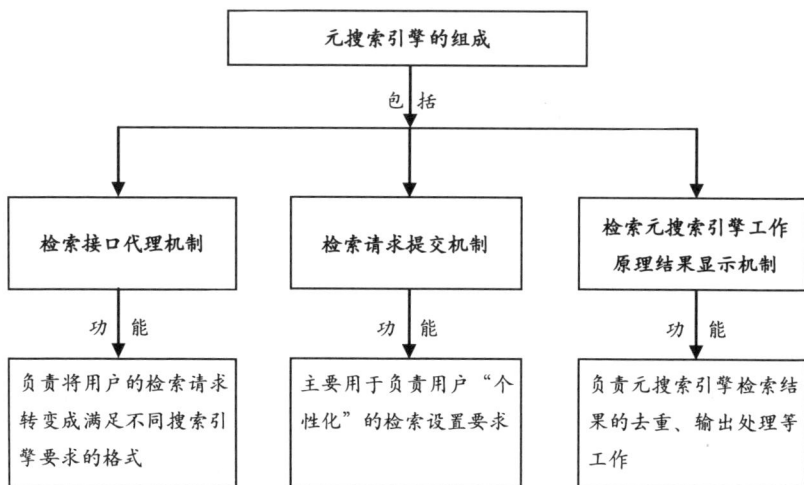

◆ 图1-16 元搜索引擎的组成

1.2.2 商业情况调查功能

网络推广营销中的商情调查具有非常重要的商业价值，在激烈的市场竞争环境下，准确把握市场商业情况，是企业窥探竞争对手动态、调整竞争战略的重要前提和基础。目前，世界上广泛开展的商情调查主要有以下三种类型，如图1-17所示。

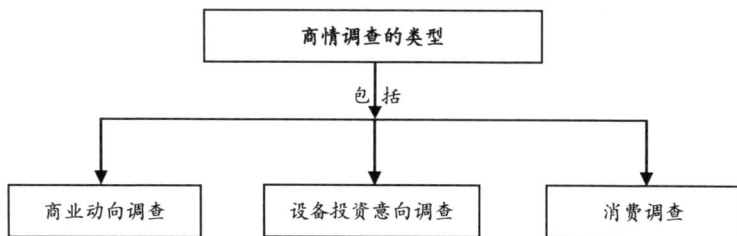

◆ 图1-17 商情调查的类型

❶ 商业动向调查

商业动向调查是了解宏观经济总体运行状况和趋势。在我国开展的调查，主要是大中型企业的调查较多，因为这些大中型企业在整个国民经济中所占比重非常大。

❷ 设备投资意向调查

设备投资意向调查主要是对企业未来投资动向有个基本的了解。为什么要重视投资动向的调查？因为投资动向对宏观经济的波动，有很大的影响力，因此，进行宏观调控是十分必要的。

❸ 消费调查

消费调查是针对消费者而言的，主要是为了获取消费者的消费动向，包括消费态度、购买意向等。在任何国家和地区，居民的消费动向，都对经济波动起着很大的作用，因此，通过了解消费者的消费动向进行宏观经济调控是非常重要的。

1.2.3　开拓销售渠道功能

随着网络经济时代的到来，企业面对着巨大的挑战和机遇，在这种挑战和机遇下，企业必须时刻密切关注互联网的动向，才能在此机遇下建立属于自己的网络推广销售渠道。总体来说，网络销售渠道可分为如图 1-18 所示的两点。

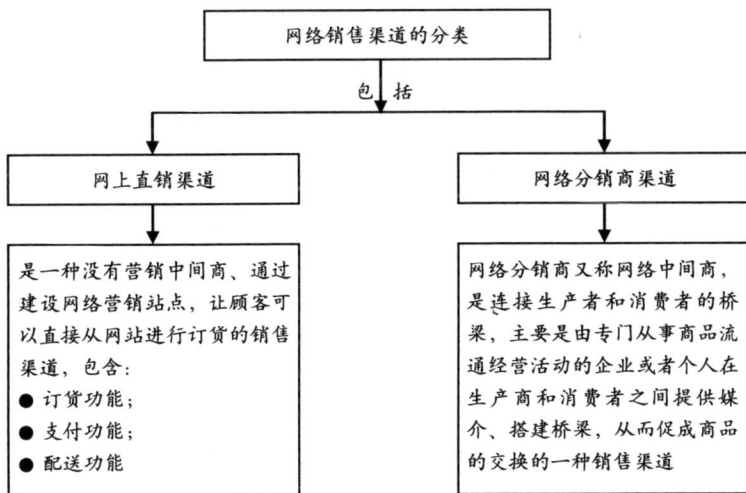

```
┌─────────────────────────┐
│      网络销售渠道的分类        │
└─────────────────────────┘
            包 括
    ┌─────────┴─────────┐
┌───────────┐      ┌───────────┐
│  网上直销渠道  │      │ 网络分销商渠道 │
└───────────┘      └───────────┘
```

是一种没有营销中间商、通过建设网络营销站点，让顾客可以直接从网站进行订货的销售渠道，包含：
● 订货功能；
● 支付功能；
● 配送功能

网络分销商又称网络中间商，是连接生产者和消费者的桥梁，主要是由专门从事商品流通经营活动的企业或者个人在生产商和消费者之间提供媒介、搭建桥梁，从而促成商品的交换的一种销售渠道

◆ 图 1-18　网络销售渠道的分类

专家提醒

网络分销商在产品销售、售后服务和产品配送等过程中均起着很重要的作用，目前，已经出现了许多基于网络的、提供信息服务中介功能的新型分销商，这些新型中间商有以下几类：

▶ 虚拟商城；

▶ 搜索引擎服务商；

▶ 互联网内容供应商。

1.2.4 品牌价值延伸功能

互联网的出现，不仅推动了品牌的拓展性和扩散力，而且还带来了新的生机和活力。对于向互联网进军的传统企业来说，企业的品牌形象在建立网站之前就已经确立了。随着互联网越来越普及，网络企业想要建立一个成功的网络品牌，就需要注重如图 1-19 所示的几点。

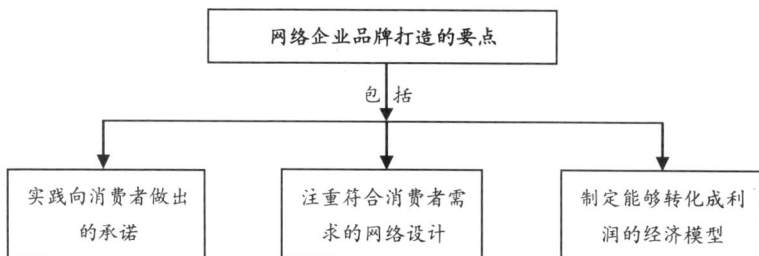

```
            ┌────────────────────────┐
            │  网络企业品牌打造的要点  │
            └────────────────────────┘
                      包括
    ┌──────────────┬──────────────┬──────────────┐
┌─────────┐  ┌─────────┐  ┌─────────┐
│实践向消费者做出│  │注重符合消费者需│  │制定能够转化成利│
│  的承诺  │  │ 求的网络设计 │  │ 润的经济模型 │
└─────────┘  └─────────┘  └─────────┘
```

◆ 图 1-19 网络企业品牌打造的要点

同时，如果企业想要进行品牌价值的延伸和拓展，就应该利用如图 1-20 所示的品牌推广营销模式，进行整合推广营销。

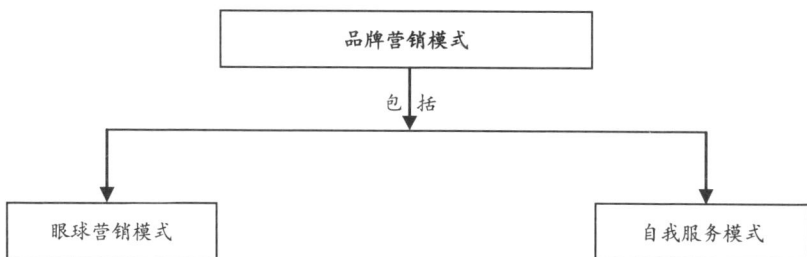

```
            ┌────────────────┐
            │   品牌营销模式   │
            └────────────────┘
                   包括
    ┌──────────────────────┬──────────────────────┐
┌─────────┐                        ┌─────────┐
│ 眼球营销模式 │                        │ 自我服务模式 │
└─────────┘                        └─────────┘
```

◆ 图 1-20 品牌营销模式

❶ 眼球营销模式

眼球营销模式主要靠吸引公众注意力，从而获得点击量、获取经济收益的一种经济营销模式。例如，加多宝通过一组兼具视觉力和传播力"对不起"系列图片，博得了大众的眼球，如图 1-21 所示。

◆ 图 1-21　加多宝"对不起"系列图片

加多宝的这张博人眼球的"悲情牌"一经打出，立刻获得了 4 万多的转发量，同时也将输掉官司的负面新闻扭转为成功的营销事件。

❷ 自我服务模式

这种模式是指网络企业帮助消费者进行自我服务，例如，查询进度、查询信息、查询订单等，这种营销模式主要有如图 1-22 所示的几个要点。

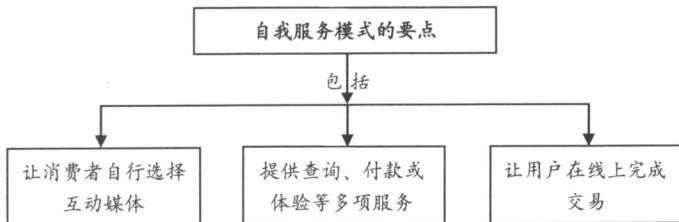

◆ 图 1-22　自我服务模式的要点

1.2.5 客户关系管理功能

什么是客户关系管理？客户关系管理是一种旨在通过提供优质服务，从而改善企业与客户之间关系的新型管理模式，是网络营销取得成效的必要条件，是企业重要的战略资源。

网络营销由于信息传递比较快，客户获取信息的途径有比较多，客户一般只会选择对自己价值比较大的商品，他们在选购时的不确定性比较多，企业要是能够管理好客户，及时提供客户所需的服务，就会很容易提高客户满意程度，也就相对地提高了提高客户的忠诚度。

企业要竭尽全力留住老客户，还要通过口碑、优质的服务以及产品吸引更多的新客户，这样，企业就能形成强大的客户关系管理系统，这个系统能够为企业的网络推广营销贡献很大的力量。

但是，企业该如何加强网络推广客户关系管理呢？下面就来熟悉网络推广客户关系管理方法，如图 1-23 所示。

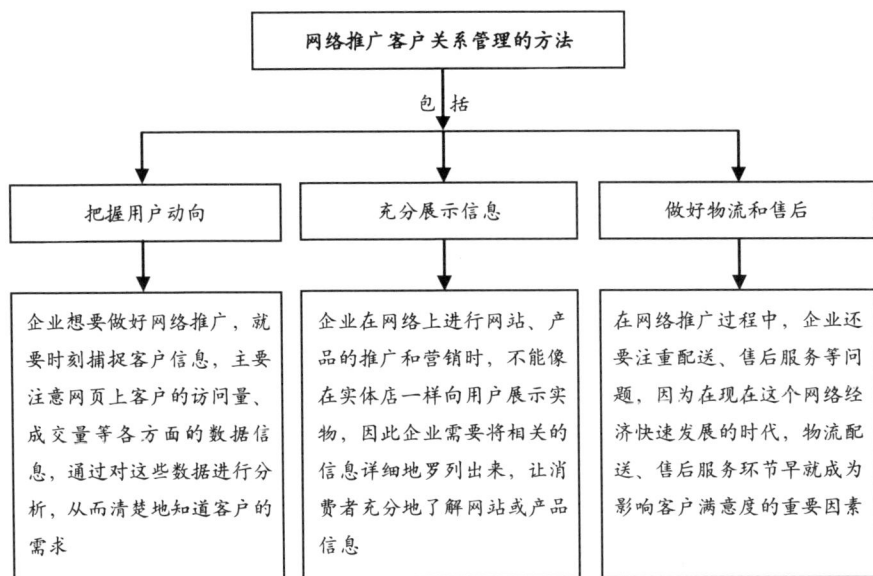

◆ 图 1-23　网络推广客户关系管理的方法

1.3 常见网络推广方法

在前面笔者介绍过，网络推广就是指企业基于互联网，通过各种营销活动或营销手段将企业品牌、产品或服务展现给网民，从而满足消费者需求、实现盈利的一种营销方式。在网络推广过程中，适合企业的网络推广手段有很多，本节笔者将为广大读者对几大热门的网络推广方法进行相关的介绍。

1.3.1 软文推广

在网络推广里，软文推广是一种很神奇的营销手段，它可以把一些单调的文字组合成一篇有趣的文章，让网友无意识地深陷其中，相关介绍如图 1-24 所示。

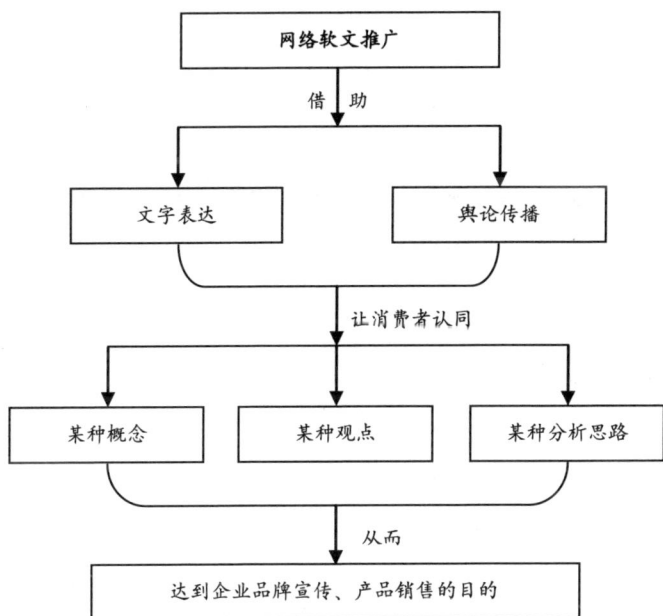

◆ 图 1-24 网络软文营销

软文推广营销不需要那些华而不实的文字，它的精华在于鼓舞人心，用看似最平常的口吻，一步步触动读者的心房，一字一句，娓娓道来的全是以读者角度看待的事情和利益，能更好地拉近与读者的距离，以便提高企业的推广效率。软文有着浓厚的"广告"成分，但它又不像传统广告那样，直接、生硬地将广告信息传递给消费者，而是将广告藏进文字中，让读者不知不觉就掉进企业的"陷阱"中。

之前很多朋友问笔者，软文推广营销为什么会如此广泛，到底有什么魅力可以让这么多企业执着于它呢？下面笔者就为读者介绍软文营销的几大特点。

❶ 形式多样

软文的文字资料很丰富，不拘泥于文体，表现形式多样，在互联网上，随处都能见到软文，在图片上、论坛上、新闻上、娱乐专栏上等，都能扑捉到软文营销的影子，它们几乎遍布网络的每个角落，因此，也是企业寻找潜在消费者的机会。

❷ 性价比高

软文最大的优势在于可以进行二次传播，只要软文有足够吸引力，就有可能被互联网上的一些编辑看中，他们会把文章放到自己的网络平台上，做出评论、分析、传播，相当于免费帮作者推广了。

❸ 口碑传播

口碑的影响力是不容忽视的，软文推广营销的重点就是口碑传播，文章能够通过精练的语言、动人的故事，成功抓住用户的心，并形成良好的口碑传播效应。

❹ 吸引力强

软文的核心不是用强硬的手段给读者灌输广告内容，而是用有吸引力的话题或者动人的故事来打动读者，从消费者的心理需求出发，投其所好，引导读者接受广告的信息。

1.3.2 微信推广

现如今微信使用越来越频繁，从聊天到创业，微信逐渐融入人们的生活当中，成为不可或缺的一部分。到底微信是什么？企业又该如何通过微信进行推广营销呢？

企业通过微信进行推广营销其实就是通过微信朋友圈或者公众平台来进行推广营销，企业可以将微信公众平台与微信会员管理系统相结合，来展示如图 1-25 所示的内容。

```
┌─────────────────────────────────────────────┐
│      微信公众号结合微信会员管理系统展示的内容          │
└─────────────────────────────────────────────┘
                      │ 包 括
    ┌────────┬────────┼────────┬────────┐
    ▼        ▼        ▼        ▼        ▼
┌──────┐ ┌──────┐ ┌──────┐ ┌──────┐ ┌──────┐
│ 微官网 │ │ 微会员 │ │ 微推送 │ │ 微活动 │ │ 微支付 │
└──────┘ └──────┘ └──────┘ └──────┘ └──────┘
    └───────────────────┴───────────────────┘
                      │ 意 义
            ┌───────────────────────┐
            │  形成线上线下的微信互动推广营销方式  │
            └───────────────────────┘
```

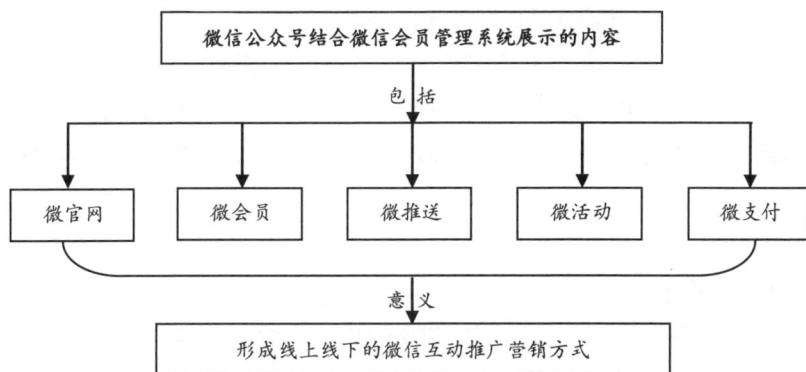

◆ **图 1-25　微信公众号结合微信会员管理系统展示的内容**

微信从研发到如今拥有几亿用户，只用了短短几年时间，不得不说这是一个有着巨大潜力的软件。微信与同类聊天工具比较起来更具特点，它从如图 1-26 所示的几方面改变了人们的生活。

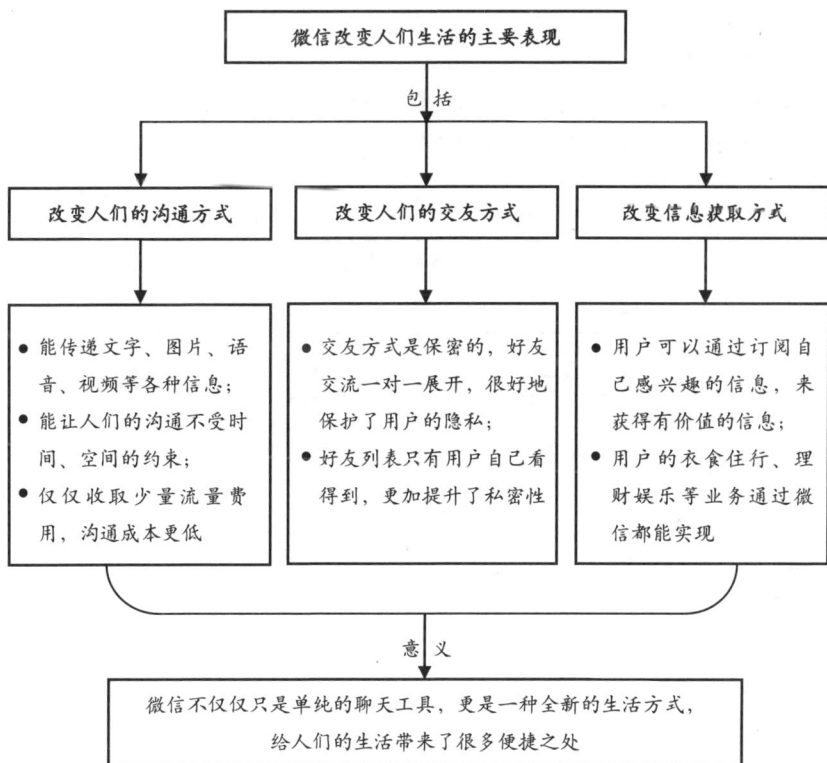

```
            ┌─────────────────────┐
            │   微信改变人们生活的主要表现    │
            └─────────────────────┘
                      │ 包 括
    ┌─────────────────┼─────────────────┐
    ▼                 ▼                 ▼
┌──────────┐   ┌──────────┐   ┌──────────┐
│ 改变人们的沟通方式 │   │ 改变人们的交友方式 │   │  改变信息获取方式  │
└──────────┘   └──────────┘   └──────────┘
    ▼                 ▼                 ▼
┌──────────┐   ┌──────────┐   ┌──────────┐
│● 能传递文字、图片、语│   │● 交友方式是保密的，好友│   │● 用户可以通过订阅自 │
│  音、视频等各种信息；│   │  交流一对一展开，很好地│   │  己感兴趣的信息，来 │
│● 能让人们的沟通不受时│   │  保护了用户的隐私；  │   │  获得有价值的信息； │
│  间、空间的约束；  │   │● 好友列表只有用户自己看│   │● 用户的衣食住行、理 │
│● 仅仅收取少量流量费 │   │  得到，更加提升了私密性│   │  财娱乐等业务通过微 │
│  用，沟通成本更低  │   │           │   │  信都能实现     │
└──────────┘   └──────────┘   └──────────┘
    └─────────────────┴─────────────────┘
                      │ 意 义
    ┌─────────────────────────────────────┐
    │  微信不仅仅只是单纯的聊天工具，更是一种全新的生活方式，  │
    │      给人们的生活带来了很多便捷之处          │
    └─────────────────────────────────────┘
```

◆ **图 1-26　微信改变人们生活的主要表现**

微信推广营销是移动互联网时代的一种新型的营销模式，当用户注册微信账号后，可根据自己的喜爱订阅喜欢的公众号，商家通过微信可以为用户提供有用的信息，同时还能推广自己的产品，从而实现点对点的推广营销目的。

微信对于企业的宣传和推广能够起到良好的作用，原因在于微信推广营销具备以下的特点。

❶ 实时推送

与其他社交工具相比，通过微信推送的消息到达用户的手机后，用户能够在第一时间获得手机的提醒，从而保证微信消息推送的实时性。

❷ 一对一查看

用户查看微信公众号推送的信息时，一次只能看一家企业推送的信息，从而保证用户在查看信息时的专注度。

❸ 形式多样

微信推广营销的渠道非常多样化，除了微信公众号，还有如图 1-27 所示的其他营销渠道，商家企业可以根据自己的企业特点和资金状况选择适合自己的营销方式。

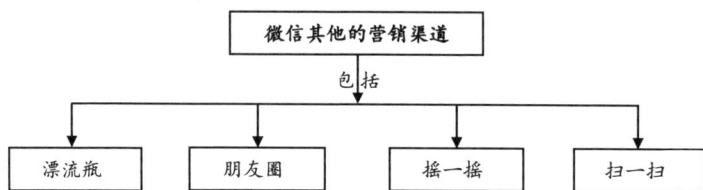

```
          ┌──────────────────┐
          │  微信其他的营销渠道  │
          └──────────────────┘
                  │ 包括
      ┌───────┬───────┼───────┬───────┐
   ┌──────┐ ┌──────┐ ┌──────┐ ┌──────┐
   │ 漂流瓶 │ │ 朋友圈 │ │ 摇一摇 │ │ 扫一扫 │
   └──────┘ └──────┘ └──────┘ └──────┘
```

◆ **图 1-27　微信其他的营销渠道**

❹ 百分百到达率

微信的这种实时推送以及一对一查看的方式，确保了每个用户都能看到企业推送的信息，从而实现百分百的到达率。

❺ 成本低廉

微信账号注册和腾讯官方认证都是免费的，由此可以看出，微信推广营销几乎不用太多的成本，虽然如此，但是对于大型品牌企业来说，想要将微信品牌营销做好，还是需要一定的资金来维护用户。

1.3.3　微博推广

微博推广是继微博诞生后催生出来的新兴营销模式，通过一对多的互动交流方式，快速广泛传播的特性，微博推广营销瞬间成为最火爆的运营推广方式之一。

在这个大社交舞台上，企业只要通过一定的推广营销策略就能推广企业的品牌和产品信息，树立良好的企业形象和产品形象，从而达到营销的目的。

微博原本只是一个单纯的社交平台，后来企业看到了其蕴藏的巨大商机，才慢慢发展成重要的网络营销推广工具。因为微博推广营销是基于微博的传播特性而发展起来的，因此微博推广营销具有以下几方面优势。

❶ 操作便捷，成本低

微博具有媒体属性，但是与广告媒体相比，微博营销有着得天独厚的优势：

▶ 注册免费，不像报纸、电视等媒体需支付高额的时段广告费用等。

▶ 操作界面简洁、操作方法简易，不必有多专业的计算机网络技术。

▶ 多媒体技术使信息呈现形式多样。

▶ 具备"自媒体"属性。

❷ 与用户、粉丝间互动性强

社交媒体时代，人性化的传播不仅可以拉近企业与用户之间的距离，还能够提升企业的影响力，促进产品的营销。

在微博上，企业运营者能够通过风趣、幽默、富有人情的语言与消费者进行互动，也可以通过相关的活动宣传自身的产品，让品牌在目标消费群中得到广泛的传播，这种互动式的传播方式，更容易获得消费者的认可，因为它已经脱离了单纯的买卖关系，更多的是与消费者和粉丝之间建立起一种"友谊"关系。

这种"友谊"关系的建立对于提升品牌的忠诚度和美誉度有很大的帮助，是实现口碑营销的绝佳途径。

❸ 微博矩阵实现精准营销

在微博上，企业能够建立自己的"微博矩阵"，什么是"微博矩阵"？"微博矩阵"是指企业基于不同的目标群体，开设多个不同功能的微博，与不同的粉丝进行沟通，从而使企业内部资源在微博上实现最优化排布以达到最佳效果的一种微博推广营销方式。

企业的推广策略只要运用得当，就能够植入到"微博矩阵"中去，而且运用"微博矩阵"，更利于企业针对不同的产品用户进行精准推广营销。

专家提醒

值得注意的是，不同的企业适用于不同的微博矩阵类型，因此，企业要根据自身情况，因地制宜，才能达到最理想的微博推广营销效果。

❹ 能够借助知名博主进行营销

在新浪微博中，企业微博的影响力主要由以下三个因素决定：

▶ 活跃度：指企业发表微博、转发、评论微博的有效条数；

▶ 传播力：指企业微博被转发、被评论的数量和力度；

▶ 覆盖度：指活跃的粉丝数。

因此，企业如果想提升微博的影响力，就要从以上三大因素入手。例如，借助拥有大量粉丝的知名博主之手，帮助企业进行品牌或产品的推广，实现更好的营销效果，借助知名博主进行推广营销主要有如图 1-28 所示的两点优势。

```
┌─────────────────────────────────────┐
│   借助知名博主进行品牌营销的优势        │
└─────────────────────────────────────┘
                  │
                 包括
        ┌─────────┴─────────┐
        ▼                   ▼
┌──────────────────┐  ┌──────────────────┐
│ 知名博主粉丝众多， │  │ 知名博主在某些专业 │
│ 借助知名博主，可以 │  │ 领域或者趣味生活方 │
│ 让更多的潜在用户接 │  │ 面比较精通，因此具 │
│ 触到企业品牌，达到 │  │ 有引导消费的功能   │
│ 广而告之的效果     │  │                  │
└──────────────────┘  └──────────────────┘
```

◆ 图 1-28　借助知名博主进行品牌营销的优势

企业借助知名博主进行品牌推广和营销的方式，本质上就是"打广告"，因此是一种有偿服务，根据知名博主的粉丝量来确定收价等级。

1.3.4 QQ 推广

腾讯 QQ（简称"QQ"）是腾讯公司开发的一款通信软件，QQ 标志及部分功能如图 1-29 所示。

> QQ 功能：
> 支持在线聊天、视频聊天及语言聊天；
> 支持点对点断点续传文件；
> 支持共享文件、远程控制；
> 支持传送离线文件；
> 支持网络硬盘、自定义面板
> ……

◆ 图 1-29 QQ 标志及部分功能

作为一款流行的即时通信工具，腾讯 QQ 为企业的营销推广带来了巨大的利益，在这里，笔者将重点介绍一下 QQ 推广的特点。

❶ 用户基数大

作为中国最大的即时通信软件，QQ 已经成为网民的必备工具之一，让我们来看一组由腾讯公司于 2015 年 11 月份公布数据：

▶ 截止 2015 年 6 月 30 日，腾讯 QQ 月活跃总账户数为 8.434 亿；

▶ 截止 2015 年 6 月 30 日，在智能手机终端，QQ 月活跃账户数为 6.27 亿；

▶ 其中，在一个季度内，一天中 QQ 同时在线账户数最高为 2.33 亿；

▶ 而 QQ 空间的月活跃账户数为 6.592 亿。

从这组数据可以看出,QQ 拥有巨大的用户基数,对于企业来说,QQ 绝对是做品牌和产品推广的极佳选择。

❷ 针对性强

QQ 不仅既可以一对一地交流,也可以通过 QQ 群进行一对多的交流,而且很多QQ 群都有一定的主题,因此,企业可通过 QQ 群进行更加精准的推广,例如,某摄影公司想招募人员参加摄影活动,就可以针对"摄影"这个主题,在摄影爱好 QQ 群中进行相应的推广,图 1-30 所示为手机移动端查找摄影群的结果。

◆ 图 1-30 手机移动端查找摄影群的结果

❸ 操作简单

相比起其他的专业推广工具来说,QQ 的操作非常简单,它既不需要商家会编程,也不需要商家知晓什么高科技技能,只要商家会使用 QQ 的基本功能,比如寻找好友、添加好友、打字聊天就可以了。

❹ 持续性强

QQ 推广不像网络广告，企业根本不知道观看广告的对象是谁，通过 QQ 推广，企业能够与用户建立好友关系、明确地知道用户是谁，并且能够针对用户进行长期、持续性的培育。

❺ 效率很高

由于 QQ 推广具备针对性强、持续性等特征，因此转化率比其他推广工具高，能为企业节省了大量时间与精力，提高工作效率。

1.3.5 APP 推广

移动互联网的来临，昭示着属于 APP 的营销时代已经到来，企业在新环境下的推广营销变革已成为必然，对于企业而言，首先需要对 APP 推广本身有一定的理解，也就是深入认识"什么是 APP 推广"。下面对 APP 应用的相关理论内容进行图解分析，具体的内容如图 1-31 所示。

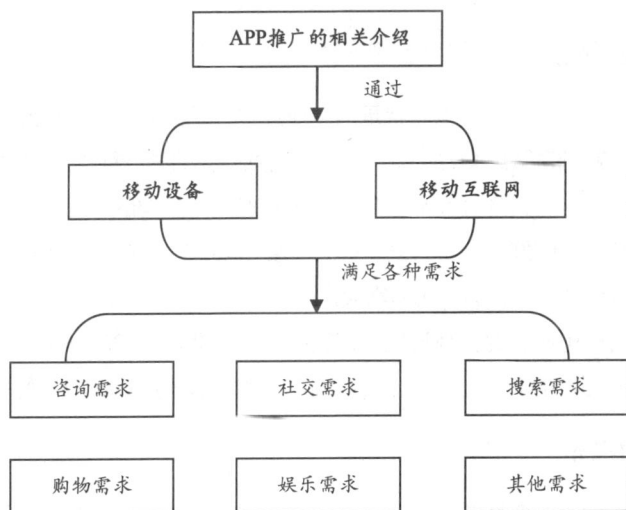

◆ 图 1-31 APP 推广的相关介绍

对于企业来说，APP 的开发并不容易，尤其是体现独特创意的应用，但是比开发更难的是后续的运营和推广，因此，对于企业 APP 而言，有 4 个方面是运营推广中必须做到的，相关内容分析如图 1-32 所示。

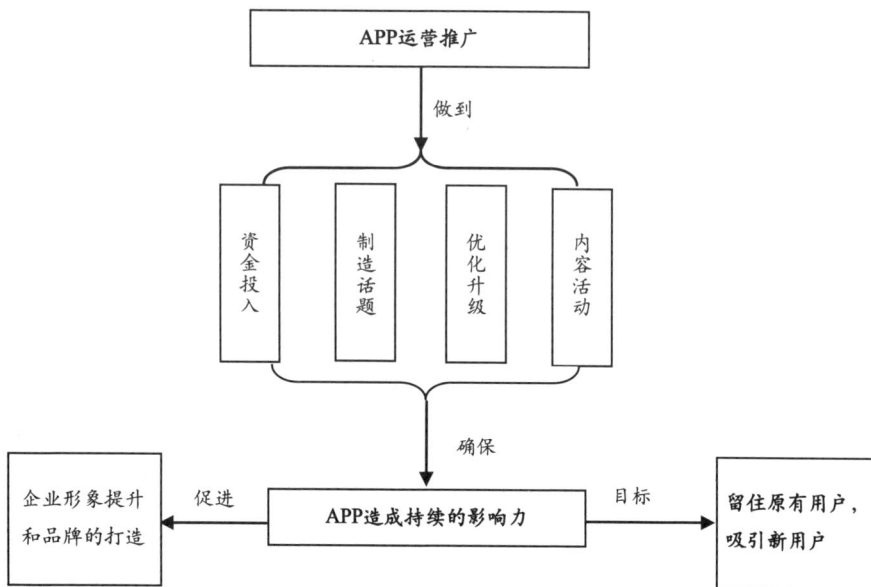

◆ 图 1-32　APP 运营推广的相关内容分析

1.3.6　视觉推广

什么是视觉推广？视觉推广就是指企业通过一系列的、能够引发消费者视觉感官的手段，来引起消费者的共鸣，从而达到营销目的的一种推广方式。

在网络推广中，大部分商品都是通过图片形式来呈现的，因此消费者只能通过视觉来判断产品的好坏、是否适合自己、要不要购买等问题，由此说明，产品的视觉效果对消费者的影响占比非常大。

比如，对于电商来说，视觉推广营销就起到了非常关键的作用，尤其是店铺整体的设计和宝贝详情页的完善，好的视觉效果能够吸引庞大的消费群体。

1.3.7　百度推广

企业在进行产品或品牌的推广营销时，可以利用中国最大的搜索引擎——"百度推广"进行传播，百度推广的首页如图 1-33 所示。

◆ 图 1-33　百度推广的首页

百度推广是由百度公司推出的一项服务，其具体作用和原理如图 1-34 所示。

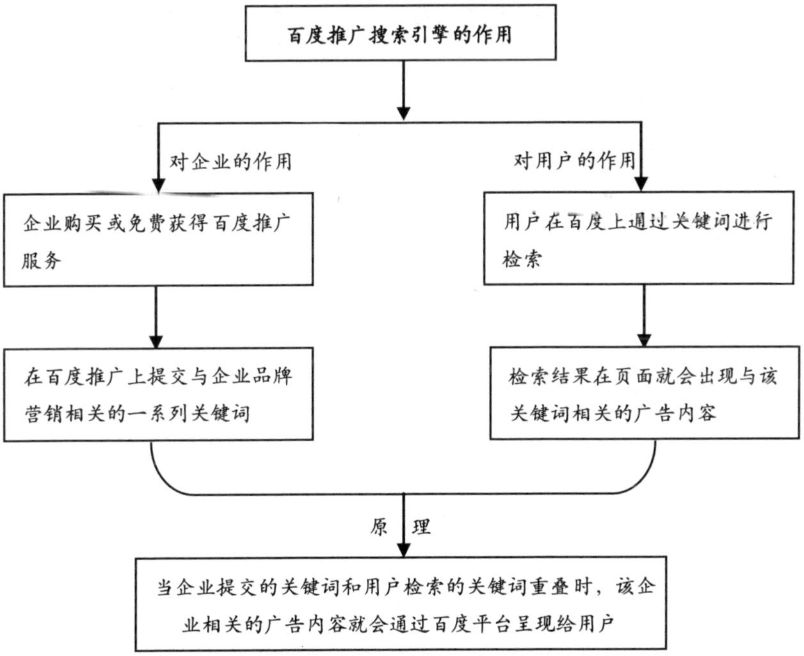

◆ 图 1-34　百度推广的作用和原理

百度推广的价值核心在于关键词的检索，企业广告内容的呈现是建立在特定关键词检索的基础上的，只要是进行了百度推广的企业，其内容就会出现在搜索结果页面的显著位置。如企业商家在百度推广提交"沙发"这个关键词，当消费者在互联网上搜索"沙发"的信息时，购买百度推广的商家就会优先被找到，其信息下方会出现"推广"的字样，如图1-35所示。

◆ 图1-35　企业提交"沙发"百度推广

1.3.8　论坛推广

随着网络越来越深入人们的日常生活，互动论坛在慢慢地改变着企业的营销策略与方式。论坛又叫"电子公告板"，简称BBS（全称为Bulletin Board System或者Bulletin Board Service），是因特网上的一种电子信息服务系统，通过该系统，用户可以进行如图1-36所示的活动。

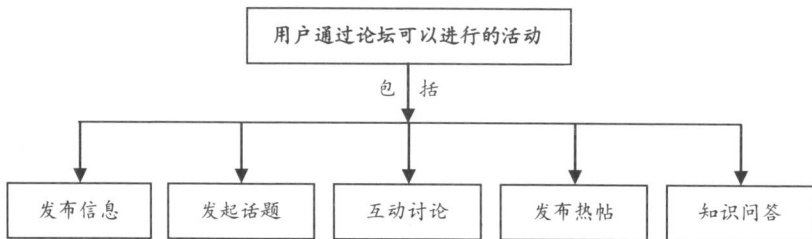

◆ 图1-36　用户通过论坛可以进行的活动

什么是论坛推广？论坛推广就是企业通过在论坛发帖的方式与粉丝进行互动交流，将企业理念、企业形象、企业创新、企业产品等内容通过论坛传递出去，以提升品牌口碑、美誉度、用户数量的推广活动，论坛推广的具体介绍如图1-37所示。

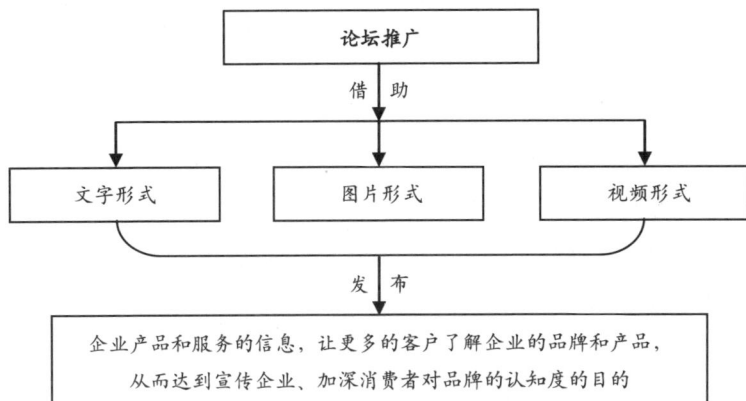

◆ 图 1-37　论坛推广的相关介绍

1.3.9　微视频推广

笔者已经不记得，微视频推广营销是什么时候出现的，只知道微视频推广营销就这么悄然来袭，以草根崛起的方式，使网络营销重新洗牌。

微视频推广营销是指个体通过手机、摄像头、MP4 等多种视频终端摄录、上传视频到互联网，以达到一定宣传目的营销手段。

微视频录制的时间通常比一般的电影视频要短，且形式多种多样，下面 4 种是最受企业看重的微视频营销方式，如图 1-38 所示。

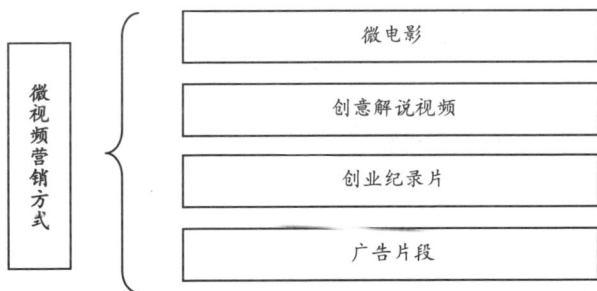

◆ 图 1-38　微视频营销的方式

❶ 微电影

微电影是网络时代的一种电影形式，因为微电影常常将人类的情感诉求融入其中，因此各大网络视频平台喜爱用这种方式传递品牌价值和品牌观念。

❷ 创意解说视频

创意解说视频主要是一种以轻松并富有说服力的方式将产品内容传递给广大网民的微视频推广营销模式。

❸ 创业纪录片

创业纪录片主要是通过一些成功人士的创业路程的纪录片，来向消费者传达企业品牌的理念和内涵。

❹ 广告片段

广告片段是一种将广告投放到网络上的推广营销方式。

1.3.10　O2O推广

O2O即Online To Offline，简称O2O，是伴随着互联网技术快速发展起来的一种新型营销模式，这个新型模式涉及众多领域，如图1-39所示。

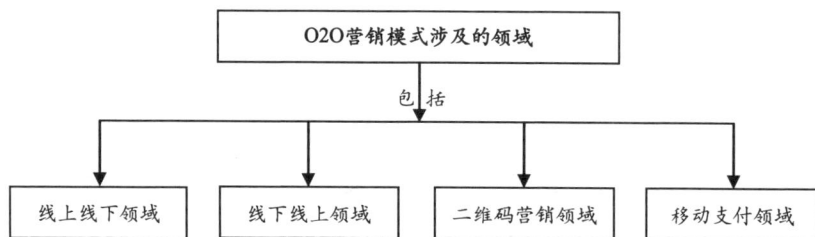

◆ 图1-39　O2O营销模式涉及的领域

O2O概念涉及的范围非常广泛，只要产业链中既可涉及线上，又可涉及线下的商业活动，就可通称为O2O，例如，线上营销、线下实体这种经营模式就是O2O营销模式，如图1-40所示。

◆ 图1-40　线上营销、线下实体的O2O营销模式

　　利用 O2O 模式进行互联网营销，不仅可以强化网络品牌宣传，还可以通过 O2O 模式为人们营造良好线上、线下体验，如今，O2O 推广营销模式已经无处不在，从各个方面影响着人们的生活。

　　O2O 推广模式主要的特点是将线上线下完美结合，对于不同的行业，O2O 推广模式有着不同的特点，对于不同的市场参与者，O2O 推广模式的特点也不相同，下面从这两方面进行具体分析。

❶ 对用户而言

对于用户而言，O2O 的主要特点如图 1-41 所示。

```
┌─────────────────────────────────┐
│   对用户而言，O2O模式的主要特点        │
└─────────────────────────────────┘
              包括
   ┌──────────┬──────────┬──────────┐
┌────────┐ ┌────────┐ ┌────────┐
│轻松获得信息│ │在线咨询、预售│ │提供更便宜的价格│
└────────┘ └────────┘ └────────┘
┌────────┐ ┌────────┐ ┌────────┐
│通过行业分类、关键│ │为用户提供了更多了│ │O2O模式深受消费者│
│词分类等方式，让用│ │解商家的渠道，解决│ │喜爱的最大原因在于│
│户在线上轻松获取丰│ │了传统营销模式的 │ │它能为用户提供物美│
│富全面的商家信息 │ │"信息不对称"问题│ │价廉的商品    │
└────────┘ └────────┘ └────────┘
```

◆ 图 1-41　对用户而言，O2O 模式的主要特点

❷ 对商家而言

对商家而言，O2O 的主要特点如图 1-42 所示。

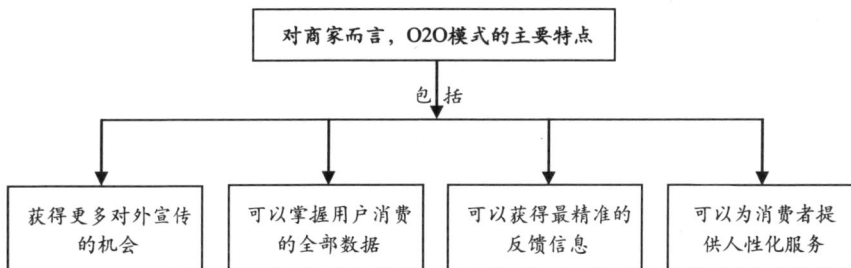

```
┌─────────────────────────────────┐
│   对商家而言，O2O模式的主要特点        │
└─────────────────────────────────┘
              包括
 ┌──────┬──────┬──────┬──────┐
┌────┐ ┌────┐ ┌────┐ ┌────┐
│获得更多对外宣传│ │可以掌握用户消费│ │可以获得最精准的│ │可以为消费者提│
│的机会     │ │的全部数据   │ │反馈信息    │ │供人性化服务 │
└────┘ └────┘ └────┘ └────┘
```

◆ 图 1-42　对商家而言，O2O 模式的主要特点

（1）获得更多对外宣传的机会：O2O 推广营销工具，让商家能够借助线上平台进行自身产品的推广，相比传统的广告投放、发传单宣传、报纸宣传等方式来说，省去了很多宣传投入成本。

（2）可以掌握用户消费的全部数据：通过大数据技术，商家能够查询到消费者的消费记录，通过跟踪消费者的交易来了解线上推广的效果，并且可以根据这些数据进行战略调整，以便给用户提供更好的消费服务。

（3）可以获得最精准的反馈信息：O2O 模式往往会有消费者评价这一项内容，商家可以通过这些评价获得最精准的反馈信息。

（4）为消费者提供人性化服务：O2O 模式是消费者在互联网或移动互联网上对商家进行选择，然后在线付款、线下体验的一种模式，这样的模式大大减少了消费者的时间成本，所谓"货比三家"，消费者可以直接在线上进行对比，不用跑到线下去看实物了。

❸ 对平台本身而言

对平台本身而言，O2O 模式有如图 1-43 所示的特点。

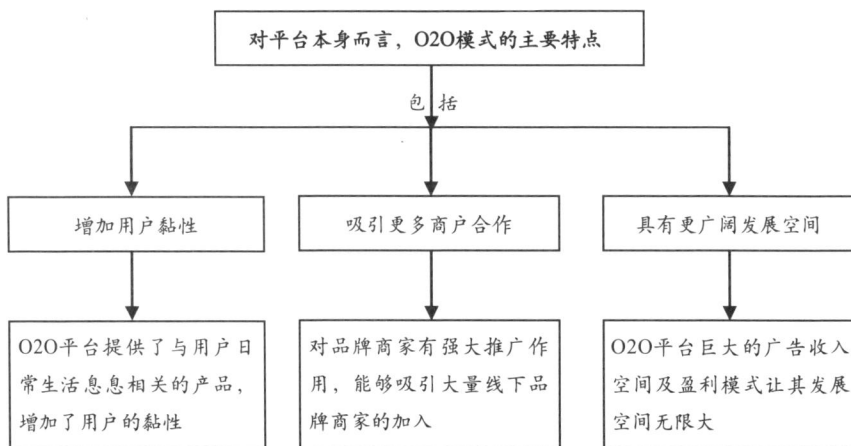

◆ 图 1-43 对平台本身而言，O2O 模式的主要特点

餐饮行业
——O2O 推广

2.1 餐饮 +O2O 推广快速入门

中国餐饮 O2O 市场目前还处于线上推动、线下被动接受的时期，从长远的角度来看，只有当线下商户能够自主地接受并运用互联网时，我国餐饮 O2O 才真正迎来"爆发期"。

在 O2O 庞大的市场规模中，餐饮业可以算作是其中规模最大的一个领域，这个领域一经出世，瞬间抓住了人们的眼球，强烈地刺激着商家们的神经，而随着智能手机的兴起，商家们的移动意识也纷纷加强，从团购大战到抢占外卖市场，从饿了么到百度外卖，曾经波澜不惊的餐饮行业已经走上了"百家争鸣"之路。

2.1.1 让体验升级

众所周知，无论是传统行业还是互联网 + 行业，用户体验永远是决定一个企业能否持续发展的一个重要因素，而对于竞争激烈的餐饮行业来说，通过哪些细节来提升用户的体验，并能从中获益，成为商家们首要思考的问题。

在餐饮行业中，涉及到消费者体验的场景主要集中在如图 2-1 所示的三个方面。

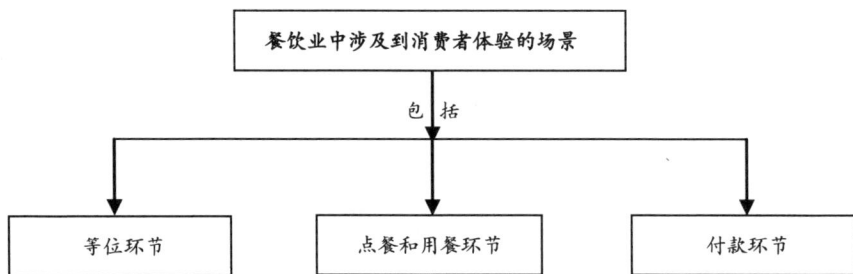

◆ 图 2-1　餐饮业中涉及到消费者体验的场景

"餐饮 +O2O"的到来，让传统餐饮业借由互联网思维，将消费者在各个环节的体验升级到了一个新高度。

❶ 等位环节

在等位环节中，为了提升用户的"等候"体验，餐厅们可是出了不少"奇招"，比如：

▶ 如果是大众消费为主的餐厅，就为用户免费提供小吃、饮料；

▶ 如果是女性用户为主的餐厅，就为用户提供免费的美甲、化妆服务；

▶ 如果是家庭组合为主的餐厅，就为用户提供儿童娱乐中心；

▶ 除此之外，很多餐厅还安装了"智能叫号"系统，可以让用户通过手机实时查询排队的情况。

❷ 点餐和用餐环节

在点餐环节中，为了提高用户的体验，很多餐厅开始利用平板电脑来进行点餐，这样不仅符合移动消费者的日常生活习惯，而且还提高了用户的点餐效率。

在用餐环节中，为了给用户制造一个良好的用餐氛围，很多餐厅都推出了一些具有民族特色、风情的歌舞表演，让用户在用餐的过程中享受愉悦。

❸ 付款环节

付款环节的体验升级往往是最容易被商家忽视的，以往的付款通常是付现金或者刷卡，但是随着移动互联网的普及，移动支付渐渐走上"餐饮 O2O"的舞台，目前，很多商户为用户提供了便捷移动支付解决方案，例如通过智能 POS 机实现各种移动支付场景，相关介绍如图 2-2 所示。

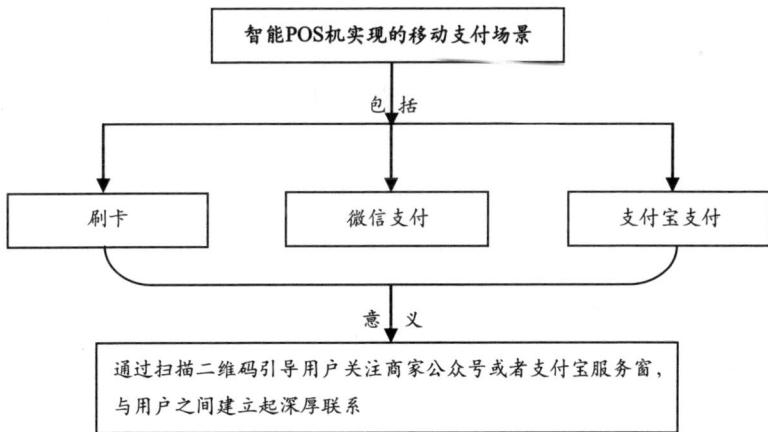

◆ 图 2-2 智能 POS 机实现的移动支付场景

2.1.2 体系标准化

餐饮 O2O 的发展并非一帆风顺，也经历了很多的挫折与磨合，打造餐饮 O2O 需要努力地实现 3 个标准化，如下所示。

❶ 服务体系

要实现服务体系的标准化，就必须解决服务体系中存在的一些难题，如下所示：

▶ 由于传统餐饮行业信息化程度并不高，因此向"互联网+"领域转型跨界的步调缓慢；

▶ 由于餐饮行业对员工的计算机技术水平要求不高，因此在移动互联网时代，很多线下门店都缺乏相关的技术人员；

▶ 在餐饮O2O平台上，由于缺乏专业的技术人员，因此难以与网络平台进行有效对接；

▶ 没有专业人员对用户的反馈数据进行获取并分析。

以上这些因素都影响着整个餐饮O2O平台的运作效率。

❷ 订单体系

一个标准的订单流程，对餐饮企业来说至关重要，它包括：

▶ 线上用户数据；

▶ 线下用户数据；

▶ 订餐数量、种类；

▶ 不同时间段的订餐数量；

▶ 资金数据的传递等。

以上所有的环节都需要规范的订单流程和格式，而且，一个标准的订单体系能够起到如图2-3所示的作用。

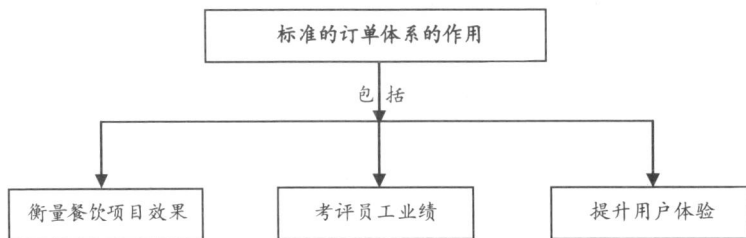

◆ 图2-3　标准的订单体系的作用

❸ 支付体系

在传统行业中，线上网银支付体系、线下现金或刷卡支付体系都有了自己的一套标准，但是在餐饮O2O中，将线上、线下相结合的支付体系还不是十分完善，因此，企业应该在二维码、NFC、SIMPass 等支付技术的基础上构建出一套属于自己的支付体系，笔者认为，对这套支付体系必须符合如下所示的特点：

▶ 高安全；

▶ 高效率；

▶ 低成本。

2.1.3 打造"精而美"

从餐饮 O2O 的现状可以看出，未来的餐饮 O2O 企业模式大致可以分为两种类型，如图 2-4 所示。

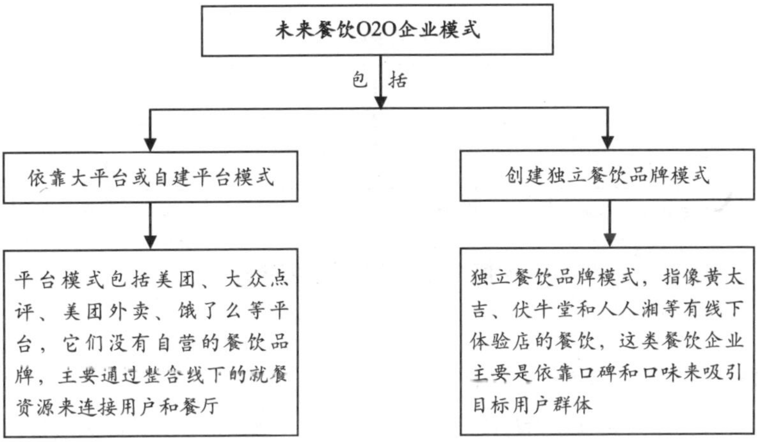

◆ 图 2-4 未来餐饮 O2O 企业模式

打造"精而美"的餐饮企业是指打造依靠口味和口碑来吸引用户群体的餐饮品牌企业，相比依靠大平台引流的餐饮企业来说，"精而美"的餐饮企业主要是靠独特的菜品、精准的用户定位来获得稳定的用户群，能够获得更好的用户体验，因此从长远的角度来看，"精而美"的餐饮企业更能经受市场的"优胜劣汰"规则。

2.1.4 单品打天下

"精而美"餐厅不仅仅是指依靠口味和口碑来吸引用户群体，最重要的一点是：打造出一款能够让所有用户记住的极致单品，例如，日本的寿司、拉面、韩国石锅拌饭、北京烤鸭、重庆担担面等。

这种单品店有诸多优势，如下所示：

▶ 制作流程简单；

▶ 经营难度小；

▶ 装修成本、人力成本低；

▶ 回报周期短等。

2.1.5 体验式营销

餐饮 O2O 体验式营销策略作为一种新的营销方式，正逐步渗透到餐饮市场的各个角落。什么是餐饮 O2O 体验式营销？餐饮 O2O 体验式营销，是指餐饮企业通过让顾客在网上虚拟体验产品或服务的方式，提升消费者对餐饮品牌的认知，从而促进顾客消费的一种营销方式，体验式营销策略主要包括如图 2-5 所示的几种。

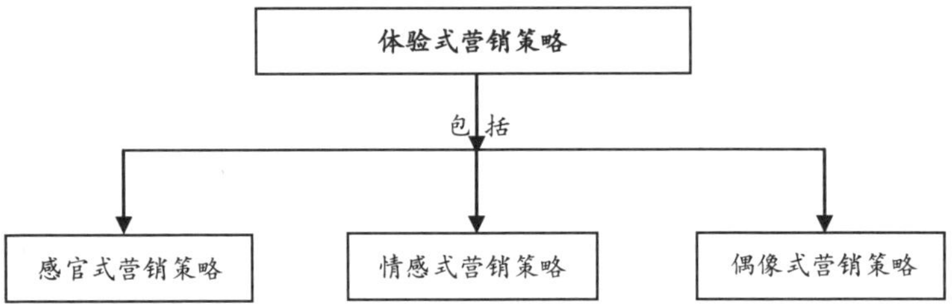

◆ 图 2-5 体验式营销策略

❶ 感官式营销策略

感官式的营销策略是指餐饮企业通过听觉、视觉、嗅觉与触觉等感官上的体验，为消费者创造良好的产品服务，从而提升消费者的购买动机的一种营销策略，如在手机端的一些外卖、团购产品中，商家通过清晰、精致又干净的美食图来吸引用户的视线，从而引起用户下单，这就是典型的视觉营销策略。

❷ 情感式营销策略

情感式营销策略是指餐饮企业在营销的过程中，通过一系列的手段为消费者带来情感上的触动，从而激发消费者购买欲的一种营销策略，情感触动可以是欢乐的、温馨的、刺激的，核心内容是要触动消费者的内心情感。

❸ 偶像式营销策略

偶像式营销方式是指餐饮企业通过影视明星、运动明星等偶像人物来激发消费者购买欲望的营销方式。

2.1.6　沟通和主题

餐饮企业想要通过线上线下的体验式营销模式进行营销，就需要对目标消费者有一个细致的了解，因为目标消费者的遭遇、经历和生活习惯等都对体验的结果有很大的影响，因此餐饮企业应该注重和顾客之间的沟通，从顾客的角度出发，设计体验环节，提升顾客体验效果。

除了注重与用户之间的沟通之外，还有注重饮食的主题。在体验式营销中，餐饮企业首先要设定一个体验的主题，因为餐饮企业可以为消费者提供的体验方式和体验内容非常丰富，因此餐饮企业经营者需要确定一个体验的主题，并从该主题出发，展开一系列的策划和活动。让消费者在体验的过程中，获得一些难忘的回忆。

2.1.7　完善 O2O 平台

O2O 模式需要线上与线下的结合，餐饮企业想要打造一个完善的 O2O 平台，就要从如图 2-6 所示的几方面进行准备。

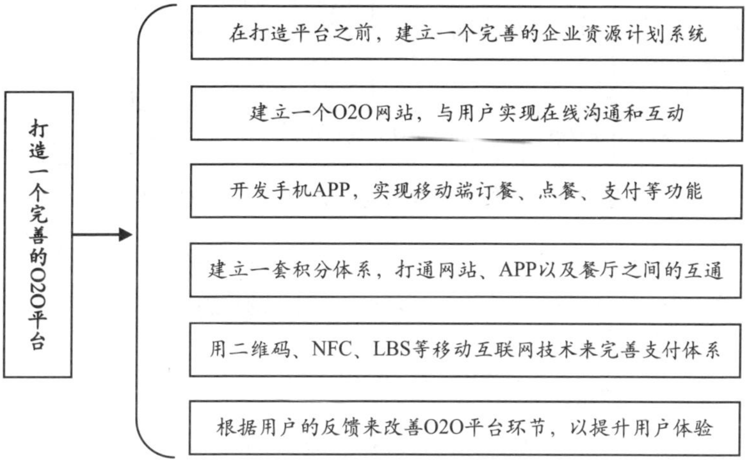

图 2-6 打造一个完善的 O2O 平台

打造一个完善的 O2O 平台：
- 在打造平台之前，建立一个完善的企业资源计划系统
- 建立一个 O2O 网站，与用户实现在线沟通和互动
- 开发手机 APP，实现移动端订餐、点餐、支付等功能
- 建立一套积分体系，打通网站、APP 以及餐厅之间的互通
- 用二维码、NFC、LBS 等移动互联网技术来完善支付体系
- 根据用户的反馈来改善 O2O 平台环节，以提升用户体验

◆ 图 2-6　打造一个完善的 O2O 平台

2.1.8　用户运营管理

想要实现餐饮 O2O 线上线下一体化，形成双向互通的闭环，就要做好用户的运营管理，主要体现在以下四个方面。

❶ 对营销流程实行全方位管理

对用户的消费流程进行全方位的管理，包括：

▶ 提供停车券、停车车位，引导用户找车服务；

▶ 餐厅地理位置指南、会员卡、电子优惠券服务；

▶ 提供周边社区推广、消费预约、合作商家优惠服务；

▶ 提供基于互联网、移动互联网的 O2O 平台的一站式团购服务；

▶ 提供基于移动端的微信、微博、APP、短信的查询、咨询、信息推送服务。

❷ 通过客源记录促进多次消费

餐饮企业可以通过多种渠道获得用户资料和客源信息，如图 2-7 所示。

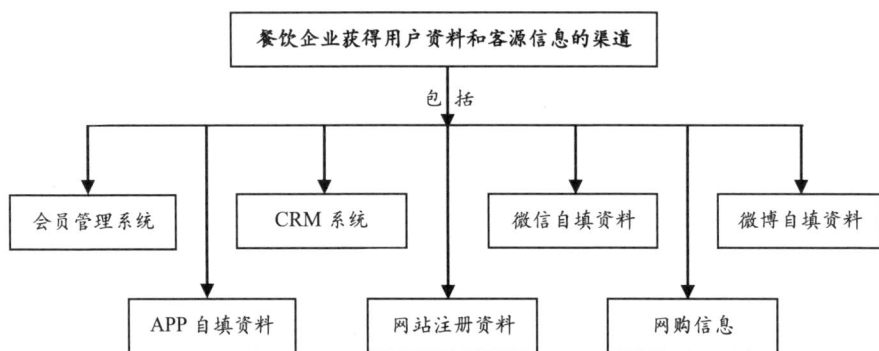

◆ 图 2-7　餐饮企业获得用户资料和客源信息的渠道

　　餐饮企业可以通过以上的这些渠道获得消费者的各种信息，然后将这些信息进行分类处理，展开针对性的营销，以此增加用户的黏性，促进再次消费。

❸ 建立用户隐私保密机制

　　在这个信息化时代，商家很容易就能够得到消费者的个人信息，为了取得消费者的信任，餐饮企业要公开承诺保护消费者的隐私及个人信息。

2.2　餐饮 +O2O 推广技巧

　　O2O 的到来改变了传统餐饮行业的模式，解析餐饮 O2O 的推广技巧，把握餐饮行业的营销技巧，对于新型餐饮模式的发展是非常有必要的。

2.2.1　精准定位市场

　　餐饮企业想要长远地发展，离不开对市场的精准定位，只有了解用户的消费水平，精确用户群体，才能有针对性地进行推广，满足消费者的需求。以"雕爷牛腩"和"黄太吉"煎饼举例说明，如下所示。

❶　"雕爷牛腩"

　　"雕爷牛腩"定位的消费人群主要是70、80后这一类人，这类人的主要特点如图2-8所示。

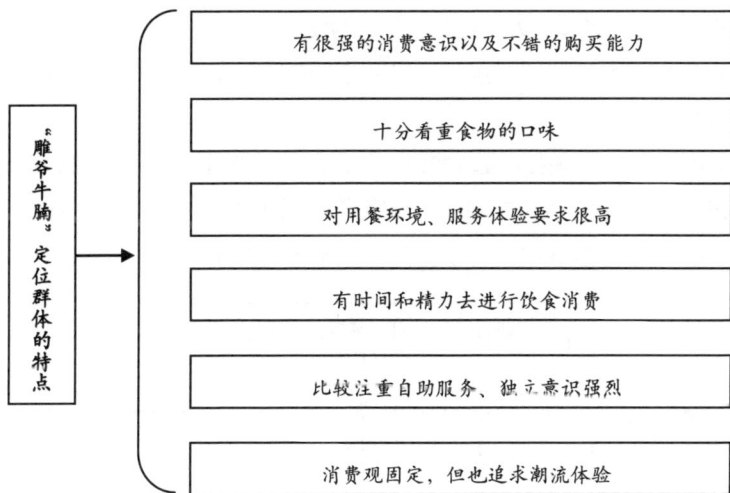

◆ 图2-8　"雕爷牛腩"定位群体的特点

　　正是因为这类群体符合"雕爷牛腩"本身的市场定位——"轻奢餐饮"，即为有一定消费能力又没有高到能去五星级酒店用餐的人群提供一种较好的用餐体验，因此在很大程度上吸引了这部分消费群体。

❷　"黄太吉"煎饼

　　"黄太吉"煎饼的诞生恰好赶上了移动互联网营销这个潮流，在10多平方米的煎饼店里，虽然只有13个座位，但是煎饼果子却能从早卖到晚，而"黄太吉"的新浪微博的粉丝数量已经超过了7万。

　　"黄太吉"将主要消费群体锁定在了白领身上，这群人的主要特点如下所示：

▶ 天天为吃饭的事而操心；

▶ 对食品的要求主要在于物美价廉、卫生安全；

▶ 食物不能偏离生活而是要接地气；

▶ 就餐环境要舒适、品牌有格调。

"黄太吉"针对这些群体，做了大量的功夫，因此用户体验反馈很好。

任何企业想要做好餐饮O2O，都必须先定位市场、定位用户群体、定位品牌内容，才能进行精准的营销。

2.2.2 建立连锁机制

餐饮行业想要发展得更强大，必须要扩展市场，建立连锁机制，从餐饮行业近年来的发展历史来看，大众化餐饮品牌的发展，包括中小餐厅的成长，许多非常有长远眼光的企业，都会根据市场来进行快速的复制与扩大，比如说"海底捞"火锅。

"海底捞"这几年来的发展如火如荼，在餐饮领域的布局可谓做到极致，年营业额已经超过30亿元，在建立"海底捞"官网之后，便从如图2-9所示的环节实现了信息一体化和智能化，更加完善了顾客的用餐体验。

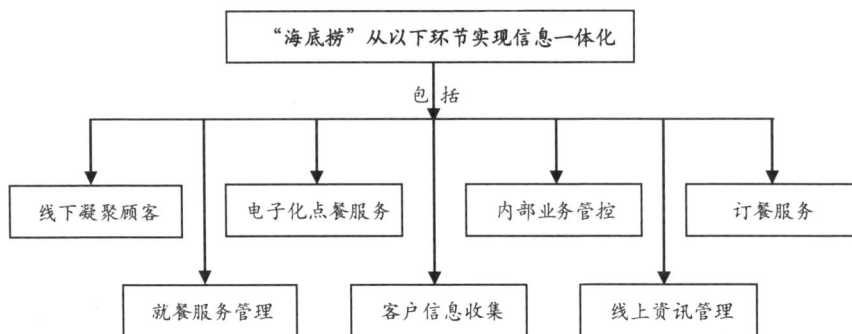

◆ 图2-9 "海底捞"实现信息一体化

除此之外，"海底捞"在线下门店和物流业务环节上实现了战线统一，同时通过微信平台全面加速餐饮O2O的进程。

餐饮企业的快速成长，离不开餐饮电子信息化营销模式的创新，以及智能系统化的运营，"海底捞"的成长印记有目共睹，它先在四川简阳起步，后在成都建立了"大本营"，然后进一步在多个城市进行快速复制，实现四川市场大幅度覆盖，再在各省市中心建立战略市场，通过构建网状板块扩张市场的带动作用，进而实现省级市场的占领，最终达到了市场全国化。

2.2.3 进行多渠道推广

在餐饮行业，O2O 的营销推广越来越普遍，而且在营销实战中表现出了很突出的成效，其中最关键的一点是：抓住用户体验，进行创新营销，同时开发手机端 APP，在微博、微信等平台上通过资源整合进行多渠道推广，以此来增强餐饮企业在移动时代背景下的竞争力，提升餐饮企业的综合力。

2.2.4 打造会员 O2O

对于餐饮行业来说，会员模式是至关重要的，拥有忠实用户群才能在互联网大潮中占据一席之地，餐饮企业需要慢慢将实体会员卡制变为电子会员卡制，微信里就能实现电子会员卡的领取，会员制营销能产生大量的数据，更近一步的了解用户习惯，打造餐饮 O2O 新体验。

2.2.5 进行转型创新

手机智能化时代，网上餐厅的出现使得消费者更加具有主动性，并且大大提升自主化服务，能够促进餐饮企业自身的信息化模式革新。

餐饮企业想要成功，必须要通过变革模式来进行创新，包括降低成本，来创建竞争的优势。如净雅食品公司集团旗下的品牌"阳光海岸"，经过市场消费刺激之后，转型成为精品海鲜火锅——"么豆捞"。"么豆捞"以传统豆捞、渔家海鲜的形式，融入广东老火汤的汤底，深受消费者欢迎。

"么豆捞"成为净雅公司转型的品牌标志，而"么豆捞"的经营也很好地融入移动互联网，利用网上点餐系统、代金券等方式打入 O2O 市场。

收入不断扩大以及成本的逐渐降低，两者结合才能盈利，在竞争力如此激烈的餐饮市场，要努力的降低企业运作成品，通过创新机制来完成变革，走向移动智能化、系统化、高效化的运作，打造成功 O2O 模式。

2.2.6 注重价值链整合

"单打独斗"的时代已经过去，如今的餐饮行业是价值链体系的竞争、信息化系统的竞争，餐饮产业的资源整合已经成为清晰的发展趋势，价值链的整合非常重要。

可想而知，餐饮企业未来的发展趋势，将会是价值链的竞争，餐饮企业的价值链的竞争力影响着企业的生命力，价值链之间环环相扣，互为影响，每一个环节都有相应的部分进行影响和制约,要把关好每一个环节的质量。

比如,门店的选址、服务理念、系统管理等,餐饮企业想要稳固发展,甚至是实现快速前进,就要重视O2O的发展,以互联网作为入口,进行信息化系统管理,进行餐饮产业价值链的整合。

餐饮行业的价值链整合要注重从如图2-10所示的几方面入手。

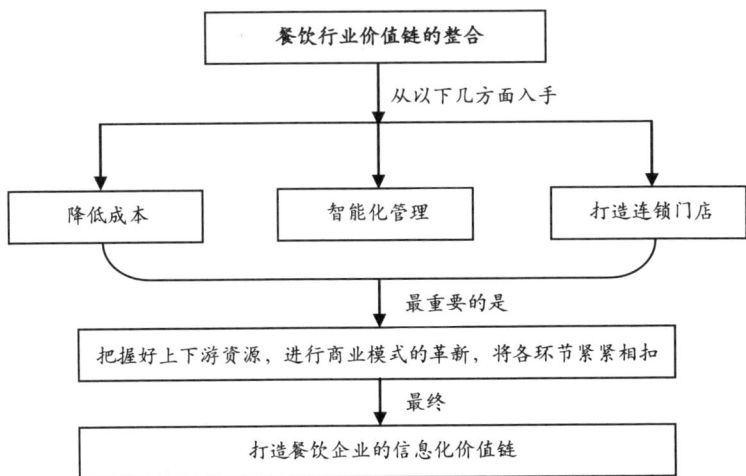

◆ 图2-10 餐饮行业价值链的整合

移动时代的发展使得餐饮网络平台开始流行,因为人工成本大大降低,所以餐饮企业开始依靠网络平台进行营销推广、引爆线上流量,并且结合微博、微信等社交平台更是相得益彰,如此一来,打造餐饮O2O线上线下互通,实现商业价值就不是那么困难了。

因此,产业价值链是必须要好好整合的,利用好移动互联网的优势,提高销售服务的准确度和速度,加快资源在价值链上的流通速度,通过建立品牌评判标准,树立企业在市场中的威信,引领中国餐饮产业的革新。

2.2.7 把控外卖安全

目前大批的O2O企业在做外卖,就食品安全问题而言,餐饮外卖存在很大的风险,因为保温箱的温度容易让食物在配送过程中滋生细菌,因此餐饮业如果不能达到一定的要求,最好不要轻易去尝试,因为一旦发生食品安全事故,对整个企业都会产生很不好的影响。

想要保证食品的安全,就要实现经营过程透明化发展,具体表现在以下两方面:

▶ 食材供应商源头：保证食材供应商源头的透明化，对供应商提供食材提出严格的资质要求。

▶ 各个环节的透明化：实现餐饮企业在经营过程中的各个方面的透明化，如图 2-11 所示。

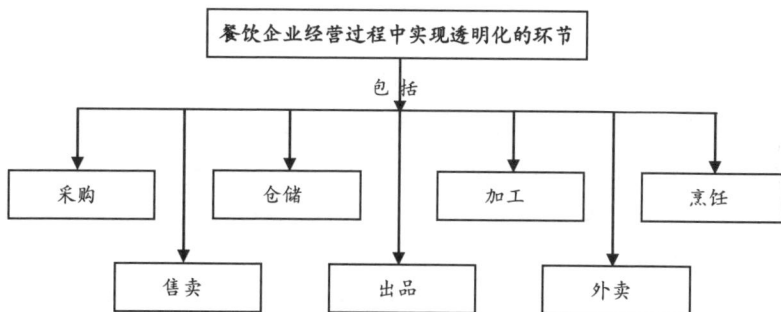

◆ 图 2-11　餐饮企业经营过程中实现透明化的环节

2.2.8　线下餐厅设计

商家除了注重线上 O2O 平台的宣传推广之外，还要注重线下餐厅的装修设计，因为餐厅的装修设计，是给用户的第一印象。通常用户到店里，如果对餐厅的装修设计一见钟情，就会立刻产生情感上的共鸣，如图 2-12 所示为特色餐饮"牛魔玩"的室内装修，通过打造一个充满个性的用餐环境，来吸引用户的注意力，产生情感上的共鸣。

◆ 图 2-12　"牛魔玩"的室内装修

除了引起用户的情感共鸣之外，精心设计的餐厅还能激发出人们的归属感，所以，设计也应该融入餐厅的发展战略中，成为重要的一环。

2.2.9 借助"用户"思维

互联网思维给餐饮企业带来了越来越多的便利，最早提出这个名词的是百度公司的创始人、董事长兼首席执行官——李彦宏，他说："企业家要有互联网思维，也许你从事的行业与互联网无关，但是你要从互联网的角度去思考问题。"

在餐饮O2O营销过程中，用户思维发挥着巨大的作用，互联网的传播性和便利性，让每个公民都成为网络的主体。在餐饮O2O营销中，消费者不再是旁观者，还是见证者、参与者与体验者，这种角色的快速转换让餐饮企业的线上线下营销变得更为谨慎，"以人为本、奉行用户至上、以客户为中心"的理念成为餐饮O2O企业必须面对的现实，具体介绍如图2-13所示。

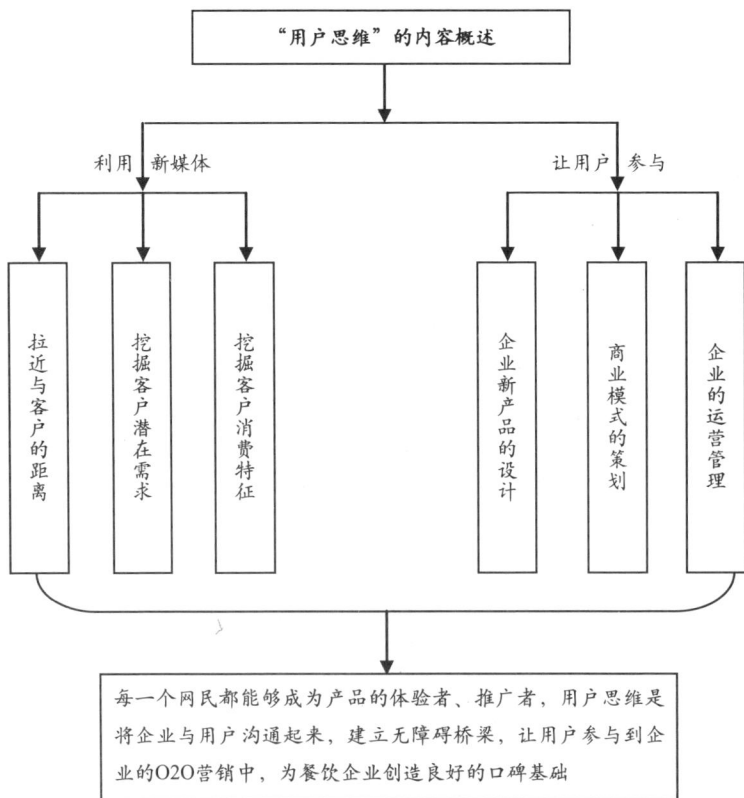

◆ 图2-13 "用户思维"的内容概述

2.3 餐饮 +O2O 推广经典案例

中国餐饮 O2O 经过几年的发展，格局慢慢变得清晰起来，很多企业通过餐饮 O2O 获得了成功，本节为读者介绍几大成功的餐饮 O2O 平台和案例。

2.3.1　饿了么：线上线下一体化运营

"饿了么"创立于 2009 年 4 月，隶属于上海拉扎斯信息科技有限公司，是中国最大的餐饮 O2O 平台之一，如图 2-14 为 "饿了么" 的 APP 界面及主要功能。

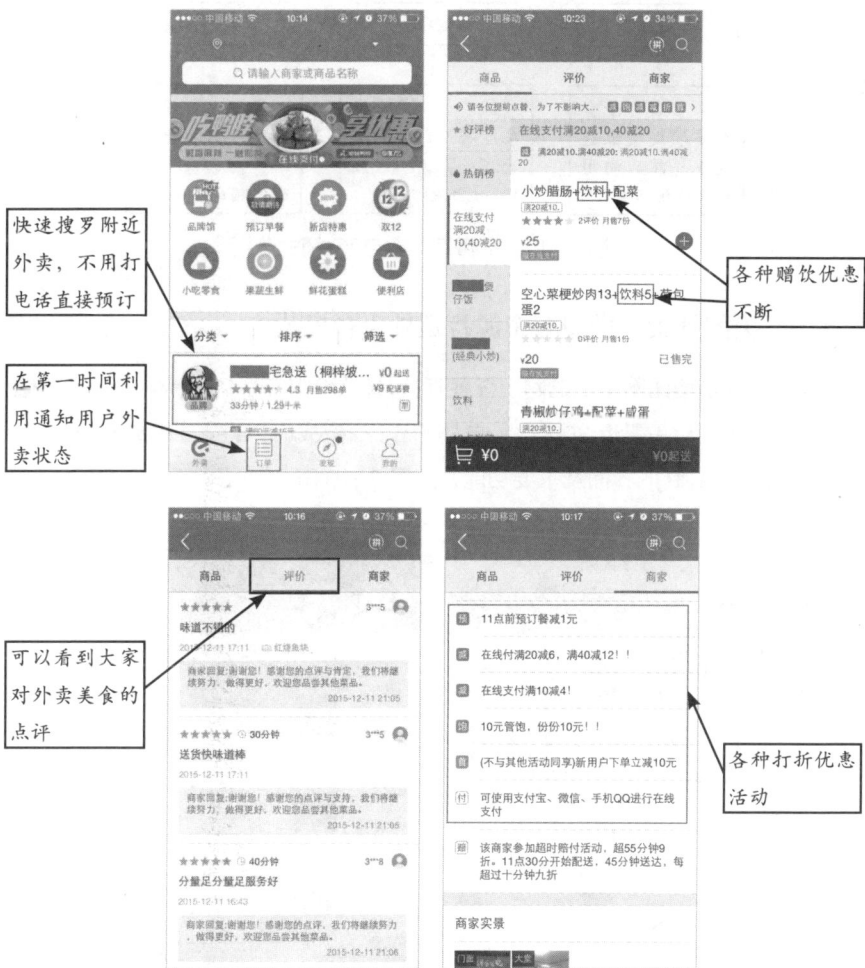

◆ 图 2-14　"饿了么" APP 的界面及主要功能

用户可以方便地通过手机、电脑搜索周边餐厅，在线订餐、享受美食。

"饿了么"通过整合线上线下资源，为用户创造了价值的同时，还为线下餐厅提供了一体化运营的解决方案。

"饿了么"的 O2O 运营方案并非简单的线下向线上转移，而是完整的服务链条，如图 2-15 所示。

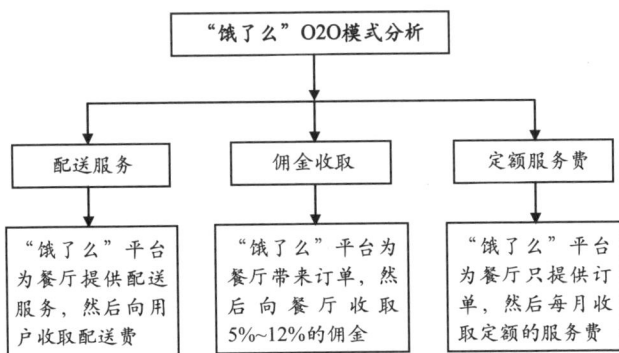

◆ 图 2-15　"饿了么" O2O 模式分析

2.3.2　美团外卖：借现有资源打造外卖轻模式

美团外卖是美团网旗下的网上订餐平台，自 2013 年 11 月上线至今，已覆盖近 300 个城市，日单量近 300 万，成为美团"T 型战略"的重要组成部分。

美团外卖 APP 的界面及主要功能，如图 2-16 所示。

◆ 图 2-16　美团外卖 APP 的界面及主要功能

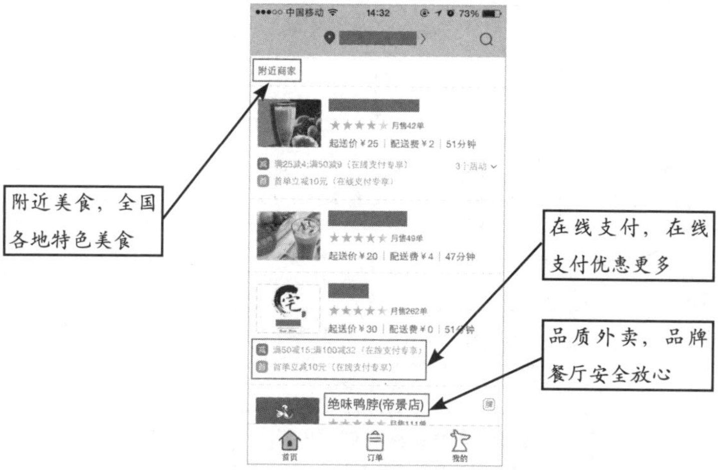

附近美食，全国各地特色美食

在线支付，在线支付优惠更多

品质外卖，品牌餐厅安全放心

◆ 图 2-16　美团外卖 APP 的界面及主要功能（续）

美团外卖的商业模式主要是通过互联网平台，连接消费者和商家，是 O2O 和外卖行业结合的产物，如图 2-17 所示为美团外卖的经营优势。

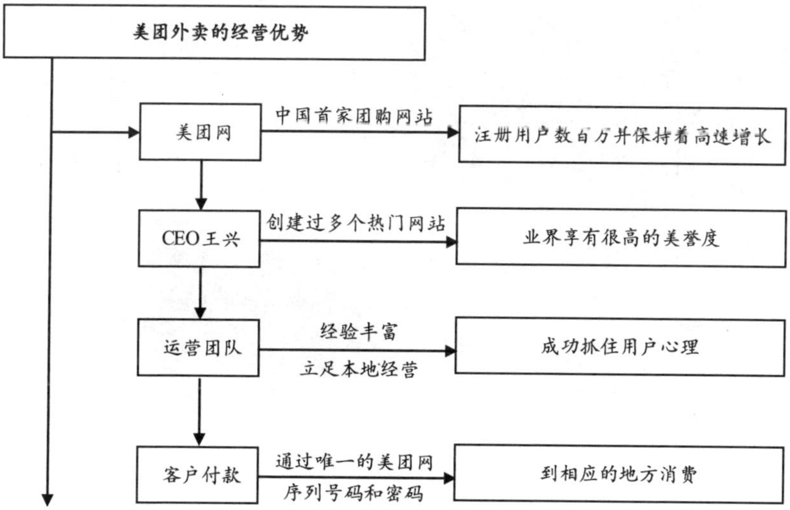

◆ 图 2-17　美团外卖的经营优势

2.3.3　好厨师：上门服务的私人厨师

"好厨师"是一款基于地理位置预约厨师上门提供服务的移动平台，其工作原理如图 2-18 所示。

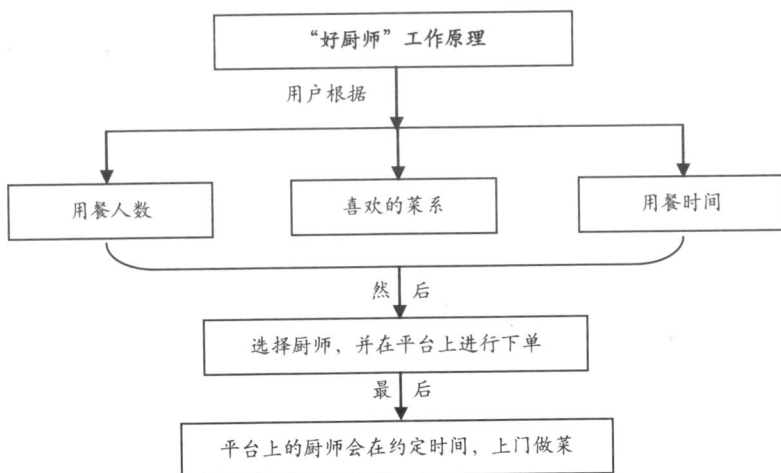

◆ 图2-18 "好厨师"的工作原理

好厨师 APP 的界面及主要功能，如图2-19所示。

◆ 图2-19 好厨师 APP 的主要功能

因为 O2O 时代的来临，人们未来的生活会越来越离不开上门服务，"好厨师"通过厨师上门服务这一功能，让人们的生活水平更上一个层次，同时帮助大厨从封闭的厨房里解放出来，好厨师的模式分析如图2-20所示。

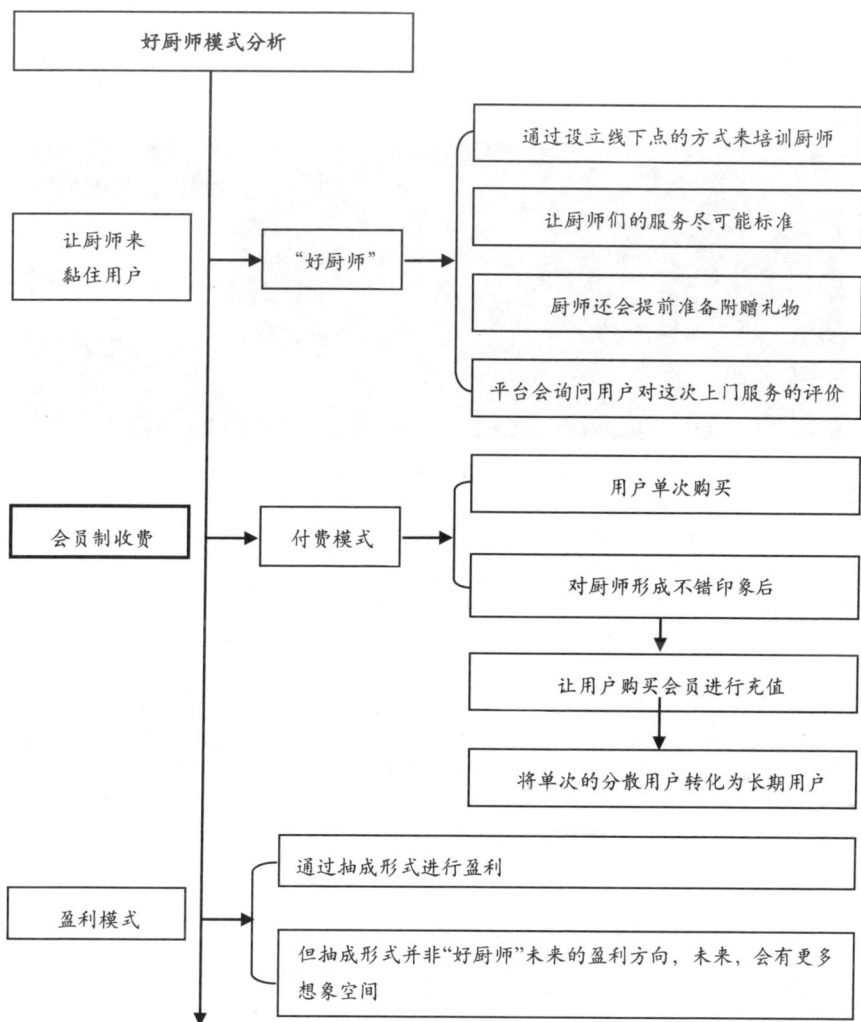

◆ 图 2-20　好厨师模式分析

2.3.4　雕爷牛腩："轻奢餐"餐饮品牌

在文章前面，对雕爷牛腩餐厅的用户群定位有过简单的介绍，本节笔者将会对雕爷牛腩进行深入的介绍，雕爷牛腩餐厅，是中国第一家"轻奢餐"餐饮品牌，也是一家以牛腩为主打产品的餐饮店铺，如图 2-21 所示为雕爷牛腩官网。

雕爷牛腩是中价奢华模式的特色饮食专门店，"轻奢餐"概念是一个价格定位。

◆ 图 2-21　雕爷牛腩官网

雕爷牛腩营销特点主要体现在三个方面，如图 2-22 所示。

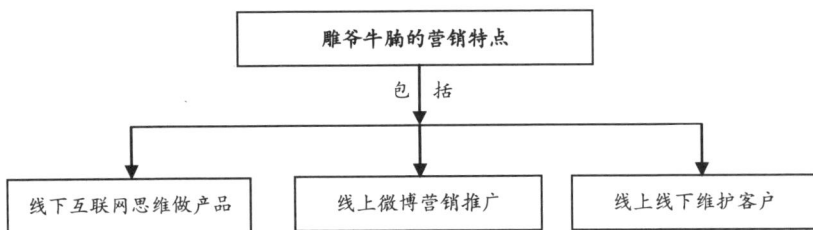

◆ 图 2-22　雕爷牛腩的营销特点

❶ 线下互联网思维做产品

雕爷牛腩用互联网思维做产品，一方面是注重用户体验；另一方面是注重产品细节，同时在菜品和餐具上做了大量的功夫。

❷ 线上微博营销推广

雕爷牛腩利用微博进行了大量的宣传推广，例如：

▶ 在产品出品之前，邀请名人进行菜品品尝，之后让名人在微博上发布"吃后感"，既保持了神秘感，又形成了传播效应；

▶ 开业前夕，邀请苍井空到店进行宣传，然后通过微博名人进行微博热门话题传送；

▶ 在微博上充分利用粉丝文化进行产品维护等。

❸ 线上线下维护客户

雕爷牛腩常常通过线上线下渠道来维护客户群，并且，雕爷牛腩非常重视用户的反馈，常常根据线上线下的用户的反馈来替换菜品，同时还通过微博、微信等社交网络来引爆流量、进行传播并维护用户提升重复购买率，如图 2-23 所示。

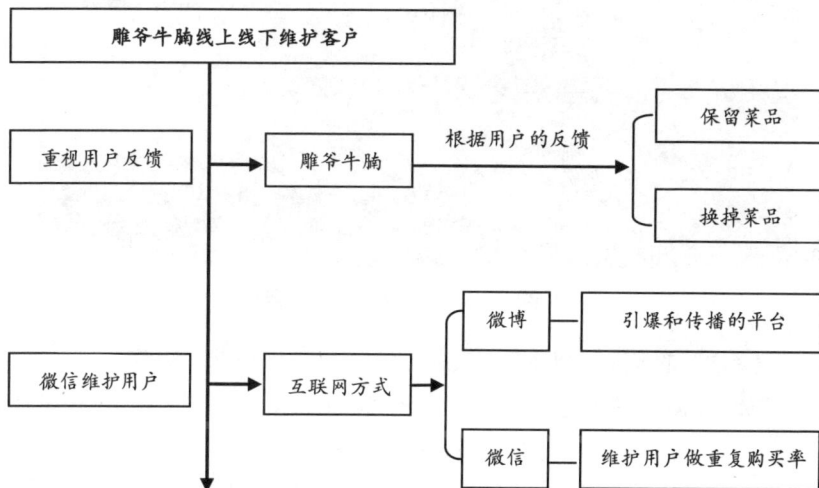

◆ 图 2-23　雕爷牛腩利用线上线下渠道维护客户

2.3.5　黄太吉煎饼：玩出 O2O 新高度

前面只是对"黄太吉"煎饼的用户群定位有过简单的介绍，这节笔者将对"黄太吉"煎饼进行具体的介绍。

"黄太吉"煎饼成立于 2012 年，是一家中式快餐食品公司，主打煎饼生意，总部位于中国北京。

"黄太吉"的目标是通过新思维、打造新一代中国快餐，2012 年 7 月 28 日，"黄太吉"正式开张，第一家店只有 20 平方米，13 个座位，如图 2-24 所示为"黄太吉"门店。

有不少人是从朋友、微博、媒体上听说了黄太吉，特意赶过来尝尝到底是个什么味。

◆ 图 2-24 "黄太吉"门店

　　"黄太吉"的风靡与超高的人气离不开互联网思维，离不开线上的互动和线下的用户体验，微博、微信、大众点评，无论是哪一种平台，"黄太吉"都玩得很溜，在线上，"黄太吉"常常和粉丝进行互动，或者抛出一些有力度的话题，引起粉丝的注意；而在线下，"黄太吉"通过营造一个美好的环境和氛围来留住顾客，在移动互联网时代，微博和微信朋友圈分享、自拍上传照片等成了人们日常生活之一，因此"黄太吉"抓住了人们的这一习惯，通过美好的环境和氛围来留住用户。

3
CHAPTER

房产行业
——微信推广

3.1 房产 + 微信推广快速入门

在过去，商家利用互联网在房产门户网站做通告栏广告、软文等吸引买家的营销方式不仅效果差，而且常常会出现很多新的问题，如图 3-1 所示。

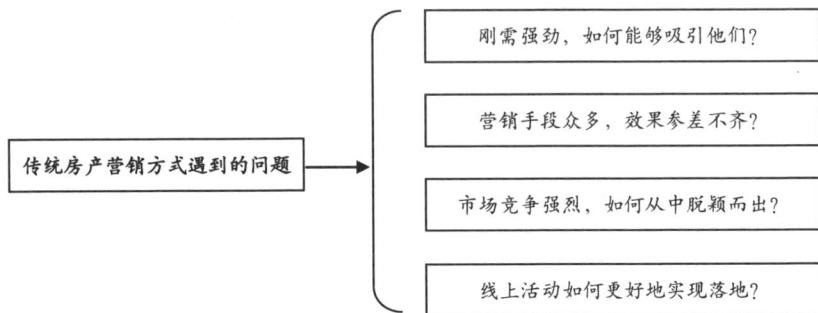

传统房产营销方式遇到的问题

- 刚需强劲，如何能够吸引他们？
- 营销手段众多，效果参差不齐？
- 市场竞争强烈，如何从中脱颖而出？
- 线上活动如何更好地实现落地？

◆ 图 3-1 传统房产营销方式遇到的问题

而随着微信的出现，房产业也似乎迎来了春天。微信不仅让房产企业与用户之间保持了一种友好的关系，还能帮助房产企业解决如图 3-2 所示的问题。

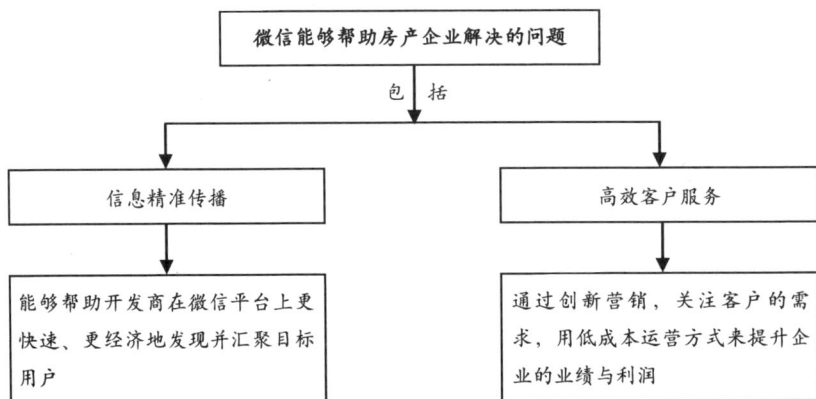

微信能够帮助房产企业解决的问题

包括

信息精准传播

能够帮助开发商在微信平台上更快速、更经济地发现并汇聚目标用户

高效客户服务

通过创新营销，关注客户的需求，用低成本运营方式来提升企业的业绩与利润

◆ 图 3-2 微信能够帮助房产企业解决的问题

本节笔者主要为读者介绍微信在房产领域的功能和作用。

3.1.1 高质量的内容

微信售楼、房产营销对内容的要求很高，因为只有丰富的、有趣的内容才能吸引用户，因此对于微信公众平台内容的定位，房产企业一定要非常重视，而且必须精耕细作，通过原创或者高质量的转载内容，来获得用户的赞赏和青睐，不要只会推送一些肤浅没有意义的内容或房产广告，这样不仅会让用户产生反感，还会使得用户直接取消关注。

3.1.2 栏目与活动策划

通过微信公众平台，房产企业可以多发起一些有趣的活动，以此来调动用户参与活动的积极性，从而拉近企业与用户之间的距离。

除了发布活动之外，还可以通过其他方式与用户进行互动，例如，通过问卷调查了解用户的内在需求、通过设置各类专栏与用户展开积极的互动等。

下面，笔者从栏目设置、栏目内容和活动策划三方面进行深层的解析。

❶ 栏目细化

房产企业想要做好微信营销，就要注重微信栏目的设置，栏目的策划通常要结合企业的特点以及企业想传递的信息来分类，而核心就是考虑目标人群的需求，并对症下药，顺应粉丝的阅读需求，其次是产品定位及价格定位，栏目策划的具体介绍如图 3-3 所示。

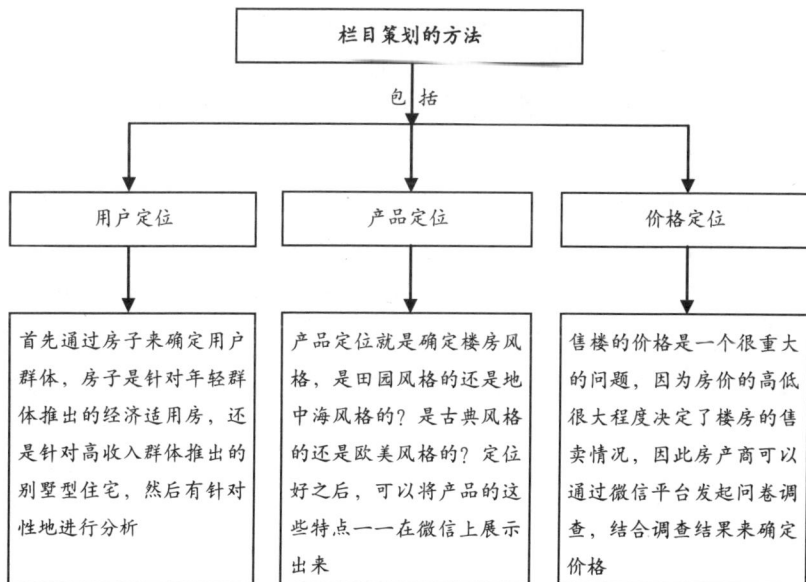

◆ 图 3-3　栏目策划的方法

除了进行用户定位、产品定位和价格定位之外，还可以通过项目、资质、荣誉、联系方式等多个方面进行栏目策划。

❷ 内容全面

在内容方面，企业要从微信的内容定位和内容筛选两个方面进行详细的策划。

（1）内容定位

房产企业或开发商可以根据企业旗下不同的品牌或楼盘，进行不同的内容定位，通过个性化、差异化的内容定位来突出楼盘、房子的特色，为企业与用户之间的互动增加更多的亮点。

（2）内容筛选

就栏目的内容而言，房产企业可以从下列几个方面进行筛选：

▶ 内容的关联性：企业不能轰炸式地推送消息，什么内容都向用户推送，这样只会造成适得其反的效果。因此，房产企业在选择发送的内容时，应该选择和用户自身具有关联性的内容，可以是利益相关的，也可以是兴趣相关的……总而言之，只有和用户相关的信息，用户才会感兴趣。

▶ 内容的趣味性：兴趣永远都是吸引用户的最大因素，商家要想牢牢抓住每位用户的心，就要先挑起对方的兴趣。

▶ 内容的实用性：站在用户的角度，对自己使用的东西，他们永远抱着最大的兴趣与参与热忱，商家可以多发送一些买房、选房的小贴士，或者生活常识类的小贴士也可以。

▶ 内容的多元性：如果一个企业的公众账号总是推送文字，或者总是推送一些图片，即便再精彩，日子久了用户也会产生审美疲劳。因此，企业微信需要随时调整自己发送的内容，做到多元化、精彩化和个性化，将视频、图片、文字等多种形式配合使用。

▶ 内容的一致性：企业要做到每次微信推送的信息都要和企业文化、品牌内容保持一致，这样让粉丝容易接受，不会感到云里雾里或者莫名其妙。

▶ 内容的互动性：互动性是联系用户和商家的关键，商家推送内容或者举办活动，最终的目的都是为了和用户交流。

专家提醒

企业微信公众账号在筛选内容的过程中，应避免以下的行为发生：

▶ 冒充、利用他人名义发布信息的行为；

▶ 提交、发布虚假信息或虚构信息的行为；

▶ 侵害他人的名誉权、肖像权、知识产权、商业秘密等合法权利的行为；

▶ 利用微信公众账号或微信公众平台服务从事任何违法犯罪活动的。

❸ 活动策划

适当地推出活动有助于保持用户的活跃度，下面从活动频率、活动形式两方面进行介绍。

（1）活动频率

一般建议为按照每周、每月来划分，这样比较符合用户的习惯，也方便用户安排时间。房产开发商或房产企业举办的活动不用太频繁，否则，用户可能失去新鲜，对活动的优惠和奖项减低心理期望，从而降低参与度。

（2）活动形式

如果是已经售出的楼盘，开发商为了提升住户的住房体验，可以在节日期间通过微信平台举办一些社区活动，例如，抽奖、房屋装修知识问卷、房屋后期维护问卷等。

房产商家策划的活动，可以围绕与房产、土地出售、租赁、买卖、抵押这些主题相关的活动进行，也可以根据人们在社区生活中遇到的问题开展一些帮助人们解疑答难的活动，笔者在此推荐几种形式，如图3-4所示。

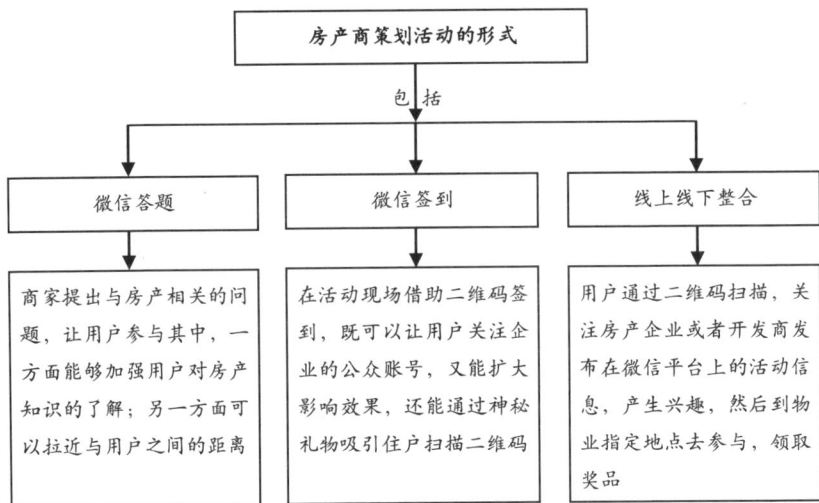

房产商策划活动的形式

包括

| 微信答题 | 微信签到 | 线上线下整合 |

商家提出与房产相关的问题，让用户参与其中，一方面能够加强用户对房产知识的了解；另一方面可以拉近与用户之间的距离

在活动现场借助二维码签到，既可以让用户关注企业的公众账号，又能扩大影响效果，还能通过神秘礼物吸引住户扫描二维码

用户通过二维码扫描，关注房产企业或者开发商发布在微信平台上的活动信息，产生兴趣，然后到物业指定地点去参与，领取奖品

◆ 图3-4 房产商策划活动的形式

3.1.3 设置自动回复

自定义回复接口有很大的可开发空间，通过自定义回复接口，房产企业可以宣传企业的文化、感谢用户的关注，还能推荐企业的活动等，用户可以通过输入关键字"活动"来查看房产企业最新的活动。

除此之外，用户还可以通过自定义回复功能为房产企业提供宝贵意见，而房产企业则可以在微信内生成微信贺卡、提供微信导航服务、提供智能对话服务等。

3.1.4 联合线上线下

要做好房产微信公众号运营，企业就要灵活利用所有线上线下推广的渠道。利用QQ、微博、百度贴吧、天涯论坛等火爆社交平台与微信的打通，来增加用户的转化率，同时，还要结合线下的活动、会展、促销等活动吸引用户的关注。

3.1.5 打造高质量粉丝

房产企业要知道，一个高质量的粉丝可能抵得上一群"脑残粉"，不同的行业、不同的企业经营的产品不一样，因此它们所要服务的对象也不一样，而对于房产企业来说，主要是目标用户群是需要购房的家庭或者个人住宅中占主导地位的女性群体，因此在微信营销计划中，主要的是要把握这些人的心理。

精确地定位粉丝群体就是要明确目标群体，这样做的目的是为了在做微信营销之前，提高粉丝的精确度，从而更好地实现房产营销活动，微信粉丝讲究的是质量而不是数量，如果粉丝定位准确，那么房产商在运营过程中就能够明确每一次沟通、互动、推送的对象是谁，并且了解他们的需求。

3.1.6　打造个性化内容

说到个性化内容，也许是房产企业最难把握的一个要点，因为房产企业在发布微信内容时，无论是在报道方式上，还是在内容形式上都倾向于长期保持一致性，这样才能给用户一种系统而直观的感受。

长期的个性化往往很难做到，做得不好还容易让房产企业的自成体系失去平衡。但是，如果房产企业想要让自己的微信公众号与他人的微信公众号"划清界限"，变得更加容易被用户识别，那么个性化的微信内容是必不可少的，个性化的内容不仅可以增强用户的黏性，使之持久关注，还能让房产企业的微信公众号在众多公众账号中脱颖而出。

3.1.7　充分利用增值功能

房产企业或者房产开发商想要在微信公众平台上实现营销价值的最大化，除了丰富多彩的内容之外，还要充分发挥微信公众平台的功能价值。对房产企业以及房产开发商来说，微信公众号的主要作用如图 3-5 所示。

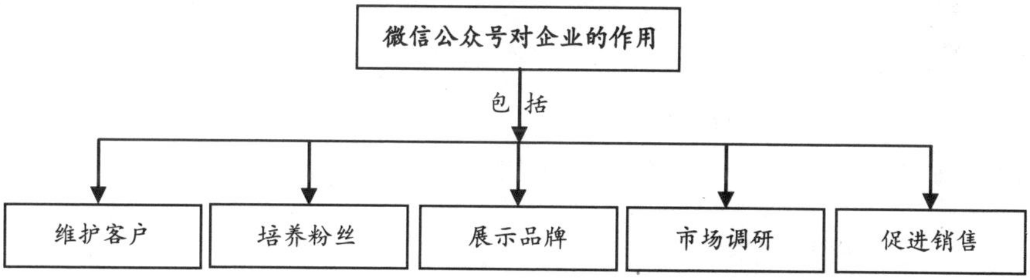

◆ 图 3-5　微信公众号对企业的作用

刚开始，房产企业可以为用户设置一些基础功能，如天气查询、折扣、路况查询等，发展到后期，就可以根据粉丝的需求不断完善公众平台的功能，对于房产企业而言，除了基础性的功能之外，还需要针对目标群体进行一些个性化的定制，如家庭理财、小区超市、照片打印、社区活动等。

3.1.8　让老客户带动新客户

众所周知，房产企业想要推广微信公众号绝对不是一件轻松的事，一句话来概括：房产企业想要推广微信公众号就必须动脑。那么，房产商们应该如何做呢？

首先，要让已经购房的老客户成为企业的粉丝，原因如图 3-6 所示。

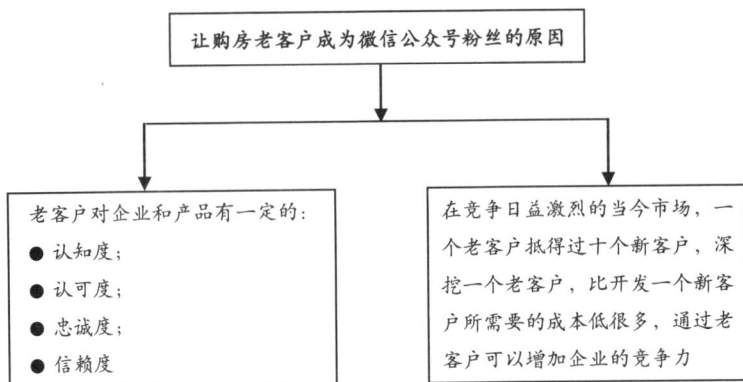

◆ 图 3-6　让老客户成为微信公众号粉丝的原因

让购房的老客户成为微信公众平台的粉丝之后，就要进行第二步流程："以老推新"。"以老推新"的意思就是利用已经成为粉丝的老客户对企业的公众平台进行推广，从而形成一个辐射状的链桥形式，增加新的粉丝群。

3.2　房产＋微信推广技巧

微信推广营销已经成为网络经济时代企业营销模式的一种，房产行业也开始将微信推广作为主要的推广方式之一，但是，具体的推广技巧有哪些呢？本节笔者将为读者介绍几大房产行业的微信推广技巧。

3.2.1　广告推广技巧

想要引流，房产企业就必须"打广告"，如何"打广告"呢？可以选择一些在行业中具有影响力的微信公众账号进行广告投放，这在微信推广营销中十分常见，因为不依靠那些拥有庞大的粉丝数量的微信平台，企业很难在微信推广营销中取得成功，因此不得不说，这是一个既快捷又方便的推广途径，在微信公众平台通过广告方式进行推广营销的方式主要有以下几种：

（1）植入广告：这种方法不是直接对房产企业、房产信息进行宣传，而是将房产售楼信息、房产品牌信息、楼盘名称、广告词等信息嵌入到文章或者图片中，让用户在阅读的过程中，不知不觉就接受了推广的信息。

这类广告最大的特点就是打广告打得不露痕迹，并且不容易引起用户的抵触情绪，因此容易得到认可。

（2）图文广告。在精选的、富有价值的文章后面，通过精美的图片，将房产企业的广告信息传达给用户，也是一个很不错的推广方法，图文广告的精髓在于图片的精美度上，算是视觉营销中的一种，主要是通过符合消费者需求的视觉效果来达到信息推广的目的。

（3）纯粹广告。在我国，房产界是一个受万众瞩目的特殊行业，市面上，铺天盖地的广告接踵而来，让人目不暇接，再加上很多广告中隐藏着不易觉察的"陷阱"，因此很多人都不敢轻信这类广告。所以通过直白的广告，将广告内容传递给用户也是一种不错的选择，但是，值得注意的是，太过直白的广告有时候容易引起用户的不满情绪，因此，要注意广告的频率。

3.2.2　通过二维码引流

线下引流的具体做法是将企业微信公众号的二维码放置在人们最常见的地方，通过一定的优惠方式，鼓励顾客用手机扫描二维码添加企业的微信，这样做的好处有如图 3-7 所示的两个。

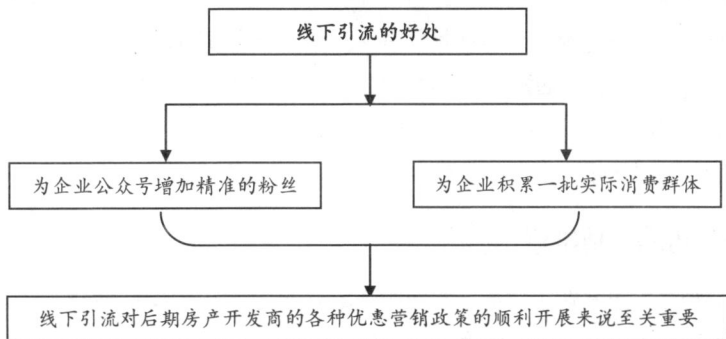

◆ 图 3-7　线下引流的好处

企业的二维码可以出现在不同的地方，例如，DM 宣传单、楼盘宣传手册、公交站台、户型图、员工名片、电梯里等，为了提升用户扫码的积极性，企业可以设置奖励活动，譬如扫一扫二维码添加企业微信就能领取礼品、获得优惠券等。

通过二维码为企业微信公众号引流还有几点需要注意的事项，如下所示：

▶ 不要将企业微信公众号的二维码印制在移动状态的物体上，例如，公交车、汽车等，因为移动状态的物体不便于用户进行扫码；

▶ 不要将企业微信公众号的二维码印制在高楼外巨幅的电子广告屏上，同样也是不便于用户进行扫码；

▶ 不要将企业微信公众号的二维码印制在高速路的广告牌上，因为用户在移动的车上，通常也不可能实现扫码活动。

3.2.3 水电物业费用通知

对于房地产行业的微信运营来说，最大的价值不在售前，而在于售后。对于小区的居民来说，什么是最值得他们关注的？当然就是小区的各种物业费用的缴纳和通知，开发商如果能够将这一功能在微信平台上开发出来，一定会吸引大批业主关注小区、楼盘的微信，因为这才是业主最需要的便民服务。

在微信平台上，企业可以安排专门的工作人员，与业主进行一对一的联系，提醒业主及时缴纳各种物业费用，业主可以通过微信后台查看本期的水电使用情况。

3.2.4 临时停水停电通知

在小区里，业主最烦的事是什么？就是突然发生停水停电的情况，很多时候，物业会派人去挨家挨户通知业主，但这样不仅费时费力，还效率低，而且经常会碰到业主不在家的情况。有的物业会将通知单贴在相应的公告栏里，但也不能保证每位业主都能够看到通知，因此微信的威力就在这时彰显出来了。

物业可以通过微信公众平台将临时停水停电的消息通知到每位业主的手里，只要业主添加了物业的微信公众号，就不会错过类似的信息。

3.2.5 售后申请维修

售后维修关系着业主对小区物业服务的满意度，因此售后维修非常重要，企业可以在推广微信公众平台的时候，将这个宣传亮点提炼出来，让业主感知到关注微信公众号之后可以获得诸多好处，那么一定能够起到很好的宣传效果，让业主们全都关注企业的微信公众号。

3.2.6 推广营销的忌讳

微信公众号平台的宣传口号是："再小的个体，也要有自己的品牌。"这句台词揭露了一个哲理：个人品牌永远不会过时，在互联网时代，只要是有价值的服务，都是被鼓励的。

因此，房产企业在利用微信公众平台进行推广营销的时候，只要端正态度，不要触及如图 3-8 所示的几大忌讳，就一定会获得意想不到的效果。

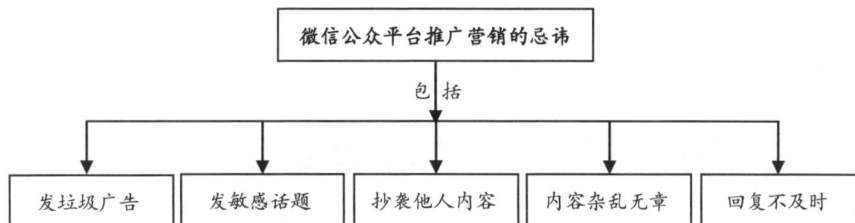

```
            ┌─────────────────────────┐
            │ 微信公众平台推广营销的忌讳 │
            └─────────────────────────┘
                        │
                       包括
                        │
  ┌──────────┬──────────┼──────────┬──────────┐
  ▼          ▼          ▼          ▼          ▼
┌──────┐ ┌──────────┐ ┌──────────┐ ┌──────────┐ ┌──────────┐
│发垃圾广告│ │发敏感话题 │ │抄袭他人内容│ │内容杂乱无章│ │回复不及时 │
└──────┘ └──────────┘ └──────────┘ └──────────┘ └──────────┘
```

◆ **图 3-8 微信公众平台营销的忌讳**

❶ 发垃圾广告

如何定义垃圾广告？每个企业都有自己的品牌，每个品牌都会有自己的主题，如果房地产相关企业推送与微信主题无关的广告，就叫垃圾广告。

房地产企业要避免无节制地大量地发送不相关的垃圾广告，因为很有可能会遭到用户的反感，严重的还可能被关闭群发功能。

❷ 发敏感话题

什么是敏感话题？凡涉及色情、政治以及暴力等的话题都被称为敏感话题，微信官方对于这点是非常重视的，一旦发现就很有可能立即关闭群发功能，严重的还会封号，因此房地产相关企业在编辑内容时不要涉及敏感话题。

❸ 抄袭他人

微信公众平台对知识产权有保护作用，一旦发现抄袭，要么禁言，要么封号，因此，房地产相关企业推送的内容，最好以原创为主，如果是引用，则必须注明作者和出处。

❹ 内容杂乱无章

企业不要随便什么信息都推送，因为公众账号每月只有四次推送机会，因此要尽量将信息精华化，否则用户容易产生审美疲劳，就不会再持续关注公众号，因此，房地产相关企业在推送信息的时候，一定要好好把握这四次机会。

⑤ 回复不及时

如果业主或者想要购房的顾客向企业公众账号发出信息时，企业公众账号没有及时回复，用户就会有种被冷落的感觉，因此企业要及时回复用户信息，这样才能快速建立起用户对企业的好感。

3.3 房产＋微信推广经典案例

很多房地产微信公众号，每天给用户推送着各种图文信息，但却迟迟不见效果，而有的房地产微信公众号，却能运营得很好，这是为什么呢？下面，为读者分享一些优秀的房地产微信营销案例。

3.3.1 深圳万科：服务引导新要求

万科企业股份有限公司成立于 1984 年，1988 年进入房地产行业，1991 年成为深圳证券交易所第二家上市公司。经过多年的发展，万科成为中国最大的专业住宅开发企业。随着移动互联网的到来，深圳万科也打造出了属于自己的微信公众平台，如图 3-9 所示。

◆ 图 3-9 深圳万科微信

"深圳万科"微信公众平台开发了"购房客户认证"模块，只要购买了万科楼盘的用户，就可以参与其每月组织的活动，除此之外，还可以在微信上联系物业进行各种房屋维修活动。下面就其中相关的内容进行具体介绍。

❶ 入会和认证

用户可以通过添加"深圳万科"微信公众号(vanke_shenzhen)来入会和认证。点击"我要买房丨入会 / 认证"菜单，如图 3-10 所示。就会打开"会员认证"界面，如图 3-11 所示的界面中，输入相应的内容，则可以实现入会。

◆ 图 3-10 "入会 / 认证"界面 ◆ 图 3-11 "会员认证"界面

❷ 业主活动

入会后就可以参加"深圳万科"所推出的活动。点击"我要买房丨最新活动"按钮，就会弹出如图 3-12 所示的"最新活动"信息列表。查看列中的项目（爱家行动）只需要用手指点击进入即可，如图 3-13 所示。

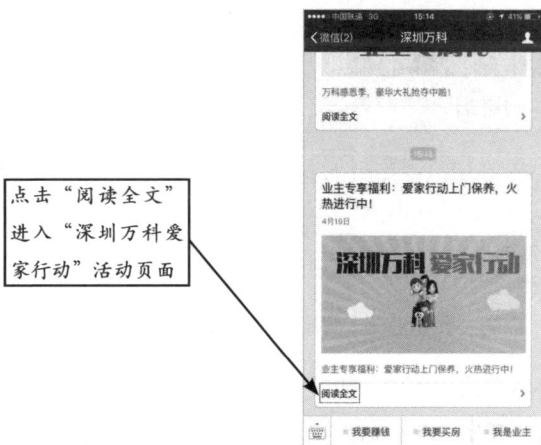

◆ 图 3-12 跳出"最新活动"信息列表

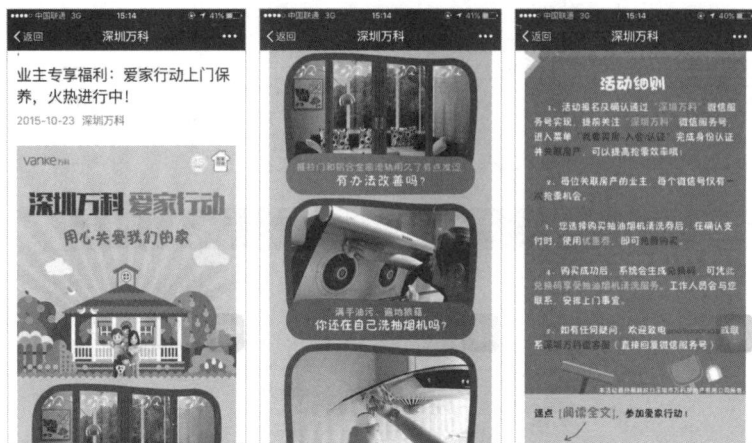

◆ 图 3-13　"爱家行动"活动介绍

❸　房屋保修

关注"深圳万科"微信公众号后，就可以进行房屋报修。如图 3-14 所示，点击"我是业主 | 房屋报修"按钮，就会弹出房屋报修页面。不过在具体报修之前，需要先进行用户认证，即需要绑定所购买的万科房产。

◆ 图 3-14　点击"我是业主 | 房屋报修"按钮

"深圳万科"微信公众平台的这一系列功能，充分利用了微信信息的准确传播特性，使微信关注者不会错过任何一期活动。同时现在的选房者都越来越懒，总想用最简单、最容易的方式与企业沟通比如投诉、反馈意见等。因此微信保修使得深圳万科的物业服务更具有人性化。

3.3.2　保利地产：微信传递集团战略

保利房地产集团股份有限公司，成立于1992年，是中国保利集团旗下的大型房地产国有企业，如图3-15所示为保利地产的微信公众号。

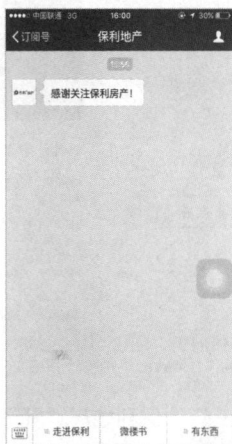

◆ **图3-15　保利地产微信公众号**

保利地产的微信公众平台的功能定位如下所示。

（1）发布功能：品牌或者项目的最新动态信息发布，如图3-16所示，点击"有东西 | 发布"按钮，就会跳出"保利地产全生命周期居住系统"的信息发布界面。

◆ **图3-16　"保利地产全生命周期居住系统"的信息发布**

（2）"5P 战略"介绍：在保利地产微信公众平台上，用户可以阅读保利地产的"5P 战略"详解，如图 3-17 所示，只要点击"走进保利 I5P 战略"按钮，就会有消息自动弹出。

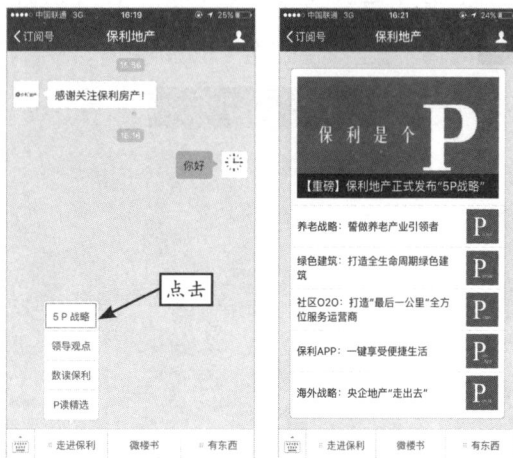

◆ 图 3-17 保利地产"5P 战略"

从上图中保利地产微信公众号弹出的消息可以看到，"5P 战略"的内容包括如图 3-18 所示的 5 点。

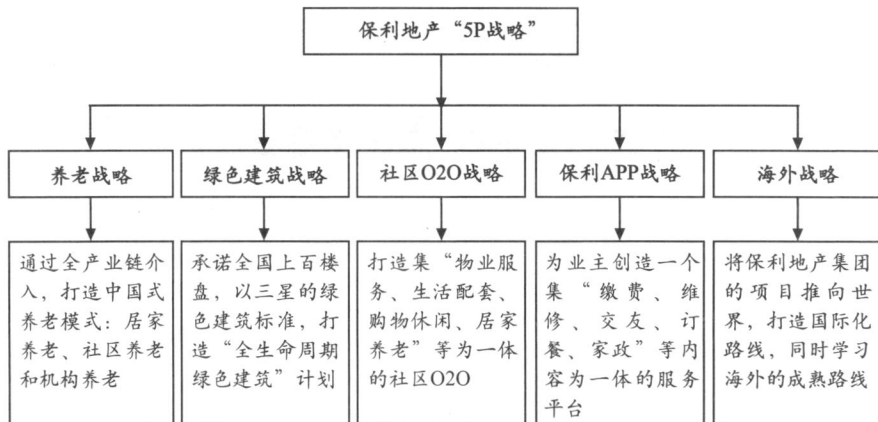

◆ 图 3-18 保利地产"5P 战略"

3.3.3 紫薇地产：丰富有趣的微信内容

紫薇地产创立于 1996 年，西安高科（集团）公司全资子公司，中国房地产"综合开发"、"责任地产"双百强企业，2012 年、2013 年度"中国蓝筹地产"西部领军企业，如图 3-19 所示为紫薇地产的微信公众号。

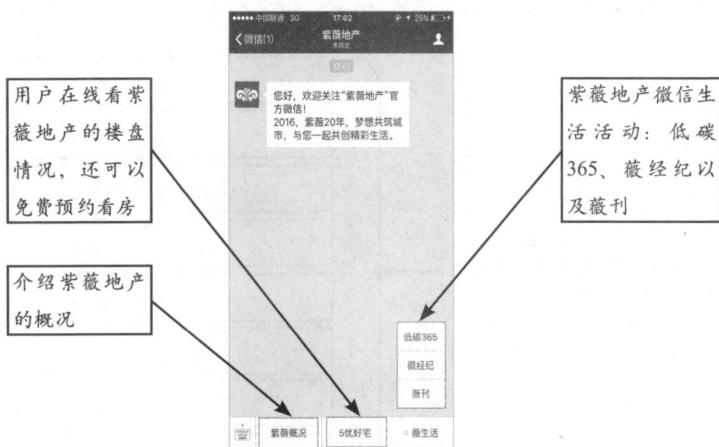

用户在线看紫薇地产的楼盘情况，还可以免费预约看房

介绍紫薇地产的概况

紫薇地产微信生活活动：低碳365、薇经纪以及薇刊

◆ 图 3-19　紫薇地产微信

❶ 图文结合展示楼盘

"紫薇地产"微信公众号：Ziwidichan-XIAN，专门提供了"5 优好宅"菜单，以图文的形式展示该房地产所开发的楼盘。点击"5 优好宅"按钮，将会进入精品楼盘信息，如图 3-20 所示。如果想要查看"紫薇地产"的"花园洲"楼盘，在"精品楼盘"相应的地方点击"花园洲"界面即可进入"花园洲"楼盘，如图 3-21 所示。

◆ 图 3-20　"精品楼盘"信息　　◆ 图 3-21　"花园洲"信息

❷ 楼盘详细介绍

以"花园洲"楼盘为例，如果要查看"紫薇花园洲"楼盘的详细介绍，可以在"花园洲"的信息界面中进行查看，该界面包含如图3-22所示的几大内容模块。

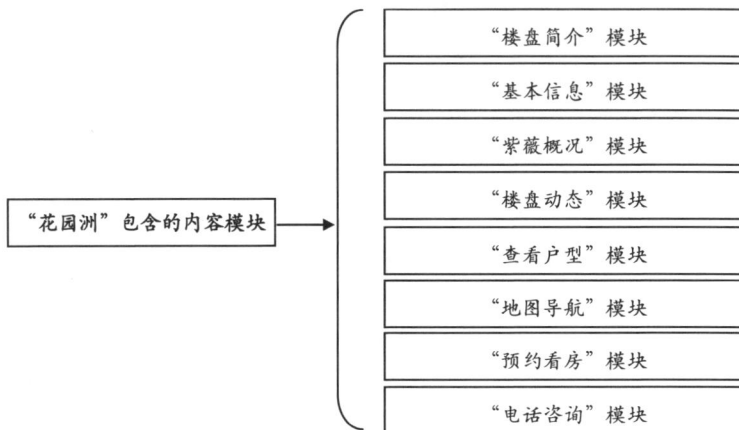

◆ 图3-22 "花园洲"包含的内容模块

❸ 预约看房

如果想预约看"紫薇花园洲"楼盘，可以点击"预约看房"按钮进行提前预约，如图3-23所示。输入相应的内容，点击"预约看房"按钮即可以实现在线预约看房功能，还能通过右上角的"电话咨询"按钮进行电话咨询。

◆ 图3-23 预约看房

“紫薇地产”微信营销公众平台利用微信基本绘画功能，让楼盘不动产“动”了起来，实现了楼盘信息的灵活展示。对于购房者来说，无论去哪个楼盘肯定是先了解该楼盘的开发商、该楼盘的户型、实景等。

紫薇房地产商对正在销售的楼盘进行规划，形成系列体系组织到精品“5 优好宅”菜单以供购房者去查看。在具体查看楼盘信息时，又设置了必有的关键字，加深了与购房者之间的互动。

专家提醒

当许多开发商绞尽脑汁想尽各种办法来宣传自己的楼盘时，“紫薇地产”的上述微信营销方式不仅实现了信息准确推送，而且还大大降低了宣传成本，真正实现了低投入、高产出的效果。

3.3.4 万通上园国际：全民组团去看房

中国万通国际集团全称为“中国万通国际集团股份有限公司”，成立于 2012 年 6 月 18 日，现已成为一家标准的国际化企业，如图 3-24 所示，为万通上园国际的微信公众号。

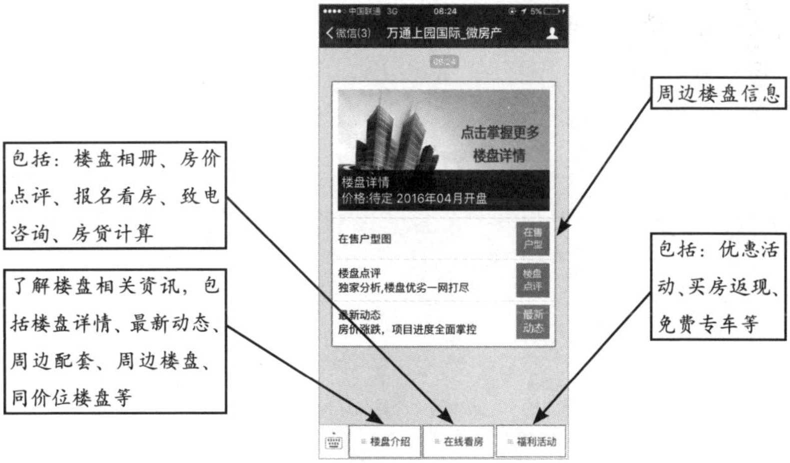
中国联通 3G 08:24 5%
微信(3) 万通上园国际_微房产
08:24
点击掌握更多
楼盘详情
楼盘详情
价格:待定 2016年04月开盘
在售户型图
在售户型
楼盘点评
独家分析,楼盘优劣一网打尽
楼盘点评
最新动态
房价涨跌，项目进度全面掌控
最新动态
楼盘介绍
在线看房
福利活动
周边楼盘信息
包括：楼盘相册、房价点评、报名看房、致电咨询、房贷计算
了解楼盘相关资讯，包括楼盘详情、最新动态、周边配套、周边楼盘、同价位楼盘等
包括：优惠活动、买房返现、免费专车等

◆ 图 3-24 万通上园国际微信

用户关注“万通上园国际”微信公众号：leju-hzwtshygj。点击“在线看房 | 报名看房”按钮，如图 3-25 所示，就可以在该页面提交看房意向，如图 3-26 中，在“看房意向收集”界面中相关信息后点击“立即报名”按钮就可以报名看房。

◆ 图 3-25　报名看房　　◆ 图 3-26 提交个人信息

　　在房地产销售渠道中，团购营销手段是一个不可缺少的手段。但是现阶段，很少能够出现房地产初期，单位公司同事间集体团购、作为投资的整栋购买现象。

　　而对于购买者来说，作为一个集团购买总要比担任购买，所享受到的折扣要打、服务质量要好。因此将具有刚性需求的零散购买者，组成一个团队去参观、购买房产，是一种不可忽视的方式。万通上园国际通过微信公众号，专门提供了"组团看房"的活动，让用户享受更多的优惠。

4
CHAPTER

快消行业
——视频推广

4.1 快消＋视频推广快速入门

在互联网、移动互联网时代，视频让快消企业的营销广告变得越来越直观，通过视频对快消企业的产品和品牌进行推广，能够起到如图 4-1 所示的作用。

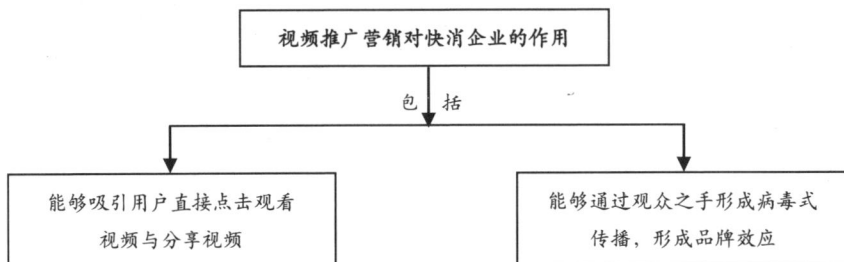

```
┌─────────────────────────────┐
│   视频推广营销对快消企业的作用   │
└─────────────────────────────┘
              包 括
    ┌──────────────┴──────────────┐
┌─────────────────────┐  ┌─────────────────────┐
│ 能够吸引用户直接点击观看 │  │ 能够通过观众之手形成病毒式 │
│    视频与分享视频      │  │  传播，形成品牌效应    │
└─────────────────────┘  └─────────────────────┘
```

◆ 图 4-1　视频推广营销对快消企业的作用

视频营销是快消企业的一把利器，尤其是在互联网、移动互联网快速发展的时代，视频变得更加"移动化"、"便捷化"和"快速化"，同时也让快消企业寻到了低成本的营销商机。

4.1.1　微视频的形式

微视频营销是指个体通过手机、摄像头、MP4 等多种视频终端摄录、上传视频到互联网，以达到一定宣传目的营销手段的营销方式。

微视频的时间通常较一般的电影视频要短很多，其内容广泛，涵盖小电影、纪录短片、广告片段、视频剪辑等。微视频的形式多种多样，主要有如图 4-2 所示的 4 种形式。

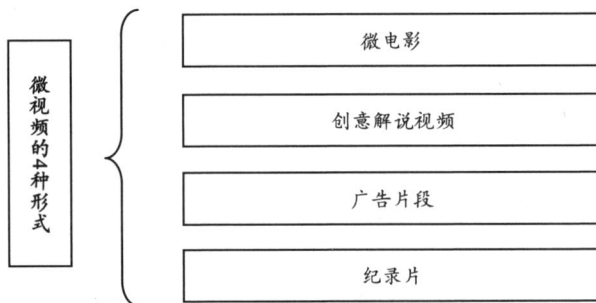

```
              ┌──────────────────────┐
              │        微电影         │
微            ├──────────────────────┤
视            │     创意解说视频       │
频            ├──────────────────────┤
的            │      广告片段         │
4            ├──────────────────────┤
种            │       纪录片          │
形            └──────────────────────┘
式
```

◆ 图 4-2　微视频的 4 种形式

❶ 微电影

微电影是网络时代的一种电影形式，因为微电影常常将人类的情感诉求融入其中，因此各大网络视频平台喜爱用这种方式传递品牌价值和品牌观念。

微电影因有如图 4-3 所示的特点，深受快消企业的喜爱，因此快消企业常常将广告植入微电影中，以达到宣传推广的作用。

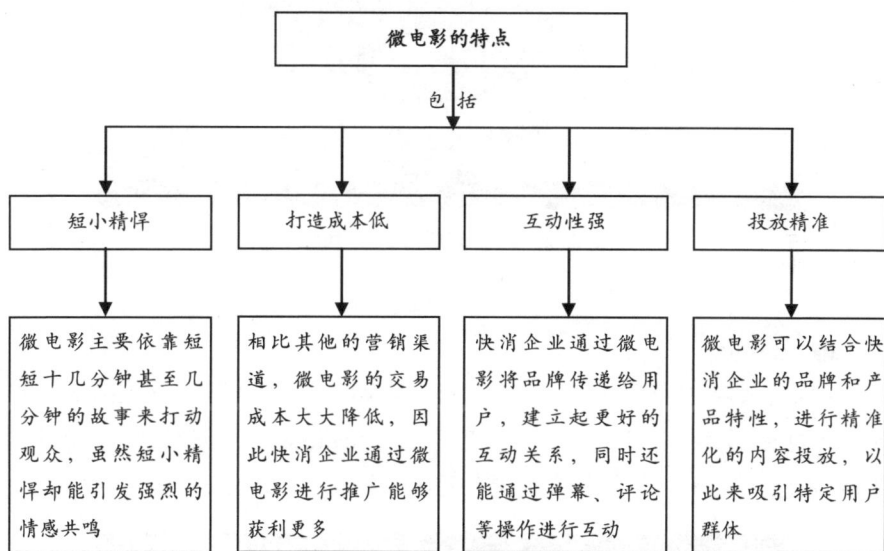

```
┌─────────────────────────┐
│       微电影的特点        │
└─────────────────────────┘
          包 │ 括
```

短小精悍	打造成本低	互动性强	投放精准
微电影主要依靠短短十几分钟甚至几分钟的故事来打动观众，虽然短小精悍却能引发强烈的情感共鸣	相比其他的营销渠道，微电影的交易成本大大降低，因此快消企业通过微电影进行推广能够获利更多	快消企业通过微电影将品牌传递给用户，建立起更好的互动关系，同时还能通过弹幕、评论等操作进行互动	微电影可以结合快消企业的品牌和产品特性，进行精准化的内容投放，以此来吸引特定用户群体

◆ 图 4-3 微电影的特点

❷ 创意解说视频

创意解说视频主要是一种以轻松并富有说服力的方式将快消企业的品牌或产品内容传递给广大网民的微视频营销模式。

❸ 广告片段

广告片段是一种将快消企业的产品广告投放到网络视频播放之前或者播放之中的营销方式，例如，在电视剧、综艺节目、电影、网剧播放之前，通常会先播放几十秒左右的广告，快消企业通常将广告投放在这些位置，不仅能够吸引大量的用户群体了解企业的品牌和产品，还能提升品牌的知名度，如图 4-4 所示为《太阳的后裔》电视剧播放前，宝洁公司投放的"护舒宝"卫生巾的广告。

◆ 图 4-4 "护舒宝"卫生巾的广告

❹ 纪录片

创业纪录片主要是通过品牌诞生过程的纪录片，来向消费者传达企业品牌的理念和内涵，如图 4-5 所示为在爱奇艺网站播放的纪录片《经典传奇：影响世界的成与败 可口可乐创业神话》，讲述的是可口可乐的诞生史。

◆ 图 4-5 可口可乐诞生史纪录片

4.1.2 提升用户点击量

微视频推广营销的兴起，给网络营销带来了不少的冲击力，快消企业相继运用微视频进行推广，希望从中得到一定的收获。但是经常观看视频的朋友们都会发现，视频的点击量有多有少，在视频点击量少的时候，快消企业就开始琢磨：究竟怎样才能获得高的点击量呢？为了让快消企业走太多的弯路，下面就着重讲几点微视频营销的技巧，仅提供参考。

❶ 标题要吸引人

一个具有吸引力的标题，绝对能为微视频带来不少的网络用户关注度，因此，快消企业在选择广告投放对象时，要注重标题的重要性，同时，视频出品商在选择视频标题的时候，也要注意如图 4-6 所示的事项。

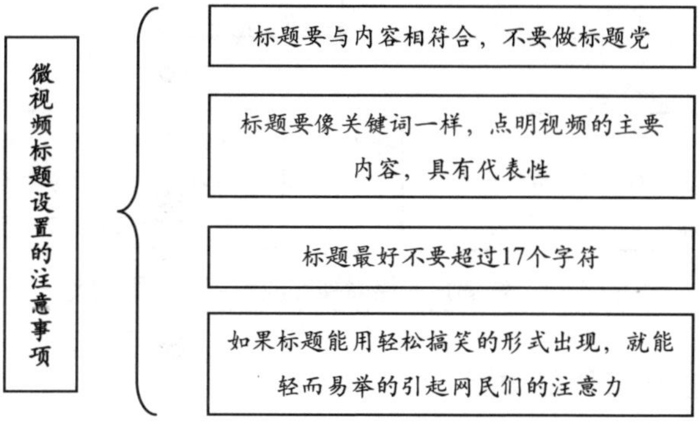

◆ 图 4-6　微视频标题设置的注意事项

为什么说视频的标题对于快消企业来说十分重要？因为每个视频都有自己特定的观众群，视频的标题有时候决定着观众对视频的兴趣程度，如果一个视频的标题符合人们的期望，那么观看视频的人就会多很多，例如，电视剧《来自星星的你》，这个名字就非常吸引年轻的观众群体，因此做年轻市场这一块的快消企业就可以在该剧中进行精准的广告投放。

❷ 视频内容的选择

微视频的内容决定微视频营销传播的力度和广度，目前具有吸引力的内容通常是有趣、搞笑等类型的视频，也就是说，相比传统的视频来说，互联网时代下的视频更注重于趣味性。通常情况下，如果一段视频不能在短时间内吸引观众，那么企业就很有可能失去一部分受众,因此快消企业在选择投放广告的视频时,要尽可能选择那种有亮点、能够吸引观众的视频。

例如,曾经很火的一部韩国电视剧《太阳的后裔》,讲述的是特种兵和医生之间的爱情故事,剧情丰富不拖沓,而且特殊的内容题材非常吸引观众的视线,已经播出,就瞬间火爆网络,快消企业在该剧的视频播放前投放产品的广告,或者在视频播放中插播广告。

4.1.3 首页曝光的方法

对于快消品企业来说,有两种办法把自己的视频放置到视频网站平台的首页上,如图4-7所示。

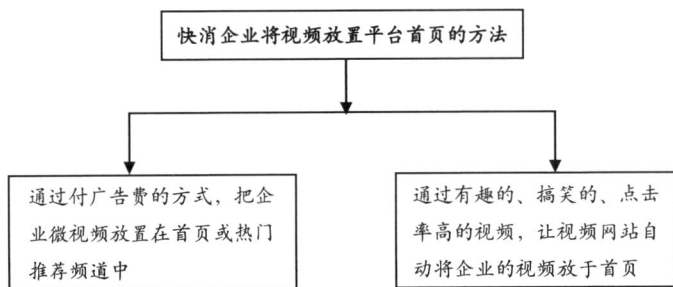

◆ 图4-7 快消企业将微视频放置平台首页的方法

4.1.4 巧妙利用弹幕功能

如今视频弹幕功能运用非常广泛,是网民与网民之间互动的好工具,快消企业与其等待网民被动地接收视频中的广告信息,不如让网民主动参与到传播的过程中,这样更有利于视频营销的传播效率以及更进一步达到营销目的,因此快消企业可以通过弹幕功能让网民之间形成品牌传播效应,从而将企业品牌和产品进一步推广出去。

专家提醒

弹幕功能:是指网民在观看视频的过程中,利用弹幕功能发表自己的想法,这样正在观看视频的其他人就可以看到,视频发布者想要达到一定的营销效果,就可以充分利用这一功能,与线上的其他用户形成互动。

4.1.5 创意为王

一个拥有优秀创意的视频能够帮助快消企业吸引更多的用户，创意可以表现在很多方面，新鲜有趣只是其中的一种，还可以是贴近生活、关注社会热点话题、引发思考、蕴含生活哲理、包含科技知识和关注人文情怀的。

对于微电影、微视频、电视剧来说，如果内容缺乏创意，那么整部剧只会成为广告的附庸品，沦为庸俗的产品，因此快消企业在选择视频进行广告投放的时候，一定要注重视频内容的创意性。

有一部改编自佳能广告的微电影的《Leave Me》，通过一个感动人心的故事，吸引了观众的注意，这部剧全程没有一个明星出镜，讲述的是一个刚经历丧妻之痛的男子在整理妻子的遗物时，发现了一部相机，当这位男子在拍照后，穿越到了相机里，并在相机里永远和妻子在一起。

佳能这部微电影，完全靠内容和创意取胜，它利用大众的感性心理，走温馨情感路线，以讲故事的方式让大家记住了它的品牌，并树立了品牌形象。而著名的快消品公司玛氏公司就在该视频播放之前投放了一段德芙巧克力的广告，如图4-8所示。

◆ 图4-8 德芙巧克力的广告

4.1.6 避免过度商业化

虽然快消品企业投放广告的目的是为了扩大品牌影响力、增加产品的销量，但是不能因此就趋向于投放太过于商业化的视频或电影，因为太过商业化的视频或者电影容易失去视频的艺术价值，在观众心目中形成质疑、反感的情绪，这种情绪如果嫁接到快消品牌上，那么对于企业来说就是一种损失。

专家提醒

快消企业在投放广告之前，要注意选择投放广告的视频不能过于商业化，要在艺术性与商业性之间寻找一种平衡，这样才能达到吸引观众与传播品牌的目的。

4.1.7 选择不同类型进行投放

在视频网站、视频 APP 上，可以看到各种各样的视频类型，就拿爱奇艺的移动 APP 来举例，如图 4-9 所示，在爱奇艺 APP 的"推荐"界面上，可以看到"今日资讯"、"爱奇艺 4 月热播"、"电视剧"、"电影"、"综艺"、"动漫"、"娱乐"、"原创"等多个模块。

◆ 图 4-9 "爱奇艺"推荐界面

点击爱奇艺 APP 的下方"导航"按钮，可以进入"导航"界面，观众可以将全部频道尽收眼底，如图 4-10 所示。

◆ 图4-10 "爱奇艺"导航界面

快消品企业可以针对不同的频道类型进行广告投放，例如，销售健康饮料的快消品企业可以将广告投放在"电影"、"电视剧"、"母婴"、"运动"等类型的视频上；销售家庭清洁剂的快消品企业可以将广告投放在"生活"、"母婴"、"电影"、"电视剧"等类型的视频上。

4.2 快消 + 视频推广技巧

视频推广，尤其是微视频推广，为快消品企业占据了广阔的互联网与移动互联网市场，并打造出了微视频营销的天地，视频营销是顺应时代的潮流而诞生的，在微营销大浪的翻滚中，微视频与微信、微博一起，变为快消品企业营销的有利法宝，本节为读者介绍快消品企业视频推广的技巧

4.2.1 前置广告

前置广告是一种在视频区域内的强制性广告推广营销形式，即在视频播放之前，附上一段数秒钟的视频广告，如图4-11所示为微视频中佳洁士的前置广告。

◆ 图 4-11　微视频中佳洁士的前置广告

　　前置式广告一方面利用视频下载缓冲的时间，不会让用户太反感；另一方面，前置式广告占据了屏幕面积，具有很强的视觉冲击力。

　　目前，这种视频推广营销形式已经成为快消企业最喜欢的方式之一，因为除了以上的两方面特点之外，这种广告还能让企业针对用户采集到所有想要的指标，这些指标如图 4-12 所示。

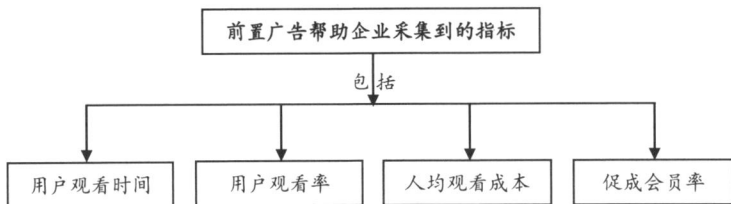

◆ 图 4-12　前置广告帮助企业采集到的指标

专家提醒

　　前置广告最大的不足之处在于，无法充分利用互联网独有的互动性特点。

4.2.2　视频贴片广告

　　视频贴片广告也是一种在视频区域内播放的强制性广告形式，分为在视频片头播放、片尾播放或者片中播放三种形式，例如：

▶ 电影贴片广告通常是在放映正片之前播放的；

▶ 电视台的贴片广告通常是在节目播出前或播完后的时间内播放的。

贴片广告已经成为商家的一种非常重要的推广营销方式，1998 年，《泰坦尼克号》在中国上映，快消产品"水晶之恋"果冻抓住机会播出贴片广告，在短时间内迅速风靡全国。贴片广告之所以受快消企业的器重，主要因为贴片广告具备如图 4-13 所示的特点。

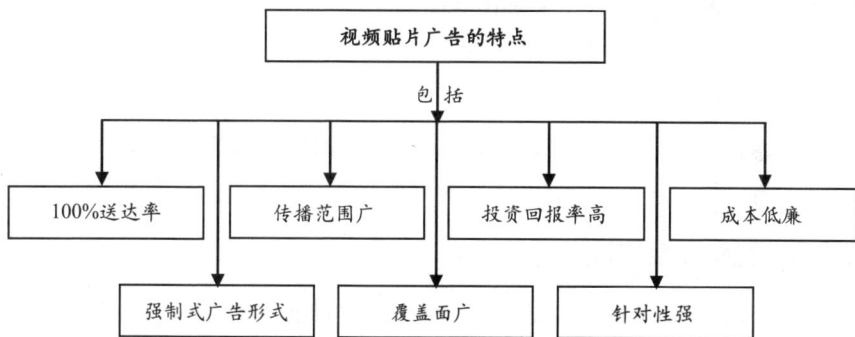

◆ 图 4-13　视频贴片广告的特点

❶ 100% 送达率

因为贴片广告是伴随某个视频播出的，因此只要观看这个视频的观众都不会错过这个广告，因此具有 100% 送达的特点。

❷ 传播范围广

贴片广告可以在多个场所进行传播，例如，大型连锁超市、零售出租专卖店、专柜、网络平台等，传播范围覆盖全国，能够帮助快消企业快速打通市场。

❸ 投资回报率高

贴片广告可以在各个视频种类中播放，针对特定的人群，达到理想的推广宣传效果，价格实惠收益高，绝对是快消品企业的不能放过的广告领域。

❹ 成本低廉

目前，贴片广告市场还处于高速发展阶段，尚未成熟，因此成本相对来说要低廉许多。

❺ 强制式广告形式

在电视剧的播放过程中，突然跳出来贴片广告，会达到强制式收看的效果，而且由于这种突发性跳转，很容易给观众造成一种强烈的视觉冲击。

❻ 覆盖面广

在这个多媒体时代，贴片广告可随剧的热播程度，在全国范围内迅速形成传播效应，让观众立马记住企业品牌和产品。

❼ 针对性强

快消企业可根据不同类别的产品选择不同的目标消费群体进行贴片广告的传播。

4.2.3　视频浮层广告

视频浮层广告又称视频覆盖广告，是一种与视频内容同步进行的广告形式，通常的表现形式是：在视频的播放过程中，广告界面弹跳出来，然后短时间内浮于原视频的顶端或者底部，对观众进行强制性的推广。

4.2.4　视频背景广告

视频背景广告是一种视频区域外的广告形式，主要表现形式是：当用户打开视频节目时，广告会以精美的海报图片形式展现在视频区域周围，作为视频页面的背景。

4.2.5　UGA 视频植入式广告

UGA 视频植入式广告，是一种把广告元素巧妙地嵌入视频中的一种广告形式，其主要特点如图 4-14 所示。

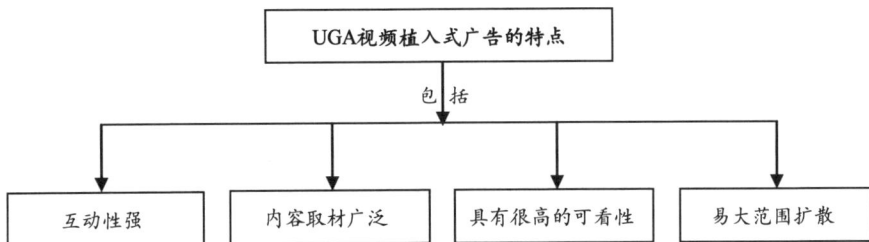

```
          ┌──────────────────────────┐
          │ UGA视频植入式广告的特点      │
          └──────────────────────────┘
                      │ 包括
          ┌───────┬───────┼───────┬───────┐
          ▼       ▼       ▼       ▼
     ┌────────┐ ┌────────┐ ┌──────────┐ ┌──────────┐
     │ 互动性强 │ │内容取材广泛│ │具有很高的可看性│ │ 易大范围扩散 │
     └────────┘ └────────┘ └──────────┘ └──────────┘
```

◆ **图 4-14　UGA 视频植入式广告的特点**

UGA 视频植入式广告的出现，使快消企业的广告竞争更加剧烈，同时也使企业的视频推广营销变得更加繁荣。

4.2.6　增加网站高质量的外链

快消品企业在利用微视频进行推广营销时，可以在视频投放区增加一个高质量的品牌官网外链。这种做法对快消品企业的品牌推广能够起到很好的效果，因为只要该视频一经上传，这个链接就能很快地被搜索引擎收录。

4.2.7　明星、名人效应

明星、名人效应是一种永不落时的视频推广方式，快消品企业可以请一些契合品牌形象的明星或者名人来打广告。利用明星或者名人的名气来积累粉丝，是一种非常不错的方法。

4.2.8　4 点原则助力营销

快消品企业利用视频进行推广营销，要掌握以下 4 点原则：

❶ 提供价值

广告内容要为用户提供一定的价值，例如，口腔护理产品，要告诉用户产品的功效，一个不能提供真正价值的广告是不会引起观众的注意的，如图 4-15 所示为美汁源"果粒奶优"的视频广告，背景广告台词中，"有点饿，来瓶果粒奶优"就将产品的价值传递给了用户。

◆ 图 4-15　果粒奶优的产品广告

❷ 通过故事引出

快消产品的广告通常都善于通过一个精短的故事来引出产品主题，例如，佳洁士牙膏的广告中，就以主人公要去参加同学聚会的故事为引子，引出了佳洁士牙膏产品；再如，碧浪洗衣粉的广告中，就以主人公遇到的洗衣烦恼作为引子，引出了碧浪洗衣粉产品，如图4-16所示。

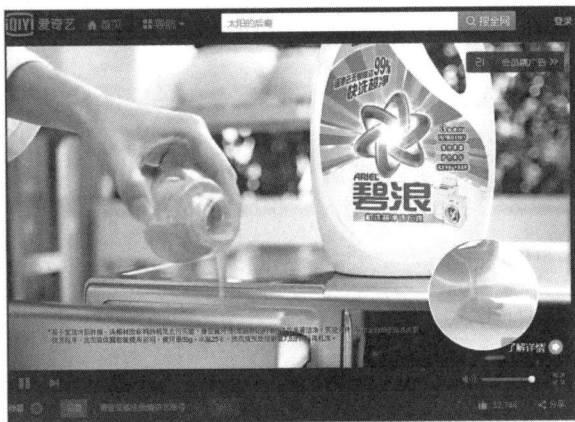

◆ **图4-16　碧浪洗衣粉的广告**

❸ 短小精悍

浓缩才是精华，快消产品的广告不要时间不要太长，太长容易让人产生视觉疲劳，一般控制在十几秒到几十秒之内比较好，最多也不要超过几分钟。如果广告有很长的内容，就可以分成几个章节或者几个系列来讲，例如，益达口香糖的广告，商家通过故事的形式将该产品的广告分出了好几个小段。

❹ 主题明确

快消品企业必须明白消费者想要什么样的产品，因为只有清晰地了解了消费者的需求，才能在广告中，将主题明确地表达给目标群体。

4.2.9 "五不"原则要牢记

快消品企业通过视频进行推广营销，除了要掌握以上的几点原则之外，还要注意以下的"五不"原则，如图4-17所示。

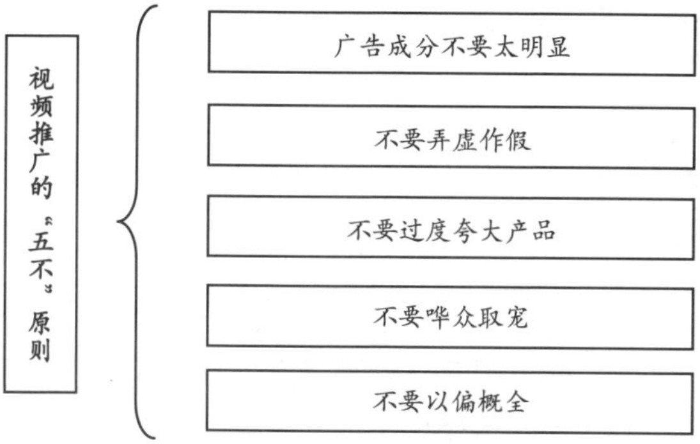

◆ 图4-17　视频推广的"五不"原则

❶ 广告成分不要太明显

快消企业在进行视频推广的时候，广告不要做得太明显了，因为那样会引起观众们的反感。

❷ 不要弄虚作假

快消企业在进行视频推广的时候，要懂得"诚信第一"的原则，不要弄虚作假，那样会有损企业的品牌形象，严重的，可能会造成不可挽回的损失。

❸ 不要过度夸大产品

快消企业的视频广告，应该是建立在产品的基础上来进行宣传和推广的，不要过于夸大产品的质量或者功能，那样会给用户造成一种"华而不实"的感觉，导致用户对产品失去信任。

❹ 不要哗众取宠

在前面笔者就提到过，快消企业的广告内容一定要具有一定的价值，单纯地依靠滑稽、搞笑的视频是不能真正赢得消费者的心的，除非将产品价值包含在视频中，否则也只是起到让观众笑一笑的效果罢了。

❺ 不要以偏概全

目前，很多快消品企业将目标受众定位年轻人，其实这样有些以偏概全了，有些中年观众也非常注重快消品这一市场，所以快消品企业一定要经过严谨的数据才能确定最终的目标受众，不要跟风只将年轻人定为用户群体，那样可能会丢失大块的用户市场。

4.2.10 借助平台推广

快消品企业在网络上利用视频进行推广营销时，需要借助各种视频平台才能收到好的效果，下面介绍如图4-18所示的几大有代表性的视频平台。

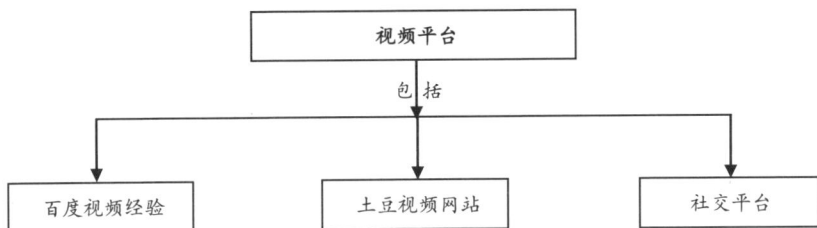

◆ **图4-18 视频平台**

❶ 百度经验

在"百度经验"中，有个"视频经验"，如图4-19所示。快消品企业可以在"百度经验"中上传视频，如果视频拍得好，就有可能被百度推广到"视频经验"的首页中，被百度收录到视频经验中的视频，通常排名很稳定，而且被用户浏览下载的概率也非常高。

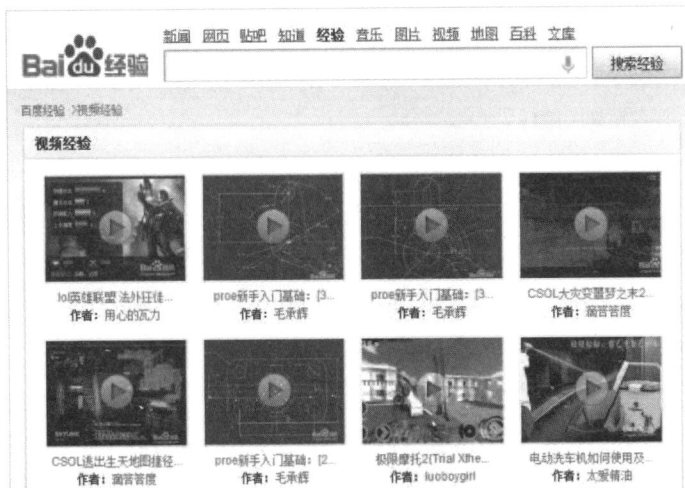

◆ **图4-19 百度的"视频经验"**

❷ 土豆视频网站

土豆视频网站一般是大众经常观看视频的网站，如图 4-20 所示。

◆ 图 4-20　土豆视频网站

快消品企业在土豆网上传视频的时候要注意以下三点：

▶ 要根据自己上传视频的属性创建不同的豆单；

▶ 将新上传的视频，同步分享到新浪微博、QQ、人人网等社交平台上，以提高视频的传播率；

▶ 在分享的过程中，要分好视频的所属区域，以便找到更多的目标群体。

❸ 社交网站

随着互联网的发展，社交网络在人们的心目中占据着越来越重要的地位，这也就为快消企业的营销奠定了基础,通过视频营销与社交网络营销相结合的方式，将快消企业的视频广告分享到社交网络上，对企业品牌或产品进行推广宣传，也是一种比较理想的推广方式。

4.2.11　视频整合营销

在这个网络时代，每个用户使用的网络平台媒介都不同，根据自身的习惯，有的人喜欢用微博分享信息、有的人喜欢用 QQ 聊天、有的人喜欢逛贴吧、有的人喜欢看视频……正是因为网络的繁杂性和人们使用习惯及行为的不同，才导致单一的视频营销很难取得良好的效果，因此，快消品企业必须和其他网络平台进行整合营销才能达到营销推广的目的。

例如，立白企业将视频营销和微信营销两者进行整合，通过企业微信公众号进行视频推广，如图 4-21 所示为立白企业的微信公众号。

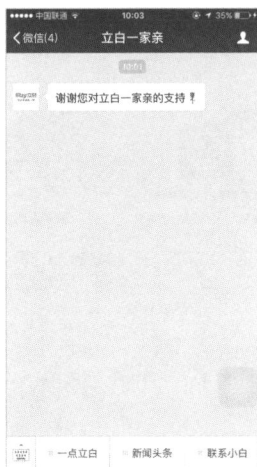

◆ 图 4-21　立白企业微信公众号

在立白微信公众号上，立白企业通过一则视频向人们阐述了立白集团 2015 年度一家亲文化片《我们的 2015》的视频，如图 4-22 所示，用户点击"一点立白｜立白视频"按钮，就会跳出相关的图文消息，如图 4-23 所示。

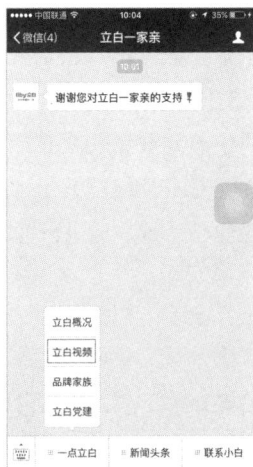

◆ 图 4-22　点击"立白视频"按钮　　　◆ 图 4-23　跳出相关图文消息

点击"阅读全文"按钮，就能进入到视频界面，将屏幕翻到最下面，就能看到立白集团 2015 年度一家亲文化片《我们的 2015》视频，如图 4-24 所示。

◆ 图 4-24　立白企业视频

4.2.12　视频事件营销

对于快消品企业来说，利用热点事件进行视频营销是一个非常不错的选择，主要的营销流程和意义如图 4-25 所示。

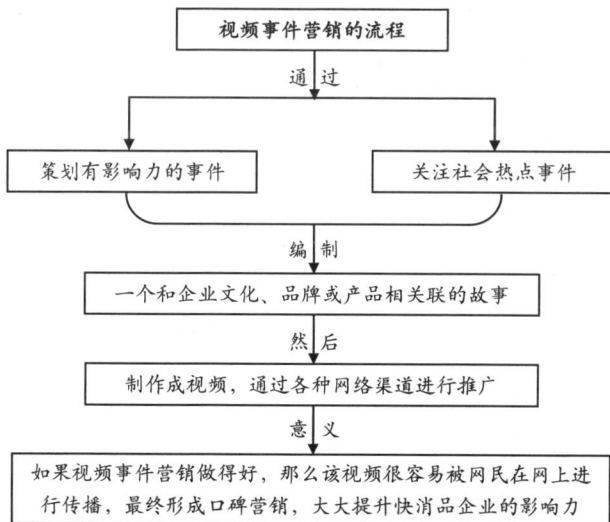

◆ 图 4-25　视频事件营销的流程和意义

4.3 快消 + 视频推广经典案例

当视频推广营销发展到今天，已经有了比较成熟的体系，对于快消品企业来说，视频营销的作用已经毋庸置疑，本节主要为读者介绍几大快消品行业的经典视频推广案例。

4.3.1 伊利优酸乳：与浙江卫视深度合作

伊利集团是乳制品行业的龙头企业，在人们的心目中，伊利优酸乳打造的一直是"青春、活力"的品牌形象，为了表现伊利优酸乳"用于改变"、"积极向上"的品牌形象，伊利集团与浙江卫视展开了深度的合作。

浙江卫视推出了一个"我就是巨星"的潮人娱乐活动，该活动主要针对时尚、年轻的消费群体，是一档完全依照伊利优酸乳的目标受众而定制的节目，该节目通过如图 4-26 所示的一系列的明星营销方案，在年轻消费群中迅速建立起伊利优酸乳"青春健康饮品"的形象。

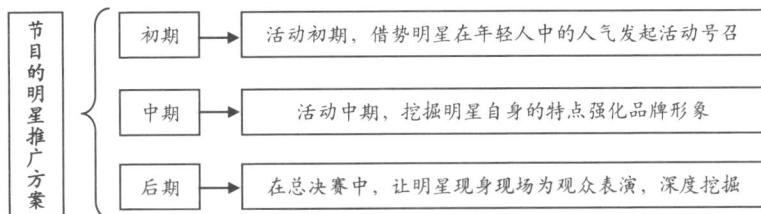

◆ 图 4-26 节目的明星推广方案

该节目的参赛流程上如图 4-27 所示。

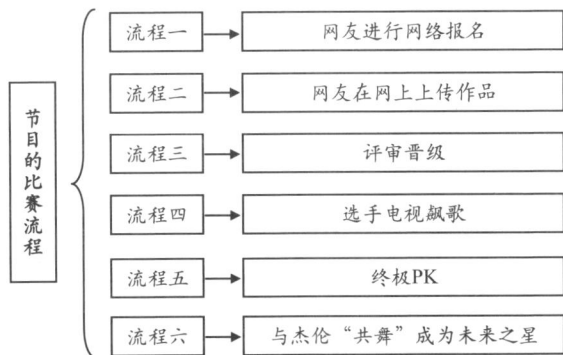

◆ 图 4-27 节目的比赛流程

众所周知，伊利优酸乳的品牌口号为"我要的改变"、"我要我的滋味"，该节目与伊利优酸乳的品牌口号完美融合。伊利优酸乳通过该节目进行推广营销，既增加了品牌的认知度，又给人们带来了娱乐和快乐。

4.3.2 可口可乐：Taste the feeling 广告视频

为了更好地开拓国内的饮料市场，可口可乐将"Open Happiness（畅爽开怀）"的品牌口号进行了修改，改成了"Taste the Feeling（品位感觉）"。

在"Taste the Feeling"推出来的过去几十年里，可口可乐公司一共推出过17 个品牌口号，而"Open Happiness"这个品牌口号一直沿用了 7 年时间，因此这次的战略调整，对可口可乐企业来说意义重大。

为了这次更换的标语，可口可乐共推出了 6 支电视广告，以及一系列平面广告，如图 4-28 所示为可口可乐"Taste the Feeling"的平面广告图。

◆ 图 4-28　可口可乐"Taste the Feeling"平面广告图

在可口可乐"Taste the Feeling"视频中，有一则"Taste the Feeling"的压力篇广告，如图 4-29 所示。

◆ 图 4-29　"Taste the Feeling"压力篇广告

在该广告视频中，通过情景画面快速跳转的方式向人们展示了生活中遇到各种各样的困境，比如令人紧张的告白前夕、害怕紧张的寿星、足球比赛的犯规失误、高台跳水的失败、与亲人之间的争吵……当人们在生活中遇到各种各样的事情的时候，压力也会接踵而来，而这时，"可口可乐"出现了，帮助人们品位感觉、释放压力。

视频的结局，自然是美好而愉悦的：年轻人告白成功了、寿星克服了心理障碍得到了众人的祝福、被判红牌的球员成功将球踢进球门、游泳员成功完成一次高台跳水、亲人得到了双方的谅解拥抱在一起……这一切的美好，都是"可口可乐"想要传达给人们的精神。

"释放压力"、"品位感觉"成了这一视频广告最深刻的寓意，除了"Under Pressure 压力篇"之外，还有5支同系列的广告，如图4-30所示。

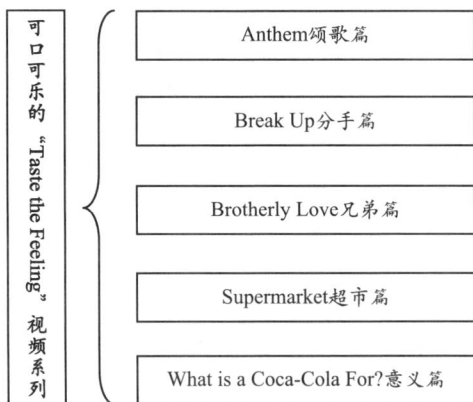

◆ 图4-30　可口可乐的"Taste the Feeling"视频系列

专家提醒

在全球消费者对碳酸饮料的兴趣呈现下降趋势的情况下，可口可乐公司开始考虑重塑品牌形象，"让产品回归本质、让消费者拥有简单的快乐、对可口可乐感同身受，就是可口可乐公司这次更换品牌口号的最终目的。

4.3.3　加多宝：冠名节目进行推广营销

无论是电视节目还是网络节目，基本上所有受欢迎的节目都会有冠名商，例如，这几年一直很火的《中国好声音》，加多宝用了 2.5 亿冠名这个节目，获得了非常不错的效果，如图 4-31 所示为加多宝冠名《中国好声音》海报。

◆ 图 4-31　加多宝冠名《中国好声音》

加多宝冠名《中国好声音》完全是针对自己的目标消费群体而制定的策略，通过借助收视率较高的视频节目进行精准营销，能够达到力量的营销效果。下面为读者分析加多宝和《中国好声音》的消费群和收视群情况，如图 4-32 所示。

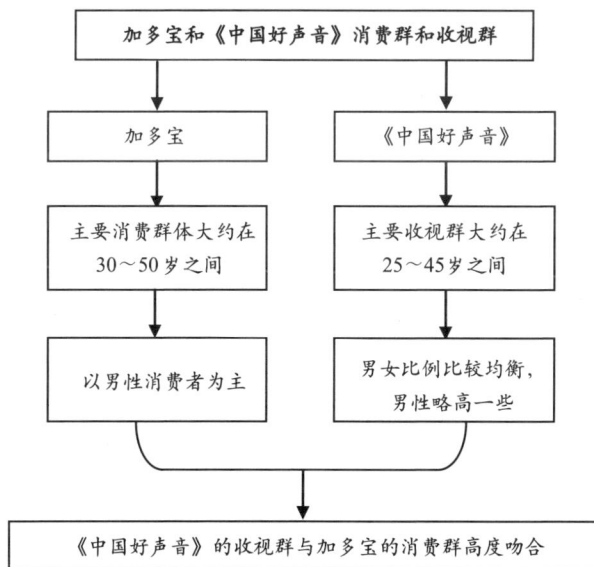

◆ 图 4-32　加多宝和《中国好声音》的消费群和收视群情况

在互联网时代，网络视频营销是要建立在对网络视频收视数据的分析基础之上的，加多宝通过冠名《中国好声音》节目，对于加多宝和节目制作方来说，具有如图4-33所示的作用。

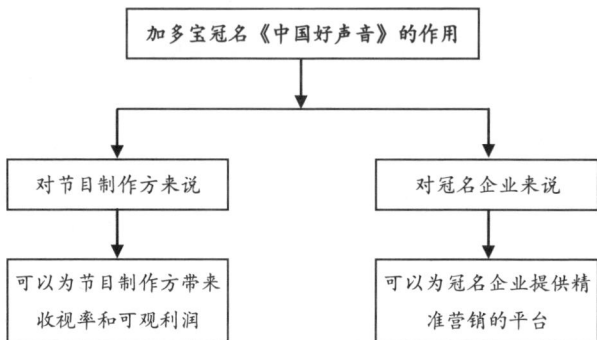

◆ 图4-33　节目冠名的作用

5
CHAPTER

游戏行业
——软文推广

5.1 游戏＋软文推广快速入门

软文，就是宣传性文章，相关介绍如图 5-1 所示。

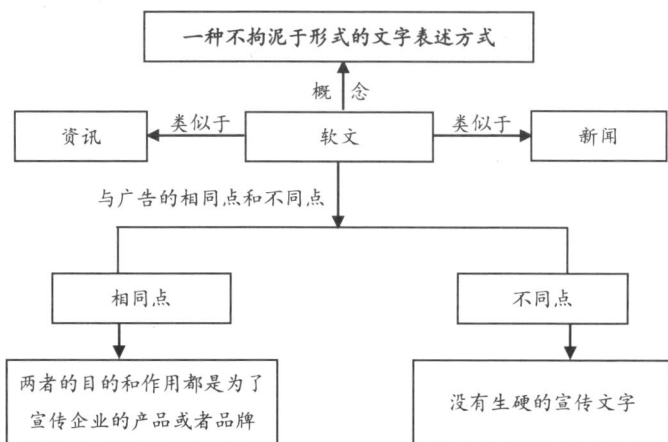

◆ 图 5-1 软文的相关介绍

软文是一种针对消费者心理，从情感上对特定产品或品牌进行引导的文字模式，软文的作用有很多方面，如图 5-2 所示。

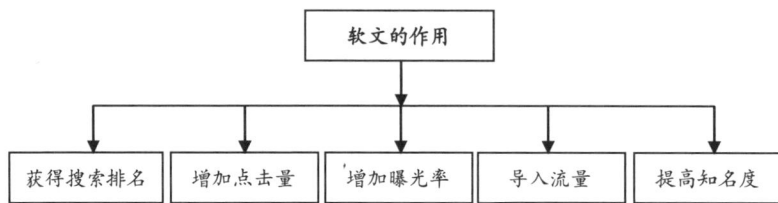

◆ 图 5-2 软文的作用

在游戏行业，软文营销的作用是相当大的，目前的游戏软文，主要分为以下几种类型：游戏攻略类软文；曝光类软文；评测类软文；系列专题类软文；归纳总结类软文；故事类软文；促销宣传类软文；情感类软文。

5.1.1 游戏攻略类软文

所谓的攻略类型游戏行业软文，是指可以为玩家提供一些游戏经验与心得的文字、图片、视频类的教材。一般来说，攻略类型的软文都会在标题上明确"攻略"两字，因此读者一眼看去就能明白软文的类型和大致内容。

游戏攻略的相关介绍如图 5-3 所示。

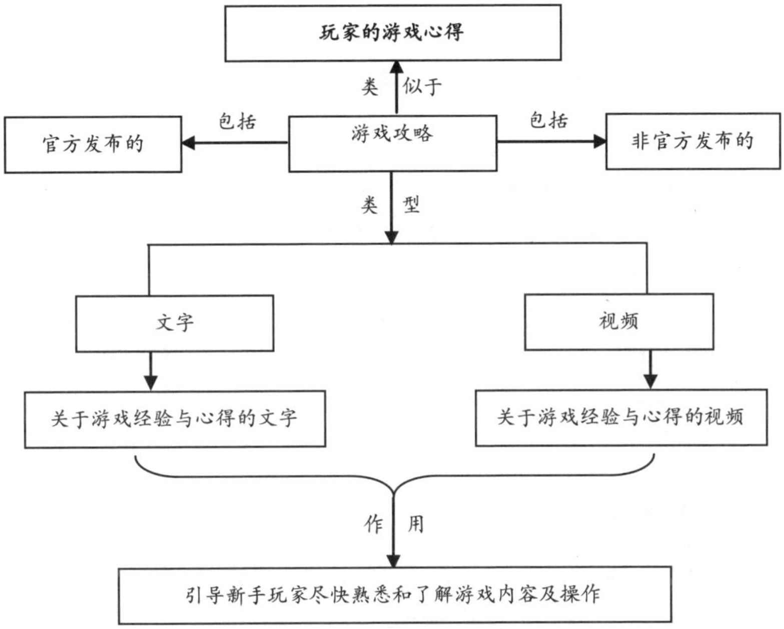

◆ 图 5-3 游戏攻略的相关介绍

游戏攻略类软文如图 5-4 所示。

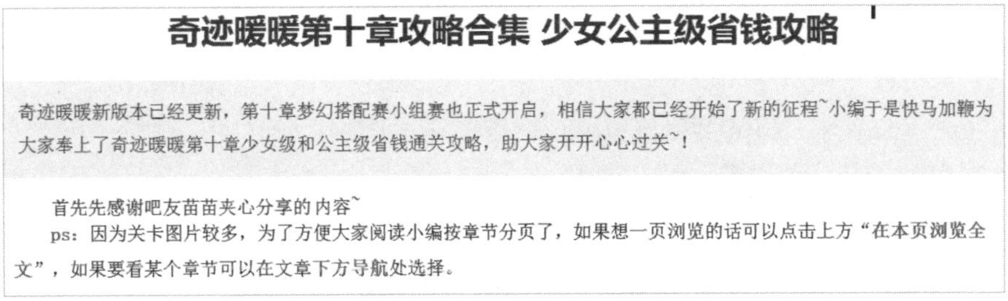

奇迹暖暖第十章攻略合集 少女公主级省钱攻略

奇迹暖暖新版本已经更新，第十章梦幻搭配赛小组赛也正式开启，相信大家都已经开始了新的征程~小编于是快马加鞭为大家奉上了奇迹暖暖第十章少女级和公主级省钱通关攻略，助大家开开心心过关~！

首先先感谢吧友苗苗夹心分享的内容~

ps：因为关卡图片较多，为了方便大家阅读小编按章节分页了，如果想一页浏览的话可以点击上方"在本页浏览全文"，如果要看某个章节可以在文章下方导航处选择。

◆ 图 5-4 攻略类游戏软文

天谕弑神剑家副本攻略 初阶开荒初步攻略

2015-08-10 16:54　来源：**其他**　作者：急诊科老王　责任编辑：yuhongxing　💬 评论0条

在本页浏览全文

天谕弑神剑家攻略，昨日剑家弑神已开，各位小伙伴估计十分苦恼，本帖旨在普及基本知识，基本打法思路，受限于本人理解能力和所在队伍装备水平，可能并不适合您的队伍，请老区大神碾压略过，如有不正确的地方，欢迎指正，拒绝撕逼。

如果你和你的队伍已经准备进军剑家弑神本，天谕弑神剑家请注意以下问题

1.血量！

放于首位，此副本特点为掉血无处不在，想无伤基本很难，各种debuff及全屏技能满天飞，所以无论任何职业，应注重堆血量，以减少奶妈压力，基础要求为35000左右，机械套+点修60完全可以达到标准，并且不影响输出，切记！

◆ 图5-4　攻略类游戏软文（续）

5.1.2　曝光类软文

所谓曝光类型的游戏软文，是指将发却还未发行的游戏，通过将游戏里的特色、亮点、游戏画质一点点的展示出来，提前告知给大家的一种软文。曝光类软文的目的就是为了通过展示部分对未发行的游戏内容，让玩家对此产生强烈的期待。

一般来说，曝光类型的游戏软文，会在标题上直接将"曝光"或者"首曝"等字眼体现出来，以此让读者明白所介绍的游戏是还未发行的，也能让读者明白文章的类型，如图5-5所示为曝光类游戏软文。

300英雄诺瓦露技能首曝 界面插画大公开

随着一波波原画的曝光，《300英雄》中越来越多的动漫角色逐渐拥有属于自己的背景立绘，今日更是有史以来最全的一次立绘展现，一起来看下吧！

◆ 图5-5　曝光类游戏软文

《最终幻想14》3.0国服日配场景首曝 玩家大呼良心

盛大游戏代理运营的正统MMORPG网游大作《最终幻想14》（Final Fantasy XIV：HEAVENSWARD）将于11月19日推出3.0版本"苍穹之禁城"，同时将实装日语原声配音，这一消息公布后玩家大呼"业界良心"。今日，官方正式公布高清版国服日语CV宣传片，让我们先睹为快。

来点小刺激 天涯明月刀珑铸土豪专用特效曝光

大家应该看了前几天策划在微博上关于珑铸系统的一个澄清微博，其中有提到珑铸的特效，原话是这样说的。

珑铸的几点说明：今天珑铸系统在体服更新测试引起很大的反响，根据反馈的情况，有几点需要澄清说明。

1. 珑铸系统近几个月内都不会放出，之所以在体服更新，主要是为了灰度测试程序兼容性和整个外发流程，避免出现恶性BUG

2. 珑铸的正式数值还在规划中，灰度服上的数据并非正式数据。并且大家最担心的差距过大问题项目组也已经听

◆ 图 5-5　曝光类游戏软文（续）

5.1.3　评测类软文

评测类软文，也许更准确的用词应该是"游戏测评类软文"，就是对游戏进行测试，然后给予评论、评价的软文。

游戏评测对于玩家的帮助是让他们对不熟悉的游戏建立初步的认识，然后决定是否进入游戏进行尝试；或者是帮助已经开始玩游戏的玩家，在评测类软文中获得认同感以及挖掘之前不知道的内容。

对于游戏运营商来说，游戏评测可以帮助他们正确评估自己的产品，或者帮助内部测试中未发现的 BUG、弱点等，尽早地进行修改。

对于媒体来说，游戏评测建立了一座玩家通往厂商的桥梁，并且可以为自己积累忠实用户，如图 5-6 所示为评测类游戏软文。

《拳皇98终极之战OL》评测 实时PVP激情依然

2015-11-03 16:39:33　来源：pcgames　作者：佚名　责任编辑：yangdenghua　💬评论0条

【太平洋手游 评测】今天小编想和大家聊聊的是《拳皇98终极之战OL》，这是一款由SNK正版授权、腾讯游戏运营的连击卡牌手游。相信许多玩家都和小编一样，都曾经在街机上玩过这款风靡内地20年、霸占了整个童年的经典格斗游戏。如今它被移植至移动平台，会有怎么样的变化?是否能让我们勾起隐藏多年的追忆?于十月二十九日新加入的实时PVP玩法又将激起怎样的格斗狂潮？一起来看看吧。

《字节骑手》评测：美漫画风机车狂飙

2015-12-31 12:27　来源：其他　作者：佚名　责任编辑：yangjiawen　💬评论0条

　　一身防风皮衣、骑着重机驰骋的感觉，无论何时对于向往热血渴望青春的人来说都是一种无法抵挡的魅力，而如《蝙蝠侠》等知名电影中，主角驾驶狂拽炫酷的摩托车在车流中穿行的画面更是帅到没朋友。然而现实往往是残酷的，目前在我国的很多城市内已经不允许摩托车上路，更不用提飙车了。不过还好，现实的交通管制并没有延续到其他领域，玩家们还可以在游戏中过一次瘾，而今天小编向玩家介绍的《字节骑手》（BYTE RIDER）正是一款能让你体验摩托飙车的紧张与刺激的游戏。

三大亮点齐发布《大战神》新版精彩评测

2015-11-03 09:09　来源：其他　作者：佚名　责任编辑：linjie_JZ　💬评论0条

　　今天给大家带来的是，西游网打造的一款由国民女神Angelababy代言的3D ARPG变身页游《大战神》。此游戏仅在十月份就推出了3个版本的更新，频率不可谓之不快，也可以看出运营团队对游戏可玩度的大胆尝试和对广大玩家的负责态度。

　　新版本主要是针对"新系统"、"新功能"、"新玩法"三个方面对游戏进行内容添加。"圣轮系统"为玩家提供了全新模式的成长系统。"家园作坊"完整并扩展了家园体系，提供的超级道具使得家园更加的实用。"兵魂之家"的对抗战，是据跨服争霸改进后推出的全新PVE玩法。下面就让我们看看其中蕴藏的玄机吧。

◆ 图5-6　评测类游戏软文

5.1.4　系列专题类软文

　　系列专题类游戏软文，顾名思义，就是以某系列专题形式进行推广的一种软文写作方式。比如，游戏版本更新，某种连续性的比赛，某种系列的活动等。专题类软文整体性强，可以在某段时间持续性的吸引玩家或者用户的眼球，如图5-7所示为系列专题类游戏软文。

S5总决赛系列专题：俱乐部整体实力决定队伍成绩

LPL糟糕的成绩

2015年10月31日，在这个万圣节的晚上，广大LOL玩家们将迎来英雄联盟一年一度的世界总决赛最终决赛。这场战斗将在两支韩国俱乐部SKT T1和KOO Tigers之间上演，最终，SKT以3比1的比分击败了KOO（点击观看比赛视频），第二次捧起召唤师奖杯，创造了历史，成就了传奇。而此时，中国的LPL俱乐部已经在忙各自的转会以及后续赛事了。

自LOL世界总决赛开始到现在，决赛是两支韩国队伍"内战"的情况还是头一遭。另外这次世界赛韩国队伍的成绩也是他们世界赛历史最好的一次：包揽冠亚军，还有个八强KT俱乐部。

文章	类型 网络游戏(3323) 电玩游戏(2892) 其他(1325) 电子竞技(591) 在线动漫(519) 更多>>

- 网易游戏520发布会直播_网易2015手游发布专题_太平洋手游专题报道 　　[手游专题]　　2015-05-20
- 《战地风云OL》X系列专题 X杯赛直播 　　[FPS网络游戏专题]　　2011-10-25
- 剑灵官网制金传说系列专题 　　[剑灵论坛]　　2014-05-19
- 2014年7月魔兽地图专题_太平洋魔兽地图专题 　　[魔兽地图节假日专题]　　2014-06-30
- 2014年6月魔兽地图专题_太平洋魔兽地图专题 　　[魔兽地图节假日专题]　　2014-05-31
- 2014年5月魔兽地图专题_太平洋魔兽地图专题 　　[魔兽地图节假日专题]　　2014-04-29

英雄无敌6，值得6年的等待，专题系列三

发表于 2011-04-18 17:44 | 只看楼主　用手机泡论坛

《英雄无敌VI》之前两期的圣堂、墓园种族系列报道得到了很多玩家的反馈。从生物的变化可以看出《英雄无敌VI》大反派——地狱种族。

首先，我们要向喜欢可爱的魔婴魔鬼的童鞋们说抱歉了，英雄无敌6中再也没有那长着闪烁光芒的绿豆眼，头顶张英五里的魔婴图片给大家纪念一下吧。

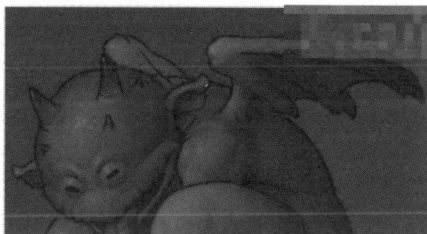

◆ 图 5-7　系列专题类游戏软文

5.1.5　归纳总结类软文

归纳总结类软文给人的感觉一般比较积极和正面，所以很多用户都热衷点击归纳总结分享类软文。归纳总结类软文的另一个特点就是传播率很高，容易形成二次传播，所以很多企业和商家都比较推崇这种写作方式，如图 5-8 所示为归纳总结类游戏软文。

福布斯评选中国10位最年轻富豪：周亚辉李逸飞入榜

2015-11-04 09:26　来源：其他　作者：佚名　责任编辑：shifangfang　💬 评论0条

近日，福布斯（Forbes）发布的《2015中国400富豪榜》，本年度上榜的400位富豪，财富总和从2014年的6800亿美元增长至8300亿美元。其中，今年中国大陆最年轻的十位亿万富豪中也出现了游戏圈中两位大佬的身影：昆仑万维的董事长周亚辉，身价21.8亿美元，38岁，在富豪400榜排名第91。顺荣叁七的副董事长兼总经理李逸飞，身价14.5亿美元，38岁，在富豪400榜排名第184。

魔龙与勇士战斗力提升的8大方法 战力指南

2015-06-10 16:03　来源：其他　作者：佚名　责任编辑：lirunzhao.　💬 评论0条

魔龙与勇士战斗力提升攻略，魔龙与勇士中战斗力就是玩家们的能力数值!打个比方，如果玩家们的战斗力是10000，那么打10000一下的副本和与10000一下的玩家们PK将会站到很大便宜，如果面对战斗力比自己高很多的副本或者玩家，即使你是act大神也很难战胜。那么玩家们怎样才能快速提升战斗力呢?下面小编带来了魔龙与勇士新手战斗力提升攻略，希望能对各位玩家有帮助。

剑灵白青版本每日搬砖 效率5种赚钱路线推荐

【剑灵赚钱攻略】玩家分享搬砖攻略，分5种类型详解主流赚钱方法。

1、 实打实的每日升星党。

清理白青每日，40个每日，大约有25W经验，30多金入手，并且还有寻回秘籍，钥匙等材料入手，如果三大本爆发，入白金不是问题。

缺点：耗时，耗精力。

◆ 图 5-8　归纳总结分享类软文

5.1.6　故事类软文

故事类游戏软文的最大特点就是贴近玩家，玩家最喜欢的不是官方的一些文章，而是那些同是玩家的切身的故事,这样的故事可以最大程度的引起玩家的共鸣，所以游戏运营商或者开发商就需要利用好这种类型的软文，但是需要注意的是，讲故事不是目的，故事背面的产品和服务线索才是软文的关键。

游戏中故事类软文的写作，有几大误区需要注意一下：

❶ 做标题党

事实上，很多情况下软文的宣传肯定离不开标题。但如果过度依赖标题从而成为标题党，那就得不偿失了。

❷ 辞藻华丽

软文具有很强的可读性，尤其是玩家讲述玩游戏的真实感受时，很容易拉近与读者的距离，因此软文辞藻不宜太过华丽，因为那样容易给读者以距离感和虚假感。

❸ 不能太"软"

软文，不能一味追求"软"字，而对宣传目的极力掩饰。这样虽然增强了故事的可读性，但是却很大程度上削弱了软文的宣传目的，就比如一篇故事类软文，通篇都在讲玩家故事讲一些游戏经历却忘记了对游戏的介绍，这样的软文价值是非常低的。

❹ 不要太长

互联网、移动互联网的发展，让读者养成了快餐式阅读的习惯，很多人看到大篇幅的文字就头疼，特别是故事类，如果前面讲故事的地方太多，读者很容易失去继续阅读的动力。因此故事类软文要短小精悍，言简意赅，让读者很快就能了解整篇软文讲的故事是什么。

游戏中的故事软文，主要以玩家分享自己的经历为主，当然，游戏运营商也可以模仿玩家的角度，进行故事类软文的写作，如图５９所示。

感谢相伴千里随行 《全民枪战2.0》与君共迎新年!

　　白驹过隙，时光荏苒。眨眼间二零一五年也已待诸位玩家亲手揭过。而在这里，《全民枪战2.0》郑重感谢各位新老玩家的信任与陪伴，在你们的陪伴下，《全民枪战2.0》在这一年里肩负着"新一代的选择"的重任不断推陈出新，从《全民枪战》与各位玩家们一起走到了《全民枪战2.0》，之后，更是更新各种玩法与模式，每一处的精心设计都旨在让玩家们既能体验到新鲜有趣，又能享受到最顶尖的游戏体验。在这一年中，我们不仅在游戏本身上寻求给玩家以进步，更是引入了其他领域的元素到游戏中，让玩家在游戏中不再单调的游戏，而是更多元化，更发散的有趣的享受游戏过程。

奥法神器背后的故事：艾露尼斯 护法者之杖

　　艾露尼斯的历代主人中最著名的是提瑞斯法守护者中唯一的女性：艾格文。不过据说这把武器的年代比艾格文古老得多。她发现此武器时，已经担任守护者之职大约一百年了，从那之后她用此杖与燃烧军团多次交锋。她在放弃称号的数年以前就让这把法杖退役了，但是没有人知道她究竟把它藏在了什么地方。

◆ **图 5-9　故事类游戏软文**

谁才是DNF的主角 讲述5大类型职业背后故事

【拿剑的】

鬼剑士：简单来说就是鬼上身，不对，是鬼上左手。只是这样的话，鬼剑士也跟路人差不多。但是上身的鬼不是一般的鬼啊，是卡赞啊！卡赞是谁，佩鲁斯的大将军，奥兹玛的挚友，四舍五入就是主角啊！还拒绝了死神的提议，拒绝和奥兹玛报复社会的好人啊！等等，从鬼剑士方面看，卡赞锐似算不上好人？还有，死神你都能给奥兹玛身体，让他成为使徒，就不能给卡赞一个身体，不让他去祸害剑士么？

◆ 图 5-9　故事类游戏软文（续）

5.1.7　促销宣传类软文

一般的网络游戏在新服开启或者节日活动的时候，都会有或多或少的优惠活动，当然，这些活动的目的不单单是提供优惠，最重要的利用优惠来吸引玩家，也就是一种促销的手段，如图 5-10 所示为促销宣传类游戏软文。

超神英雄活动_HON活动_超神英雄皮肤活动

活动汇总：

1. 超神英雄激活码活动：

活动时间：10月30号正式开启

测试信息：超神英雄国服不删档测试

自由之战2015年度最低折扣 英雄礼包限时疯抢

转眼间2015年就要结束，《自由之战》为了给2015画上圆满的句号，重磅推出2015年度最疯狂最超值最给力的礼包活动！《自由之战》最给力的礼包活动，来自2015年的最后一刻。

对于此次礼包活动，首先让我们看看重做后逆天的墨菲托斯。对于墨菲托斯这个英雄，相信已经有不少勇士了解他的实力，后期霸主、1秒千血、对肉的无视，都是他的新标签。通过前期经济的发展，到达后期，绝对是单体伤害最高的英雄，配合被动的叠加，达到百分之八十五的法穿！即使是洛克这种纯肉也完全无法抵挡。

索尼商城圣诞促销开启 《美国末日》重制版大降价

"黑色星期五" 刚过去，一年一度的索尼PlayStation商城" 12月圣诞促销 "又来了。根据索尼欧洲地区官方博客，这次促销活动将覆盖PS4、PS3和PS Vita平台。

◆ 图 5-10　宣传促销类软文

5.1.8　情感类软文

　　情感是一个重要媒介，情感最大的特征就是容易感动人，容易走进消费者的内心。那么在游戏中，怎么撰写情感类的软文呢？说起游戏中的情感，其实并不少，无论是游戏中的兄弟之情、男女之情、师徒之情又或者是帮派间的感情，这都是网络游戏非常被玩家看中的。

　　所以游戏中并不缺少感情，对这些感情善加利用，能很大程度的打动读者和玩家的心，会产生非常好的营销效果，如图 5-11 所示为情感类游戏软文。

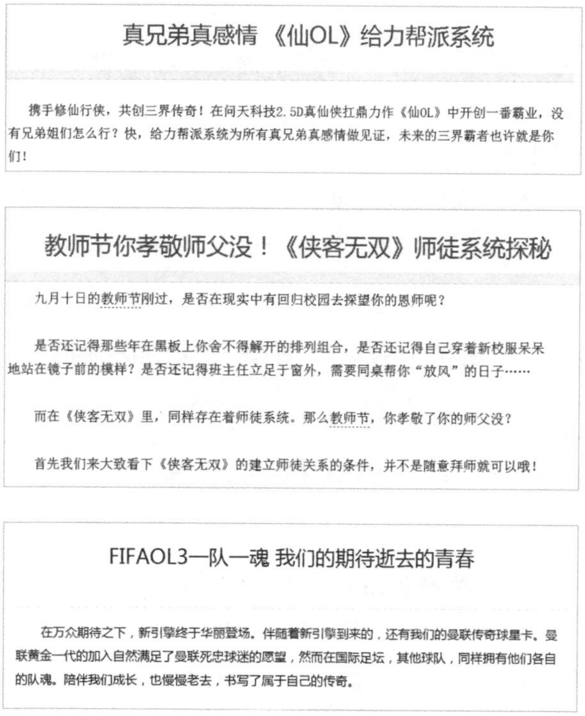

> ### 真兄弟真感情 《仙OL》给力帮派系统
>
> 携手修仙行侠，共创三界传奇！在问天科技2.5D真仙侠扛鼎力作《仙OL》中开创一番霸业，没有兄弟姐们怎么行？快，给力帮派系统为所有真兄真感情做见证，未来的三界霸者也许就是你们！

> ### 教师节你孝敬师父没！《侠客无双》师徒系统探秘
>
> 九月十日的教师节刚过，是否在现实中有回归校园去探望你的恩师呢？
>
> 是否还记得那些年在黑板上你舍不得解开的排列组合，是否还记得自己穿着新校服呆呆地站在镜子前的模样？是否还记得班主任立足于窗外，需要同桌帮你"放风"的日子……
>
> 而在《侠客无双》里，同样存在着师徒系统。那么教师节，你孝敬了你的师父没？
>
> 首先我们来大致看下《侠客无双》的建立师徒关系的条件，并不是随意拜师就可以哦！

> ### FIFAOL3一队一魂 我们的期待逝去的青春
>
> 在万众期待之下，新引擎终于华丽登场。伴随着新引擎到来的，还有我们的曼联传奇球星卡。曼联黄金一代的加入自然满足了曼联死忠球迷的愿望，然而在国际足坛，其他球队，同样拥有他们各自的队魂。陪伴我们成长，也慢慢老去，书写了属于自己的传奇。

◆ 图 5-11　情感类软文

5.2　游戏＋软文推广技巧

　　软文就是一种具有伪装性的软性广告，正是因为软文具有灵活多变的伪装性，才能让人在不知不觉中受到文章引导，从而达到销售的目的，游戏软文也是如此，需要进行一些巧妙的包装才能让玩家和读者更好地接受。

写软文对于很多人其实并不是一件简单的事情，因为软文的写作是非常需要技巧的一件事。软文写作分很多个级别，专家级、高手级、入门级、新手级，不同级别写的软文自然也不一样。

5.2.1 注重游戏软文的标题

一个好的标题才能引起用户的浏览欲望，如果标题不够吸引人那内容再精彩也不会被人点击，其实所谓的"标题党"还是有一定的可取之处，就是要充分满足用户的好奇心、贪婪心和求知欲来撰写软文的标题，优秀标题的撰写，有以下几种方法：

▶ 控制标题字数，8 ～ 18 个字即可，这是根据人眼的正常视觉和阅读习惯来定义的。

▶ 标题尽量不用符号。

▶ 加上网站的名称来提高知名度。

下面来看几则比较优秀且有吸引力的标题吧，如图 5-12 所示。

排位上分技巧 靶场高级爆破决胜局

2015-11-04 09:21　来源：其他　作者：　责任编辑　　　　💬评论0条

【蜂刺】使命召唤OL排位上分技巧与靶场高级爆破决胜局

三位一体泛娱乐布局 页游大作《鬼吹灯》将问世

2015-11-05 09:06　来源：其他　作者：佚名　责任编辑　　　💬评论0条

10年前，鬼吹灯于天涯首次连载引发轰动。磨剑十年，盗墓开山鼻祖"天下霸唱"动作频频，在推出新书《摸金校尉之九幽将军》和触电贺岁电影《鬼吹灯之寻龙诀》的同时，掌娱天下经历两年开发，由天下霸唱担任名誉制作人的《鬼吹灯》同名页游即将问世。小说-电影-游戏，三位一体，大有看头。

◆ 图 5-12　优秀标题

5.2.2 软文正文要注意字数

关于软文正文的字数，相关介绍如图 5-13 所示。

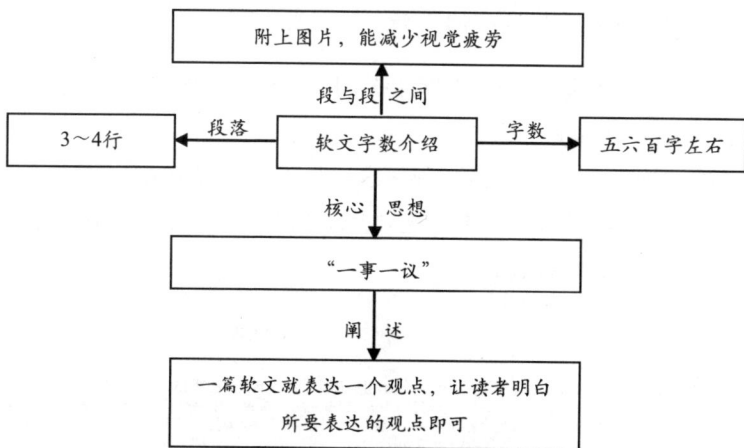

◆ 图5-13 软文字数的介绍

虽然游戏软文太长容易引起反感，但是软文的正文还是需要一定的文字修饰，好的文采能让软文更具活力，例如，引用一些名言警句，引经据典等，或者用词精练，让人读来行云流水、舒畅无比，要实在词汇贫乏，就让文字的表达更贴近生活。

5.2.3 避免使用第一人称

在游戏软文写作中，经常用第一人称来表达观点，容易给人以过于武断的感觉，多用一些"您"、"期待"之类的敬词会让读者觉得很舒服，而且如果软文中需要表达某些观点，尽量引用一些权威人士或者知名人士的话语，如图5-14所示。

首部资料片"七十二变"《大话西游》变身卡效果图曝光

11月5日首部资料片《七十二变》就会与大家见面啦！今天小游将继续为大家爆料资料片的新鲜玩意。

提到变身卡那自然是好处多多，可以强法，可以提升抗性，可以提高速度，所有种族只要变个卡，战斗属性数值都会有不错的提高。而且变身卡还可以改变自身外观形象，可以变乖萌小动物，可以变御姐画中仙，可以变帅气剑精灵。

本次即将开放的"七十二变"全新资料片中，取材自中国传统文化精粹五行相克系统无疑相当值得关注。作为端游当中玩家十分推崇的设定，也是《大话西游》手游当中一种全新的属性设定，玩家通过变身卡获得的五行属性，在提升玩家间PK可玩性的同时，也将使得游戏从角色养成期进入一个新的阶段——PK时代。

究竟【变身卡】是怎样的？下面一起来先睹为快吧——

◆ 图5-14 软文示例

5.2.4　凭借明星的名气获得人气

随着游戏行业的发展，很多的网游公司都将推广范围放到了明星代言上，凭借着明星的名气，来获取大家的目光。

届时，游戏软文撰写者就可以抓住这一点，作为软文的撰写题材，然后在软文的标题上突显出明星的名字，就会起到很好的宣传效果，下面就来看几则"借势"明星的示例，如图 5-15 所示。

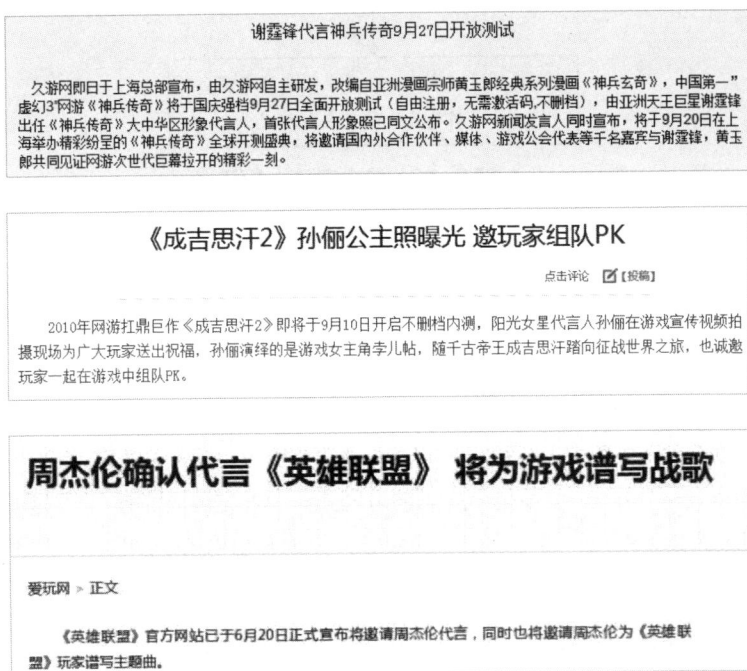

谢霆锋代言神兵传奇9月27日开放测试

久游网即日于上海总部宣布，由久游网自主研发，改编自亚洲漫画宗师黄玉郎经典系列漫画《神兵玄奇》，中国第一"虚幻3网游《神兵传奇》将于国庆强档9月27日全面开放测试（自由注册，无需激活码,不删档），由亚洲天王巨星谢霆锋出任《神兵传奇》大中华区形象代言人，首张代言人形象照已同文公布。久游网新闻发言人同时宣布，将于9月20日在上海举办精彩纷呈的《神兵传奇》全球开测盛典，将邀请国内外合作伙伴、媒体、游戏公会代表等千名嘉宾与谢霆锋、黄玉郎共同见证世代世代巨幕拉开的精彩一刻。

《成吉思汗2》孙俪公主照曝光 邀玩家组队PK

点击评论 ☑【投稿】

2010年网游扛鼎巨作《成吉思汗2》即将于9月10日开启不删档内测，阳光女星代言人孙俪在游戏宣传视频拍摄现场为广大玩家送出祝福，孙俪演绎的是游戏女主角李儿帖，随千古帝王成吉思汗踏向征战世界之旅，也诚邀玩家一起在游戏中组队PK。

周杰伦确认代言《英雄联盟》 将为游戏谱写战歌

爱玩网 ▶ 正文

《英雄联盟》官方网站已于6月20日正式宣布将邀请周杰伦代言，同时也将邀请周杰伦为《英雄联盟》玩家谱写主题曲。

◆ 图 5-15　借势明星的示例

专家提醒

软文撰写者在撰写该类游戏行业软文时，一定需要明星是真的代言了游戏，才能撰写相关的内容，不然就是一篇虚假的文章。

5.2.5　游戏软文的观点要独特

写游戏软文时，独特新颖的观点才会引人注意，因此撰稿人的思路应该跳离平常观点，试着去反向思考问题，然后得出一个新颖独特的观游戏软文也是如此，如果写出来的软文是大家都知道的内容，肯定没有多大的吸引力，如果是很多人都不知道的，那才会拥有足够的吸引力。

5.2.6　借助节日气氛打造软文

软文撰写者可以从节假日下手，借助假日气氛，以庆祝、迎接节假日为由，来推出游戏的活动，给玩家足够的吸引力，让玩家能积极参与活动中去，这样就能达到软文的写作目了。

专家提醒

软文撰写者在撰写活动软文时，需要将活动的时间、地点、事件、规则、奖品通通都要出现在文章里。

5.3　游戏＋软文推广经典案例

知识、概念谁都会，就是当自己动手撰写时，却不知如何下手，抑或不能达到自己理想中的效果，下面倾情放送几篇游戏软文案例，从案例中学习游戏软文的魅力，会更加有效果。

5.3.1　分享心得：《九尾妖狐阿狸 对各中单英雄对线心得》

下面请欣赏一篇分享玩家游戏心得的游戏类软文：《九尾妖狐阿狸 对各中单英雄对线心得》。

九尾妖狐阿狸 对各中单英雄对线心得

前天，写了一个英雄联盟中单阿狸的简明的初级进阶攻略，有不少朋友在回复中探讨阿狸的优缺点，让笔者也有了不少对阿狸新的认识。很感谢各位评论者的帮助与见解分享。

对于出装跟对线问题，我相信每一个热爱阿狸的玩家都有自己独到的见解和思路。那么今天，笔者就为大家分享下，我玩阿狸时所对线英雄的拙见。纯属个人愚见，欢迎探讨，不喜勿喷。

希望能帮助到更多的新手玩家。我会虚心接受大家的宝贵意见，以便自身操作，认知的提高。高爆发型的中单英雄一般情况下都挺克制阿狸的，先从最难对线，比较无解的开始。

1. 妖姬：相对于高爆发的妖姬，还是比较压制狐狸的。一个会玩的妖姬出杀人书可以形成雪球效应。基本对线 2 级左右，阿狸就很难打过妖姬了，4 级的妖姬足以单杀阿狸。但妖姬最大的缺点就是推线能力差。跟她推线时，注意走位。不过一定注意自己的血量，因为妖姬是高爆发英雄，你 3/4 的血的情况下，足以被妖姬一套带走。6 级后，推线，游走 GANK（偷袭）。

2. 卡特：卡特这个版本依旧是最 OP（给力）的中单英雄。打卡特，一般我黄色符文会是护甲。卡特的 Q 技能是相当容易躲避的，只要不站在小兵身后。如果说技术性的完爆，只能说我也只是个彩笔，6 级前尽量压制卡特补兵，推线，然后 6 级后游走。阿狸的 E 可以用来打断卡特的大。对线，除非技术性压制，暂时我还没有很好的压制办法。因为 BUFF（增益状态）后的操作好的卡特实在无解。不过卡特怕控制，可以呼唤打野爸爸多加照顾。

3. 安妮：如果对线安妮，请务必带魔抗符文。暴力流的阿狸真不够安妮一套秒的。好吧，如果你说你走位风骚无懈可击，那当我没说。因为不是你一套带走她，就是被她一套带走。一般对线我会先出圣杯 or 深渊。注意安妮的 BUFF 层数。一个随时又晕有大的安妮，是很可怕的。对线 6 级后，血过半请及时回家补给。闪现大招的安妮根本不给你任何存活的机会。安妮没阿狸机动性强。腿短，相对比较怕 GANK。

4. 戴安娜：前期的补兵压制很重要。皎月的 R 技能 CD 短，反应快的话 Q 技能还是很好躲的。皎月是左撇子，起手 Q 技能的时候它过来的方向你偏右走。Q 连不上的皎月就算 RE 住你，等她 ECD 结束，可以回头 WEQ 打她一套。不中皎月的 Q 其实对线她还是很轻松的。交完 Q 的皎月基本就是半废没有太高的伤害，所以，躲好 Q 的阿狸完全可以不虚她。

5. 卡萨丁：相对补兵来说，近战的英雄肯定没阿狸的清线能力强。补兵的同时可以不断 A 他。前期的卡萨丁补兵是很难的，平 A 和 Q 技能可以很好地对卡萨丁做出压制。没大招前的卡萨丁除了 Q 技能基本没有能伤害到阿狸的技能。圣杯这种赖线的装备还是有必要出的，加上阿狸的被动，打消耗把。

6. 斯维因：乌鸦属于持续伤害型英雄，跟阿狸一样。只是，有蓝 BUFF 的乌鸦开了 R 之后回血回蓝。加上 W 的束缚。被打一套不死也伤。注意走位的话其实阿狸跟乌鸦5.5开，阿狸的R技能可以很好地躲开乌鸦的大。乌鸦的大各种回血，真心让人头疼。对线的乌鸦其实挺少见。

7. 奥利安娜：发条的被动使其平A的技能带有比阿狸更高的法术伤害。所以，千万别跟发条比平A。发条的单挑能力其实没阿狸这么强，所以没R前的发条其实阿狸是一点都不虚的。后期，阿狸可以用R很好地躲开发条的大。

8. 卡西奥佩娅：蛇女的清线能力是不弱阿狸的，注意躲好QEEE的蛇女，你是耗不过她的。蛇女是很好的团控。注意如果跟蛇女越塔的话，请注意她是否有大。被定在塔下而被反杀可是件很愚蠢的事情。

9. 维迦：阿狸对线小法的话我觉得一点也不虚。小法对蓝的需求远远高于阿狸。小法的技能非常好躲。一般我喜欢先出水银鞋。前期兵线的压制可以很好地压制敌方的经济。注意小法的E虽然阿狸不虚小法，但是小法依旧还是可以秒掉阿狸的。

（本文来自英雄联盟论坛：大冰鸟）

此篇游戏行业软文用游戏心得来吸引读者的注意力，让读者进一步了解游戏里面的人物玩法。此篇软文能提升读者玩英雄联盟人物阿狸的操作技能，让读者能在玩游戏的过程中知道怎样用阿狸去攻打其他游戏里面的英雄，这样的攻略文章，是读者最为喜爱的。

此篇游戏行业软文以数字罗列的方式铺设软文，没有一丝无关紧要的废话，直奔最为核心的、有价值的内容，将它们展现在读者的面前，让读者能快速地、直观地学到东西。

此篇游戏行业软文的开头部分以"前天，写了一个英雄联盟中单阿狸的简明的初级进阶攻略，有不少朋友在回复中探讨阿狸的优缺点，让笔者也有了不少对阿狸新的认识。很感谢各位评论者的帮助与见解分享。"来引山接下来的内容。

从这篇文章中可以看出，作者应该是经常撰写此类文章，并且从中体现出了作者在玩英雄联盟上有比较大的造诣，增强了文章的权威性以及读者的信赖度。

专家提醒

软文撰写者在撰写游戏心得类型的游戏行业软文时，一定要放送比较实用、有价值的心得体会，不然读者会产生失望感，甚至会再也不玩文章中所提到的游戏。

5.3.2　节日主题：《甜蜜惊喜 <恋舞 OL> 开启双节感恩回馈活动》

下面欣赏一篇以大型节日作为主题的游戏类软文：《甜蜜惊喜 <恋舞 OL> 开启双节感恩回馈活动》。

甜蜜惊喜 《恋舞 OL》开启双节感恩回馈活动

元宵节的龙灯已然出现在大街上，情人节的玫瑰也已鲜嫩绽放。恰逢情人节元宵节双节降临！恋舞少不了要给各位小伙伴们准备情人节礼物，赶快带着自己心爱的人一起舞动起来，获得意想不到的浪漫惊喜。

惊喜一：美丽爱情拼出恋舞幸福

玩家可以通过【累计签到】、【充值活动】、【累计在线】、【恋舞币兑换】等方式获得【情意浓浓】和【满分浪漫】两款代表爱情的拼图碎片，和你的爱人一起拼出幸福，获得情人节专属梦幻光效服饰。

惊喜二："浪漫满分"秀出爱情

绚丽的衣服只是基础，要是能再配上情侣徽章岂不是更好！前 100 名完成拼图活动的玩家就可轻松获得只属于你们的一款情侣主题的限量版光效徽章——粉恋轻风。让彼此更加爱意浓浓，让别人羡慕不已。

惊喜三：温馨情人节 恋舞送甜蜜校

爱情是靠日积月累才会更加的甜蜜温馨，所以小恋也准备了累计在线和累计签到活动，除了拼图碎片，还有大量金券、欢乐卡等超值礼物，送 high 全场。

惊喜四：浪漫情人节 充值得好礼

光羽心动，浪漫的情人节正在进行时。想让你和他在这个夜晚成为最闪亮的明星吗？那赶紧参与充值活动哦，除了大量金券、舞团资源等常规奖励，更有拼图碎片、限量版光效翅膀、肩部宠物等情人节专属礼物任你拿！

惊喜五：爱情大转盘 玩转乐不停

相信小伙伴们对幸运欢乐转不陌生了吧！情人节期间，为了大家更好更快地完成拼图游戏，小恋特意在原有兑换奖励的基础上增加了两款拼图碎片，还等什么呢，心动了就行动起来吧！

惊喜六：灯明月圆，倾情而动

情人节当天小恋精心为大家准备了情人节专属任务，只需花上短短的几分钟，你就可以获得大量奖励，更可以把【粉恋轻风】和【百花幻想】情人节情侣主题光效徽章带回家。绝对不容错过！

任务一：恋舞情意绵绵

活动时间：2014 年 2 月 14 日

任务内容：

1. 任务条件：2 人或 2 人以上完成 2 局任意模式游戏局。

任务难度：简单

任务奖励：金券 *100+ 情意浓浓碎片 *1

2. 任务条件：2 人或 2 人以上完成 2 局任意模式游戏局。

任务难度：普通

任务奖励：金券 *150+ 粉恋轻风 *7 天

任务二：恋舞欢度元宵

活动时间：2014 年 2 月 14 日

任务内容：

1. 任务条件：2 人或 2 人以上完成 2 局任意模式游戏局。

任务难度：简单

任务奖励：金券 *100+ 情意浓浓碎片 *1

2. 任务条件：2 人或 2 人以上完成 2 局任意模式游戏局。

任务难度：普通

任务奖励：金券 *150+ 百花幻想 *7 天

2013 年手机炫舞来啦，寂寞的心灵终于不再独舞，用爱的音符编织浪漫情缘。来吧，舞出最具人气装扮 style！清新萝莉风、成熟女王范、闪亮女孩心中的"男神"，是可爱正太，还是扮帅花美男？随着节奏滑动屏幕，结合舞蹈触击音符，多种音乐玩法满足挑剔的你；港台风，日韩流，欧美潮，随时漫游音乐世界。最重要的是！神马手机都能玩！无论爱搞基，爱百合，还是爱异性的都来吧。

（本文来自手机之家）

此篇游戏行业软文，借助元宵节和情人节的气氛来推出游戏活动，非常具有煽动力，在文章的正文中，作者将活动的详情一条条地罗列出来，这样的写作形式，便于读者快速阅读文章，也便于文章内容的展现。

这类通过活动主题进行游戏宣传的游戏软文，一定要将活动的力度通通展示在软文中，比如，在此篇游戏行业软文中，让读者通过文章就能得知，自己参与这个活动能得到哪些东西、好处有哪些、活动的时间、活动规则等，让读者一目了然就能了解活动的全部。

专家提醒

软文撰写在撰写以大型节日作为主题的游戏行业软文时，需要注意的是，文章中的正文内容需要紧扣所借势的节日，千万不要只是在文章的开头或者是标题上显示而已，这样能防止文章出现跑题的状况。

5.3.3 评测软文：《<六龙争霸3D>评测：见证传说的诞生》

下面来欣赏一篇评测类游戏软文：《<六龙争霸3D>评测：见证传说的诞生》。

《六龙争霸3D》评测：见证传说的诞生

侠之大者，为国为民，多少英雄豪杰置生死于不顾，只为家国天下。现在，你就是那位英雄！六国混战，等待你来拯救自己的国家。《六龙争霸3D》已经开战，如果你是一个资深的国战迷，绝对不容错过，快和小编加入这乱世战火，称霸六国！

《六龙争霸3D》的世界就如游戏的名字一般霸气十足，视野十分开阔。不论是旷野、山林、村庄还是主城，无一不是建模精致，贴图细腻，CG动画的与4K电影画质的画面并无二致，打破了许多玩家对于手游画面的惯性思维。画面整体的适配与优化做得相当出色，细致入微的人物、大气精致的场景、流畅爽快的动作、主机级逼真光影特效，配上古风悠扬的背景音乐，让人对这款手游一下好感倍增，用户体验极佳。

既然画面这么完美，不禁让人对于游戏的流畅性抱有疑虑。小编在试玩游戏时，即使在人多的地方也丝毫没有感受到卡顿，不过游戏还在测试，小编还未体验到国战。国战肯定人多才好玩，精美的画质加上多人同时在线，这游戏的流畅度究竟如何？小编内心先小小期待一下，一切还是拭目以待。

游戏内现在能够选择的共有四个职业，擅长近身物理进攻的破军、远程物理支援的九曜、还有惯用近身法术的苍龙和远程法术的天煌。各个职业之间相辅相成，配合之后的伤害不容小觑。这么多的选择，总有一个能满足你的喜好。

操作方面，《六龙争霸3D》采用了目前动作手游中非常流行的一套系统，左下方是虚拟摇杆来控制方向，右下方是各个功能键进行组合攻击。人物的视角能够进行随意转换，移动时系统会辅助星的自动帮助判定方向，这样的设定既能多角度观看战局，也方便玩家快速选取对象。

在攻击上面，技能设定还是值得肯定的，各式各样的招数、技能、表现的十分酷炫。游戏攻击的打击感非常强，每释放一个技能，怪物还会有相应的动作回应。不过，就这几个技能也不要一会很简单就能变身大神，大侠还需勤劳加苦练。

游戏的主要升级路线还是以主线剧情为主，玩家可以获得大量的经验、装备。游修得一身武艺后，也可去参加挑战，其实与副本没有多大差别，但是还是需要玩家具有一定的操作与释放顺序的。二项式装备的升级与玩家技能的升级与同类游戏采用了相同的模式，方便简单而且快捷。还有许多后续的内容小编还未体验到，但这也正给大家留了悬念，更多敌人和宝藏等待大侠们自己去挖掘！

总的来说，《六龙争霸3D》这款热血国战手游给了我们不少惊喜。3D画面和主机级的视觉效果以及流畅的游戏体验都为这游戏打下了很好的口碑。游戏将带你进入全新的手游国战时代，通过等级提升、装备精炼、技能升级、招募武将、加入帮会等，一步步成长为一骑当千霸气的将军。还等什么？赶紧一起前往那段英雄还未成英雄的岁月，见证传说的诞生吧！

（本文来自游戏多：二喵）

此篇游戏行业软文是一篇评测型的游戏软文，对从未接触过《六龙争霸3D》的读者来说，这样的评测软文能让读者对《六龙争霸3D》建立初步的认识，确定游戏的类型，届时，读者可以根据自己的喜好来判断是否进入游戏尝试。

而对已经在玩《六龙争霸3D》的读者来说，这样的评测软文可以让读者从中获取认同感以及自己还不知道的知识性内容。

此篇软文虽然文字并不是很多，但是它全面地介绍了《六龙争霸3D》画面质感好、游戏人物丰富、操作简单、攻击招数多、游戏升级路线等内容，让读者能简单地通过文字和图片的展示，将《六龙争霸3D》快速了解一番。

在文章的最后一段，总结性地将《六龙争霸3D》游戏的特点描述出来，进一步推动读者对《六龙争霸3D》游戏的好奇心理。

5.3.4 情感需求：《唤起爱情回忆 男生制作专属游戏求婚成功》

下面欣赏一篇以爱情故事为噱头的游戏类的软文：《唤起爱情回忆 男生制作专属游戏求婚成功》。

唤起爱情回忆 男生制作专属游戏求婚成功

长期沉迷游戏，总是会忽略身边的家人、朋友甚至是另一半。因此有许多女生强烈禁止自己的另一半玩游戏，认为游戏不仅伤害身体，相处的时间也会因此而变少。据外媒报道，近来国外一名男生奥斯汀，为女友劳伦设计了一款独一无二的"求婚创意"游戏，劳伦闯关成功后当场感动流泪。

据报道，游戏过程的设计是两人认识交往的点点滴滴，让劳伦能在每一个关卡回忆当时的甜蜜与两人同甘共苦的时光。游戏玩法与《超级玛丽》类似。

最特别的是，这款游戏在结尾的时候，屏幕秀出字幕"一个人前进太危险了，拿好这个！"

劳伦起初以为只是简单测试奥斯汀写的第一款游戏而已，因为他只是个普通的游戏爱好者，并没有接触过游戏的制作。但她瞬间发现这远远不止测试游戏这么简单。当她打通整个游戏的时候，游戏中开始播放当年奥斯汀祖父向祖母求婚的音乐，她也瞬间明白了男朋友的意思。此时，奥斯汀拿出一枚钻戒，向劳伦求婚，"你愿意嫁给我吗？"答案当然是"我愿意"。

许多女网友直呼，"好啦！以后让男友玩游戏，但要设计一款给我才可以！"而不少男网友则对游戏设计师喊话，"帮我设计一个，拜托！"

其实制作游戏并不是什么需要"装备"的高技能，男生们并不用求助于他人，完全可以自己制作出一款融入自己情感的游戏作品。

现在很多人都把游戏当作一种媒体，来表达自己的喜怒哀乐。游戏不一定是很复杂的战斗系统，哪怕是一个片段、一段剧情，都可以让我们真情流露。

国内知名厂商启云软件推出的免费"零编码"游戏创作软件GameMei（游戏魅），出自于游戏魅官网的发布。全程采用可视化操作，可以通过鼠标点击、拖放、拉伸，即可完成游戏的创作。降低了玩家做游戏的门槛和成本，让更多的人能够参与进来。

其中还包含各种原生态模板近千款，《超级玛丽》、《刀塔传奇》、《捕鱼达人》、

《天天酷跑》等经典或热门游戏都能够实现创作，我们完全可以使用 GameMei 提供的游戏模板，轻松更换图片、游戏文字、背景图，甚至定制关卡，释放自己的创意，极速开发属于自己的游戏。

虽然 GameMei 是一款简单的游戏制作工具，除了想要做出质量上乘的游戏，它更多是为了满足大家自己创作并与他人分享的热情。

（本文作者：魅族溜）

此篇游戏行业软文，引用了爱情故事，来吸引读者的目光。下面就来详细分析此篇游戏行业软文的写作：

（1）此篇游戏行业软文的标题运用了"情感式标题"的写作手法，以"爱情回忆"、"求婚成功"这些字眼，案例夺取读者内心对爱情的渴望、好奇，就此成功赢得了读者的阅读欲望。

（2）此篇游戏行业软文的开头，从叙述生活现象"女友强烈禁止自己的另一半玩游戏"，到"男生奥斯汀为女友劳拉制作了求婚游戏"，来告诉读者一个道理："游戏也能增进情侣之间的感情"。这样一种先表述生活常态到推翻常态的写作手法，为读者的阅读体验增添了一丝波澜起伏的感觉，不会让读者觉得无趣。

（3）文章以"据外媒体报道"，来彰显出事情的真实性、权威性。

（4）开始介绍"奥斯汀为女友制作游戏"立面的内容，让读者能通过文字来脑补出劳拉玩游戏的过程、游戏中会出现的关卡、以及劳拉玩通关、被男友求婚的幸福心情，这一切都能让读者进入文章中的情景中。

（5）以"许多女网友直呼，'好啦！以后让男友玩游戏，但要设计一款给我才可以！'而不少男网友则对游戏设计师喊话，'帮我设计一个，拜托！'"作为一个承上启下句式，为下文引出"免费'零编码'游戏创作软件 GameMei"做铺垫，让"免费'零编码'游戏创作软件 GameMei"的出现，不显尴尬。

（6）下文就开始介绍"免费'零编码'游戏创作软件 GameMei"，充分告诉读者可以自己无门槛地制作"求婚创意"游戏，让读者也能做到为自己的另一半制作独一无二的游戏。这能引起读者对"免费'零编码'游戏创作软件 GameMei"的兴趣。

专家提醒

从这篇游戏行业软文中还可以学会以下几点:

▶ 软文撰写者学会在游戏行业软文中运用"情感式标题",可关乎于亲情、友情、爱情甚至对游戏的喜爱之情。

▶ 软文撰写者在撰写游戏行业软文时,学会运用故事,将故事里所要表达的情感、感触充分体现出来,让读者在这样的氛围下,阅读"关键词"时,不会去刻意在乎其广告性。

▶ 软文撰写者在运用故事时,还要保证游戏行业的关键词要与故事相互挂钩才能撰写在一起,不然就会出现内容部切合的情况。

5.3.5 直入主题:《死亡岛 2 开发者倾心打造:<猛犸象:岩洞壁画>》

下面就来欣赏一篇直接介绍内容的游戏类软文:《死亡岛 2 开发者倾心打造:<猛犸象:岩洞壁画>》。

死亡岛 2 开发者倾心打造:《猛犸象:岩洞壁画》

InBetween Games(在游戏里)是由原先开发《死亡岛 2》的成员自己组成的游戏开发工作室,而现在,他们终于公布了自己的处女作——《猛犸象:岩洞壁画》(The Mammoth: A Cave Painting)。

在本游戏中,画面蕴含着一种沧桑感。这注定是一条漫长的旅程,你将遇到野兽、人类等在那个时代可能会威胁到长毛象族群安危的生物与族群,唯有殊死一搏才能让你赢得一线生机。但无论如何,我们在游戏都会向着希望前进,游戏时会让人潜移默化地感受到仿佛有一股正能量在心底涌动。

该游戏现已上架 iOS(网际操作系统)和 Android(安卓系统)双平台,玩家可以前往应用商店内免费下载。

(本文来自太平洋游戏)

此篇游戏行业软文是一篇直接介绍游戏内容的软文,下面就来详细分析此篇软文的写作手法:

(1)此篇游戏软文的标题以"死亡岛 2 开发者"、"倾心打造"等字眼来夺取读者的眼球，这样的标题，特别能引起那些"死亡岛2"游戏的忠实玩家和骨灰级玩家的关注。

（2）开篇就直入主题，简易地介绍了《猛犸象：岩洞壁画》的开发背景。

（3）下文简单地介绍了游戏的大概理念，让读者了解到此款游戏是一款比较励志、富有正能量的游戏。

（4）在文章的最后，直接告诉读者这款游戏现在可以免费下载，以催动读者去下载、玩游戏的欲望。

5.3.6 明星造势：《Angelababy来了！10月14日＜大战神＞直播开始》

下面欣赏一篇借势明星吸引人气的游戏类软文：《Angelababy来了！10月14日＜大战神＞直播开始》。

Angelababy来了！10月14日《大战神》直播开始

对，就是今天，10月14日19时整，Angelababy（杨颖）全民粉丝节，在西游网盛大开启！多少大战神们日日夜夜翘首以盼，多少杨家将们痴痴念念望眼欲穿！此刻大家终于汇聚，共享盛世豪礼！下面就让小编我，为你盘点这次盛典的多重惊喜。

直播地址：1.www.****.com

2.http://kan.****.com

[带你探索，女神闺房小秘密]

直播活动将会直接在Angelababy所在的酒店套房内进行。届时，杨家将、大战神们不仅可以实时目睹女神芳容，更能满足你潜藏已久的好奇心，和镜头一起，带你探索女神的闺房小秘密！女神的房间是否跟我们想象中的一样呢？会不会有一些意想不到的发现呢？赶快登录西游网守候吧！

[和女神一起，打《大战神》游戏]

Angelababy作为《大战神》的首席体验官，这次将和大家一起，体验战斗升级的乐趣！只要你在当天开的服务器，达到60级，就有机会和女神组队一起刷副本！女神带你飞会不会很刺激呢？她真的如外界所说是个狂热的游戏迷吗？答案由你来找寻！心动不如行动，就在今晚等你来战哦！

[打开电脑和手机，立刻与女神零距离]

只要您打开直播页面，成为西游网平台玩家，填写上您的手机号，就极有可能和 Angelababy 直接通电话哦！让你亲耳聆听女神的声音！是不是想想就有点小激动了呢？赶紧把想要跟女神说的话记下来吧，当然，要保持开机，说不定你就是幸运儿之一呢！如此好的机会，一定要好好把握哦！

[豪礼接地气，每15分钟一部6S送给你]

豪礼不只说说而已！西游网《大战神》最接地气最霸气。从直播一开始，每隔15分钟就会针对登陆《大战神》看直播的玩家，送出一部 IPhone6s（苹果 6S 手机）！喜欢玫瑰金？喜欢太空银？都有！咱都有！只要你来看直播，获奖机会多得多！亲，你的闹钟调好了么？

[女神亲启，游戏终极大福利]

升级太慢？打怪太难？别着急，Angelababy 将会在直播中，用那幸运之手为你开启终极大福利！元宝多不多？装备好不好？看了直播，你就知道！

直播活动期间，还有更多壕礼，一波一波奖不停！

今晚 19 点整，登陆西游网，女神 Angelababy 和你不"战"不散！

《大战神》是西游网 2015 年度巨作，由 Angelababy 代言的 IMAX 级 3D ARPG 变身页游。不仅有着可以和端游媲美的精良画质，丰富多彩的游戏内容，更在剧情上大胆创新，三国与仙魔的绝妙融合引领出全新的三国传奇。它也是 2015 年首款首月就能冲爆千服的网页游戏，深受广大玩家的喜爱！

西游网，是目前中国影响力最大的网页游戏运营平台。旗下不仅有由国民女神 Angelababy 唯一代言的，2015 年度最新 ARPG 魔幻类三国题材大作《大战神》，更是网罗了最新最酷炫最好玩的众多类型的网页游戏，如《雄霸九州》、《琅琊榜》、《天书世界》、《无上神兵》、《佛本是道》、《雷霆之怒》、《众神之神》、《莽荒纪》等等。

（本文来自大战神官网）

此篇游戏软文是一篇借助明星 Angelababy 的名气，来吸引读者的注意力的文章，下面就来详细分析此篇软文的写作手法：

（1）此篇游戏软文在标题上，就将明星搬了上来，非常能吸引到那些知道 Angelababy 的、喜欢 Angelababy 的读者。

（2）此篇游戏行业软文的开头，就交代了活动的时间、地点、事件，让读者能一目了然地快速了解活动的基本信息。

（3）全文分为 5 个"二级小标题"，便于读者快速阅读文章，也便于文章内容的展示。

（4）文章以"直播 Angelababy 在酒店套房内玩《大战神》的情形"、"和 Angelababy 一起打游戏"、"在这次直播活动玩游戏时会放松大礼"、"Angelababy 会帮助玩家获得礼物"这些亮点，来催动读者在活动期间进入《大战神》打游戏。

（5）文章的后半部分就以介绍"西游网，是目前中国影响力最大的网页游戏运营平台"来突出《大战神》游戏的制作团队的权威性。

专家提醒

软文撰写者在撰写游戏行软文时，可以借势明星的名气来进行软文的推广，但值得注意的是，内容一定要真实，只要明星真实代言过游戏、玩过游戏才能借势于他们的名气。

5.3.7 攻略软文：《不服来战！＜星座萌萌哒 2＞完美高分攻略》

下面欣赏一篇比较详细的攻略类型游戏软文：《不服来战！＜星座萌萌哒 2＞完美高分攻略》。

不服来战！《星座萌萌哒 2》完美高分攻略

2015 年最 Q 萌（可爱）的星座消除手游大作《星座萌萌哒 2》现已开启火爆内测，很多少男少女们为了拯救星座宝宝，获得高分可谓已经玩得如痴如醉，小编周围也有许多小伙伴询问到底怎么样玩才能获得高分，小编在询问了这款游戏的绝对高手之后总结了一个《星座萌萌哒 2》的高分攻略，分享给大家。

首先大家需要了解《星座萌萌哒 2》一共分为三种模式，且听小编一一道来。

经典关卡

1. 天下武功，无坚不摧，唯快不破，这也是游戏的第一要点，只要你手指滑动的够快，初级的经典关卡基本难不倒你。

2. 如果出现的星座宝宝不满足过关条件，不用着急，尽快滑到下一波星座宝宝出现，不要等待过程中浪费太多时间。

3. 关于陨石和夹子，其实是游戏的一大难度设置，这里告诉大家一个秘密，小编喜欢双手左右开弓，一只手一直保持陨石不掉落，这样效果更好更容易得高分哦。

冒险关卡

1. 冒险关卡最主要的任务就是赚钻石啦，所以在游戏的过程中尽可能去点击地上的闪亮钻石，一定要把门票钱赚回来呀（钻石能做什么？当然用来买更多好玩的道具啊）

2. 陨石依旧是会来捣乱的，所以不要因为忙着捡钻石就让陨石掉地上啦，这样可就因小失大喽，所以记住，陨石一定要接住，不然就浪费门票咯。

3. 冒险关卡分初级、中级、高级，越是高级的赚取的钻石当然越多啦，但是门票也是好贵的，所以大家根据自己的水平权衡一下，多赢一些钻石哦

无限关卡

1. 无限关卡顾名思义时间当然是无限的啦，只要你水平高超，可以坐着玩到天荒地老！

2. 屏幕上方会有一个连击能力槽，只要连击到一定次数，就会进入疯狂模式，分数噌噌噌就往上涨了，所以要获得高分，就要尽量连击保持不断。

3. 一个游戏怎么会没有 boss?（大怪）《星座萌萌哒 2》的大魔王就这样深深的隐藏在无限模式当中，点击屏幕中所有能够看到的东西去攻击他吧，打败大魔王会有更多分数奖励的呀！其实对于小编这样的高手来说真的一点都不难。

再附赠给大家一些些游戏的小知识，了解了这些，相信大家想不拿高分都不行啊！

小知识

1. 陨石每次掉落的位置都是随机的

2. 每一波出现的星座萌物是随机的，同一关卡也会出现不同情况，要是闯不过可以多试几次，这样过关的机会就大大增加啦。

3. 游戏内的百变道具等对闯关是非常有用的，条件允许的情况下尽量多使用道具，你会发现闯关 so easy!（非常容易）

4. 经典模式到一定关卡开始，星座宝宝的种类会越来越多，所以要尽可能收集齐 12 种星座宝宝哦。（双鱼座小伙伴们早已哭晕在厕所）

5. 不同的划痕等被动道具对游戏的分数也是有影响的，可以每种都试一下哦。

6. 无限模式中的 boss 每过一段时间就会出现，需要提前做好战斗准备。

═══ 核心特色 ═══

一、全宇宙超萌1亿女生都爱的休闲游戏

二、星座变身Q萌形象乐翻天

三、酷炫特效滑动连消忙不停

四、BOSS乱入无限挑战赢大奖

五、每日占卜知晓前程运势

《星座萌萌哒》积极参与超Ⅴ盛宴金手奖"最佳手机游戏"等各种游戏大奖的角逐，不断提升游戏品质，力求为亿万玩家打造一款Q萌四射的星座手游。

（本文来自手游网）

此篇游戏行业软文，是一篇游戏攻略类型的软文，下面就来详细分析此篇软文的写作手法：

（1）此篇游戏行业软文的标题就将"攻略"体现了出来，让读者能一目了然地知道这是一篇攻略类型的文章，而对于读者来说，攻略型文章是非常有价值阅读的，也是他们提升游戏技术的"开发师"。

（2）此篇游戏行业软文的开篇以"小编在询问了这款游戏的绝对高手之后总结了一个《星座萌萌哒2》的高分攻略"，来体现出此篇软文的阅读价值。

（3）此篇攻略类型的软文的写作非常详细，仔细介绍了游戏中3种模式的玩法攻略，并且运用了比较幽默的形式将游戏玩法给展现在读者的面前。

（4）贴心地为读者准备了"小知识"，又进一步增添了读者玩这款游戏的闯关技能。

（5）最后以介绍游戏的"核心特色"结尾，给读者一个玩《星座萌萌哒2》的理由，同时催动者读者对《星座萌萌哒2》的玩要欲望。

专家提醒

一般来说，攻略类型的游戏软文最好是能够比较详细地将游戏攻略展现出来，不过在展示攻略的过程中，还需要将游戏的亮点给体现出来，最好攻略不要一次性通通都真相出来，还是要留下一些悬念让读者自己去摸索，或者是分时间段地将游戏攻略道出来。

5.3.8 曝光软文：《虚幻4引擎第一人称竞技 :< Heroes Genesis> 曝光》

下面欣赏一篇曝光类型的游戏软文：《虚幻4引擎第一人称竞技 :< Heroes Genesis> 曝光》。

虚幻4引擎第一人称竞技：《Heroes Genesis》曝光

一直以来，韩国游戏向来以精细画面著称，而随着重度手游日渐成熟，不少开发商已将游戏的场景转型为3D（三维立体）建模等方式。今天小编从国外媒体得到消息，韩国游戏开发商 Studio G9（G9工作室）曝光了新作《Heroes Genesis》（英雄创世纪手游）的部分内容。

《Heroes Genesis》中有16种英雄会登场，玩家要从中选择3人来编成分队。队中可操作1名英雄，其他2名就由AI来自动控制，玩家也可对AI（人工智能）角色下达指示，也可以更换操作角色。当然也充满了RPG（角色扮演游戏）不可欠缺的培育要素，玩家可通过道具来进行进化与成长。

另外，在战斗中收集能源的话，就可以召唤玩家可以搭乘的英雄兵器，据说有着可以颠覆战局的破坏力。而可以用英雄兵器来对战的"英雄兵器对战模式"则还在准备中。

本作有大约200种关卡的"冒险模式"，以及跟AI控制的18种英雄战斗的"PvP模式"（人和人之间的作战），而在正式运营后也会准备大约有100种关卡的"试炼之塔"模式。

（本文来自太平洋手游网）

此篇游戏行业软文是一篇曝光类型的游戏软文，下面就来详细分析此篇软文的写作手法：

（1）此篇游戏行业软文的标题就将"曝光"体现出来，特别能吸引住那些原本就对《Heroes Genesis》所期待的玩家，而"虚幻4引擎第一人称竞技"就能吸引住那些对手游充满热血的玩家。

（2）开篇就开始介绍《Heroes Genesis》游戏的画面质感以及它的3D建模，给读者一种此款游戏的玩耍质感一定很棒的感觉。

（3）下文就开始曝光出游戏玩法、游戏特色，让读者对《Heroes Genesis》有初步的认识。

让读者对《Heroes Genesis》有期待，这就是这篇软文的写作价值。

专家提醒

软文撰写者在撰写曝光类型的游戏行业软文时，需要将游戏的亮点、特点都突显出来，让读者产生期待心理，才是一篇成功的曝光类型的游戏软文。

6

CHAPTER

汽车行业
——微博推广

6.1 汽车 + 微博推广快速入门

微博作为新兴的社会化媒体工具，无疑对传统的媒体营销工具产生了巨大冲击。目前，微博已经成为汽车品牌营销的利器、市场调查与产品开发的创新工具、危机公关的理想选择。

6.1.1 微博营销的概述

什么是微博营销？微博营销就是指企业通过微博平台为消费者创造价值并发现消费者各类需求的商业行为模式，与强调版面布置的博客相比，微博具备如图 6-1 所示的特点。

```
┌─────────────────────────────────┐
│      与博客相比，微博的特点          │
└─────────────────────────────────┘
              │ 包 括
    ┌─────────┼─────────┐
┌─────────┐┌─────────┐┌─────────┐
│内容、语言简单││技术要求门槛低││语言编辑要求低│
└─────────┘└─────────┘└─────────┘
```

◆ 图 6-1 与博客相比，微博的特点

正是微博平台的这种简单精辟的内容表达方式和便捷快速的信息传播分享模式使得汽车企业和商家们开始抢占微博营销入口，企图利用微博平台开启互联网品牌营销市场的另一片天地。

6.1.2 汽车微博营销的特点

每个营销平台都有其独特的特点，微博营销也不例外，其特点主要体现在以下的几个方面：

▶ 可以通过文字、视频、图片等多种形式对汽车企业的品牌或产品进行传播；

▶ 在微博上发布内容可以帮助汽车企业节省大量的时间成本，因为无须太多复杂的审批流程，即时发布，即时分享。

▶ 微博平台的传播力度非常大，汽车企业在微博上发布信息，只要微博内容受到人们的关注，就会形成"病毒式"的传播效应，很短的时间就能通过转发功能到达全国的每一个角落。

▶ 微博平台的名人效应能使汽车企业的信息传播呈几何级放大。

6.1.3 借助微博了解用户

对于汽车企业来说，微博是帮助他们了解客户的有效平台。在微博上，用户可以通过多种途径发表自己的喜好、需求、生活状态或者感想等，如图6-2所示。

◆ 图6-2 用户通过多种途径发布信息

从这些信息中，汽车企业可以获得如图6-3所示的内容，从而对消费者有更深的了解，在对消费者有了深度的了解之后，就可以制定或者优化产品和营销策略。

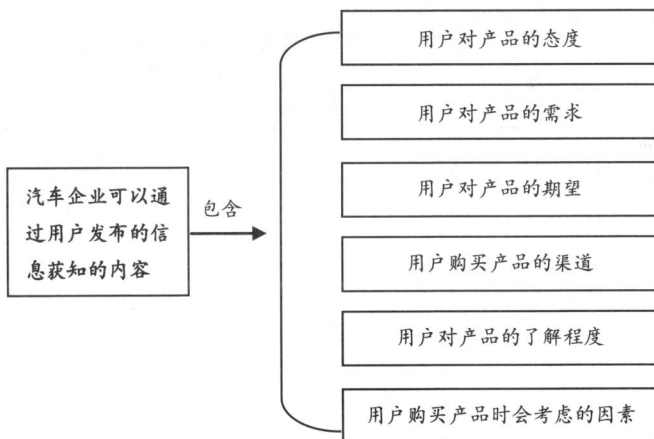

◆ 图6-3 汽车企业可以通过用户发布的信息获知的内容

汽车企业除了通过用户的信息发布平台来掌握用户的资料外，还可以通过以下几大板块来了解用户的信息：

▶ 一是最直观的用户个人资料区域，如图6-4所示；

▶ 二是用户的日常重点关注，如图6-5所示；

▶ 三是用户讨论的热门话题，如图6-6所示。

基本信息

昵称：赫连清风	
所在地：湖南 长沙	
性别：男	
生日：1990年3月11日	
简介：赫连少爷"赫连清风"...	
注册时间：2014-08-23	

标签信息

标签：　名人明星　　搞笑幽默

他的关注 268
* 共同关注 9
* 公开分组 9

他的粉丝 49
* 我关注的人也关注他 1

热门话题　　　　换一换

#驭见萝拉# 推荐	
#欢乐颂#	11.8亿
#金钟国0425生日快乐#	1.4亿
#极限挑战#	58.9亿
#今日贴纸打卡#	5.5亿
#航天日#	7213万
#莱斯特城入驻微博#	878万
#草莓音乐节#	2.1亿
#学习时间#	2.3亿

查看更多 ›

◆ 图6-4　个人资料　　　◆ 图6-5　日常关注　　　◆ 图6-6　热门话题

6.1.4　有效提高用户满意度

微博为企业提供了一个服务平台。在微博平台，汽车企业可以通过一系列手段对用户进行实时跟踪，从而快速地了解到用户对企业产品或服务的需求，除了了解用户对汽车产品的各种需求之外，还可以帮助用户解决如图6-7所示的难题。

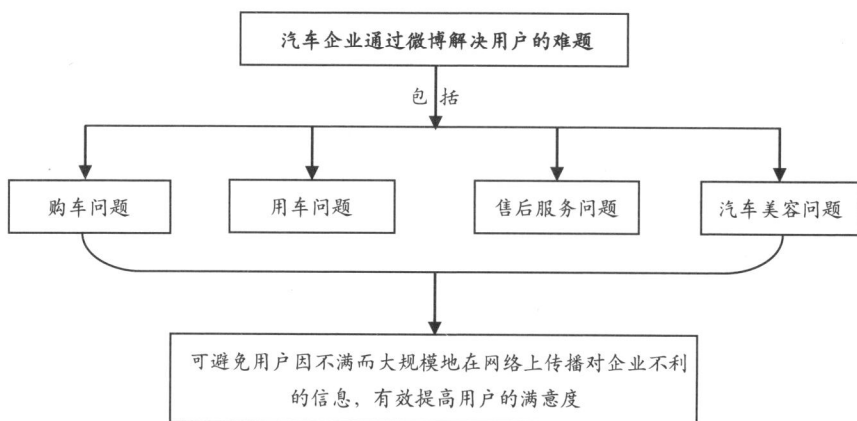

汽车企业通过微博解决用户的难题

包　括

购车问题	用车问题	售后服务问题	汽车美容问题

可避免用户因不满而大规模地在网络上传播对企业不利的信息，有效提高用户的满意度

◆ 图6-7　汽车企业通过微博解决用户的难题

6.1.5　为企业处理危机公关

微博具备"即时性"的特征，所以对于汽车企业的市场公关人员来说，需要用及时性的反应来应对、控制危机的蔓延，微博危机公关具备如图6-8所示的特点。

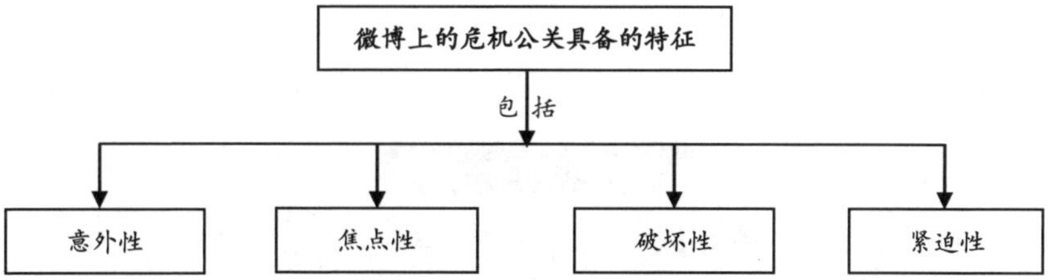

◆ 图6-8　微博上的危机公关具备的特征

❶ 意外性

在微博平台上，危机总是爆发得十分突然，无论是时间、规模、发展趋势还是影响，都是企业始料不及的。

❷ 焦点性

在这个网络信息时代，汽车企业的公关危机一旦爆发，就会如大火一般在微博上迅速传播，让危机信息立刻成为众人瞩目的焦点。

❸ 破坏性

由于互联网特有的"病毒式传播"特点，使得有关汽车企业产品或服务的负面信息会如同"病毒"一样迅速蔓延，导致汽车企业遭遇公关危机。在这个时代，不论什么性质和规模的危机，都必然会给企业造成一定的破坏，严重的可能会带来不可估量的损失。

❹ 紧迫性

在微博瓶体上，危机的爆发和蔓延趋势常常让人始料不及，如果企业不能通过一些手段及时控制，危机就会急剧恶化，最终的后果就是让企业遭受不可挽回的损失。

不过，微博作为一个信息共享社区，传播效率极高，当企业遭遇公关危机时，通过微博快速处理危机情况，能够将危机的影响降到最小。

6.1.6　向潜在用户推广品牌

汽车企业可以通过微博，向消费者及潜在的消费者宣传汽车品牌，并结合软文推广、促销活动等营销方式有效地展开精细化的汽车品牌信息传播。汽车企业通过主动公布自身产品与服务信息，让用户（粉丝）通过微博接触到这些信息，吸引其注意力，并达到推广品牌与树立企业品牌形象的目的。

专家提醒

对于汽车企业来说，对微博用户的品牌口碑进行实时监测是一件十分重要的事，那么如何实施实时监测呢？可以通过微博平台的搜索功能或者相关的实时监测功能都可以。

6.1.7　推进企业展开促销活动

在微博平台，汽车企业可以做免费的推广与促销活动。因为利用微博进行促销几乎是零成本，有了微博，汽车企业不再需要请人发传单，只需要敲击键盘，便能完成促销信息的发布。

专家提醒

别看微博只是一个小小的平台，但是其每天登录的用户量就可能超过几千万，这样的一个平台，有着非常巨大的能量，微博凭借其拥有庞大的用户群体，能为汽车企业带来更多的用户，促进企业促销活动取得圆满的结果。

6.2 汽车＋微博推广技巧

汽车企业微博营销者首先要改变观念，明白微博是一个"给予"的平台。目前，微博的用户数量已经能以亿来进行计算，很多用户都有每天浏览微博的习惯，不过，只有那些能对浏览者创造价值的微博才能被注意，产生营销价值，以达到汽车企业期望的商业目的。对于汽车企业来说，只有认清微博的"给予"意义，并通过一定的技巧让用户关注、分享企业微博，才可能使企业从微博中受益。

微博作为一个新生的微营销手段，正在不断发展和完善，对于汽车企业来说，想要利用微博做好微营销，必须要掌握微博的操作推广技巧。

6.2.1 取得的粉丝信任

微博营销是一种基于信任的用户自主传播营销手段，汽车企业在进行微博营销时，要想让用户关注企业发布的信息，并通过转发、评论等手段让信息形成广泛的口碑效应，就必须取得用户的信任，因为只有取得用户的信任了，他们才有可能帮企业转发、评论信息。

6.2.2 掌握广告发布的技巧

汽车企业在微博上发布企业的产品或品牌信息时，可以从如图 6-9 所示的几方面入手。

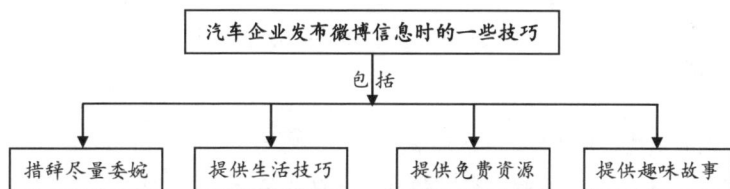

◆ 图 6-9　汽车企业发布微博信息时的一些技巧

❶ 措辞尽量委婉

汽车企业在发布微博信息的时候，要尽可能地把产品信息巧妙地嵌入到微博信息中，措辞不能太直接。

❷ 提供生活技巧

发布的内容要有价值，可以从生活技巧这一方面出发，让用户对品牌产生一定的依赖性。

❸ 提供免费资源

买车的用户常常会遇到各种各样的问题，汽车企业可以从这个角度出发，为用户提供相关的服务或资源，从而提升用户的关注度。

❹ 提供趣味故事

随着现代社会的发展，人们的生活压力越来越大，趣味故事能够为人们带来一定的欢乐，帮助人们释放压力。

6.2.3 微博大数据营销策略

哪里有数据，哪里就有大数据营销，通过大数据，微博能够发挥如图 6-10 所示的作用。

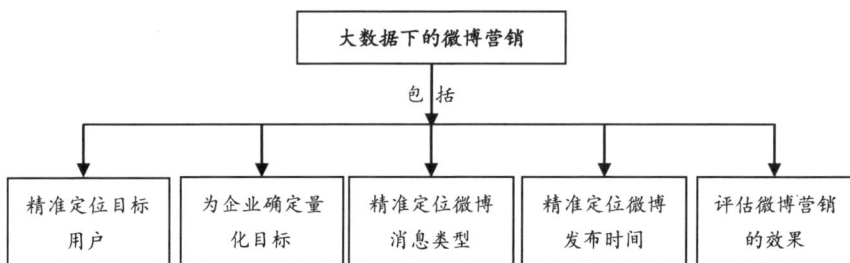

◆ 图 6-10 大数据下的微博营销

❶ 精准定位目标用户

汽车企业想要进行互联网品牌营销，就必须通过一系列的活动吸引用户，增加用户流量，才能进行更有效的营销活动，而通过大数据分析，汽车企业能够快速建立用户的兴趣图谱，然互根据兴趣图谱，开展符合目标用户口味的活动，从而吸引更多人关注企业微博。

❷ 为企业确定量化目标

大数据能够帮助汽车企业将市场宣传、客户服务和公关关系这三者的关系化繁为简，通过具体的量化目标来重新梳理三者之间的关系，如图 6-11 所示。

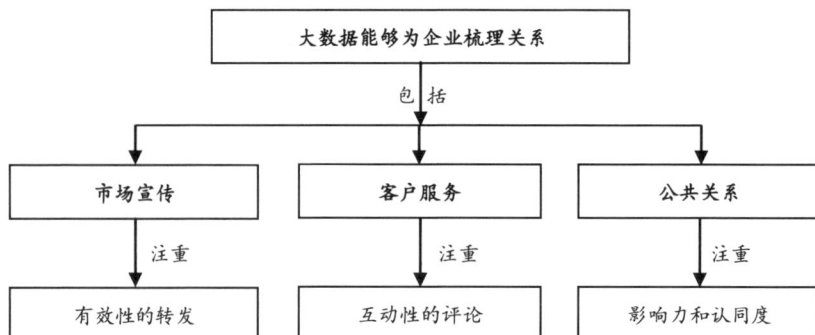

◆ 图 6-11 大数据能够为企业梳理关系

大数据量 化其目标   大数据量 化其目标   大数据量 化其目标

转变为：微博在粉丝中的转发面积，以及在粉丝朋友圈中二次或多次转发数	转变为：对用户在评论中的留言，企业快速做出反应，形成互动，减少负面评论的个数	转变为：企业微博中关键词被搜索的次数、用户对品牌的口碑分析和认同度

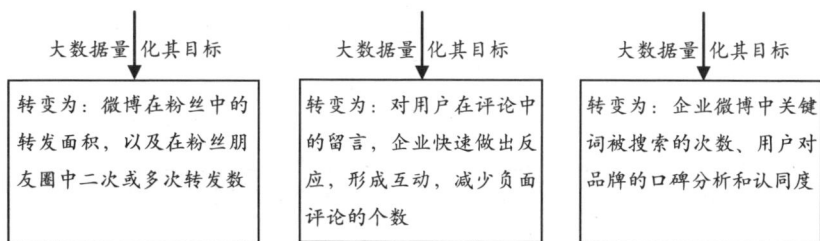

◆ 图 6-11　大数据能够为企业梳理关系（续）

❸ 精准定位微博消息类型

微博发布消息的形式多种多样，汽车企业通过大数据分析，就可以根据目标用户的偏好，用不同形式进行信息内容的展示，可以用文字、视频，也可以用图片和音频，还可以将多种形式进行整合。

据统计，98% 以上的热门微博都是通过图片形式发布微博的，原因主要有如图 6-12 所示的两点。

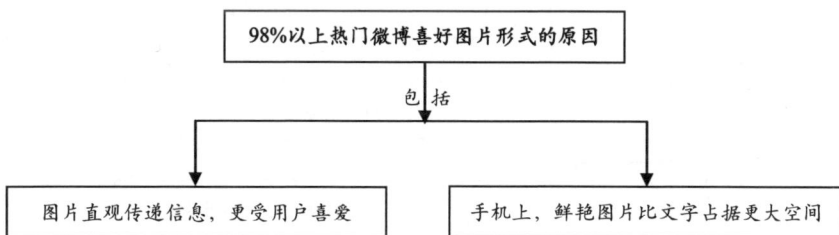

98%以上热门微博喜好图片形式的原因

包括

图片直观传递信息，更受用户喜爱	手机上，鲜艳图片比文字占据更大空间

◆ 图 6-12　98% 以上热门微博喜好图片形式的原因

❹ 精准定位微博发布时间

微博用户碎片化阅读特征非常明显，因此，汽车企业在运用微博进行品牌营销时，要注意微博信息发送的时间段，以获得更多的关注，通过大数据，可以精准定位微博发布的时间。

❺ 评估微博营销的效果

评估微博营销的效果主要是评估微博营销的影响力，从如图 6-13 所示的几个方面入手。

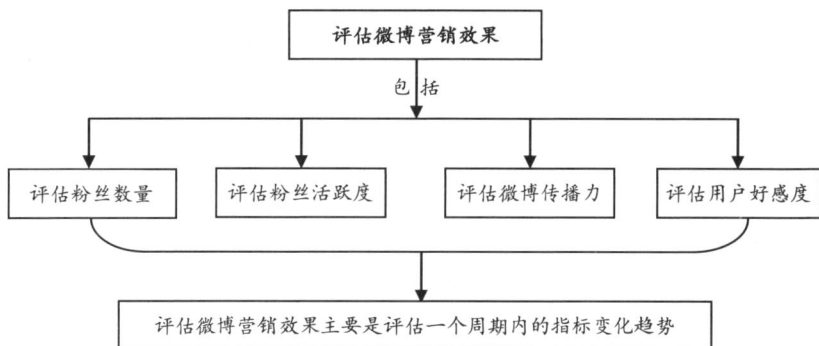

◆ 图6-13　评估微博营销效果

6.2.4　微博形象营销策略

微博在构建互联网汽车品牌形象方面发挥着很大的作用，需要注意如图6-14所示的策略。

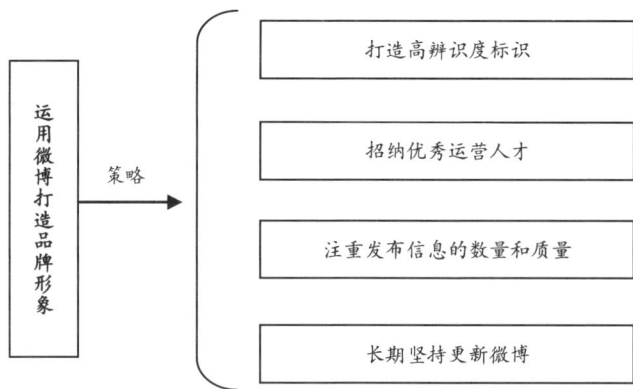

◆ 图6-14　运用微博打造品牌形象策略

❶ 打造高辨识度标识

汽车企业在开通微博之前，首先要打造一个恰当的标识，提高自身的辨识度，标识一般由如图6-15所示的元素组成。

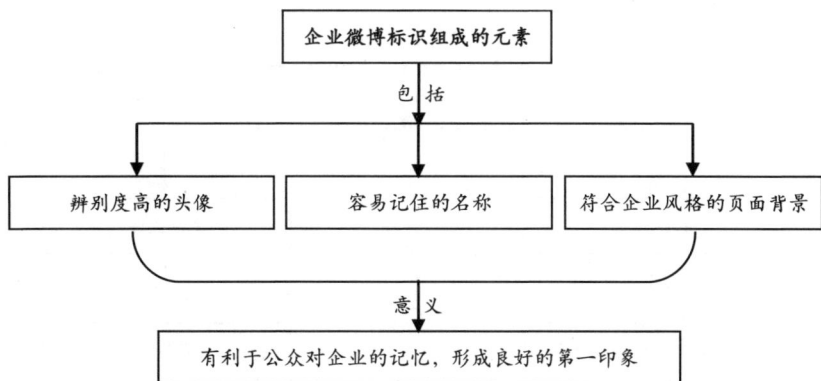

◆ 图6-15 企业微博标识组成的元素

❷ 招纳优秀运营人才

运营微博不是一件轻巧的事情，每个想要通过微博来打造互联网品牌的汽车企业，都必须招纳专门的微博运营维护人才。

对于微博运营人才，通常有如图6-16所示的职业素养要求。

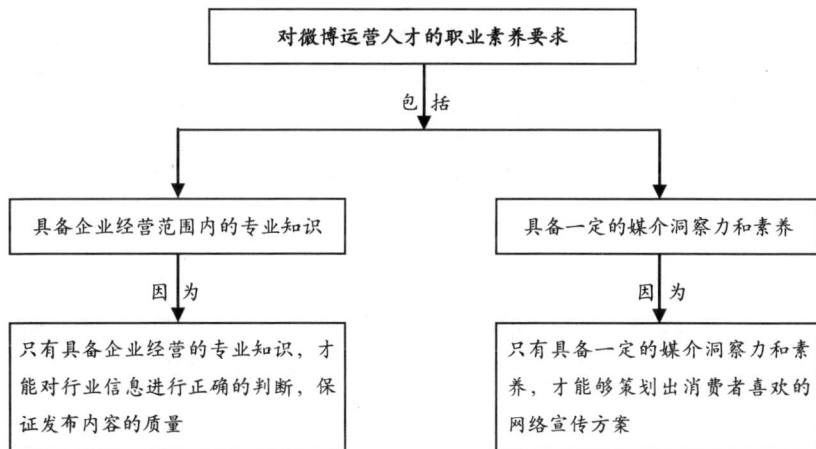

◆ 图6-16 对微博运营人才的职业素养要求

❸ 注重发布信息的数量和质量

在微博数量上，企业要注意两点，如图6-17所示。

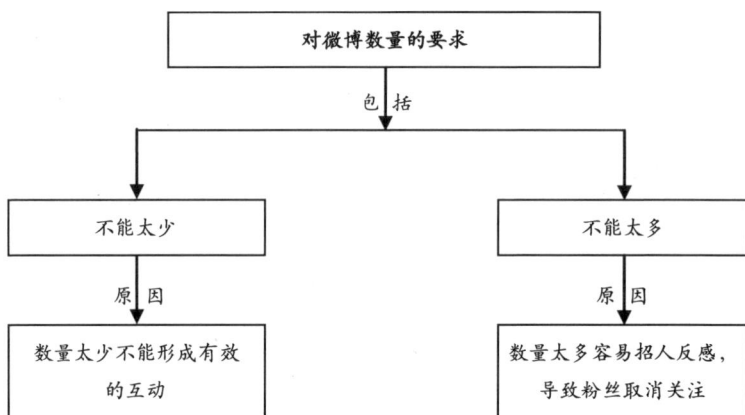

◆ 图 6-17　对微博数量的要求

在微博内容的质量上，汽车企业要注意如图 6-18 所示的几点。

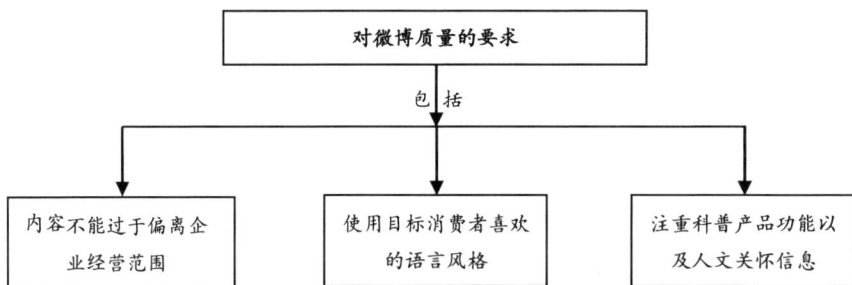

◆ 图 6-18　对微博质量的要求

❹ 长期坚持更新微博

汽车企业要长期坚持更新微博，因为只有保持微博的活跃度，才不会被粉丝遗忘，因此汽车企业要将企业微博运营作为长期品牌建设的战略。

6.2.5　微博热点营销策略

热点营销在很多网络营销工具中都起到广泛的作用，在微博上，汽车企业也可以借助新闻事件、名人等备受关注的事物来进行微博营销，相关介绍如图 6-19 所示。

```
┌─────────────────────────────┐
│       微博热点营销策略        │
└─────────────────────────────┘
            包 括
  ┌───────────┬───────────┬───────────┐
┌─────────┐ ┌─────────┐ ┌─────────┐
│热门事件中植入│ │热门位置中植入│ │热门企业中植入│
└─────────┘ └─────────┘ └─────────┘
```

在热门事件微博下，通过评论、转载，将企业的品牌信息植入其中	在热门微博里、头条新闻中，通过评论、转载，将品牌信息植入其中	在热门的企业频道里，通过关注、评论、转载，将品牌信息植入其中

结　论

懂得利用热点事件、新闻来炒作是企业必学的一门技能

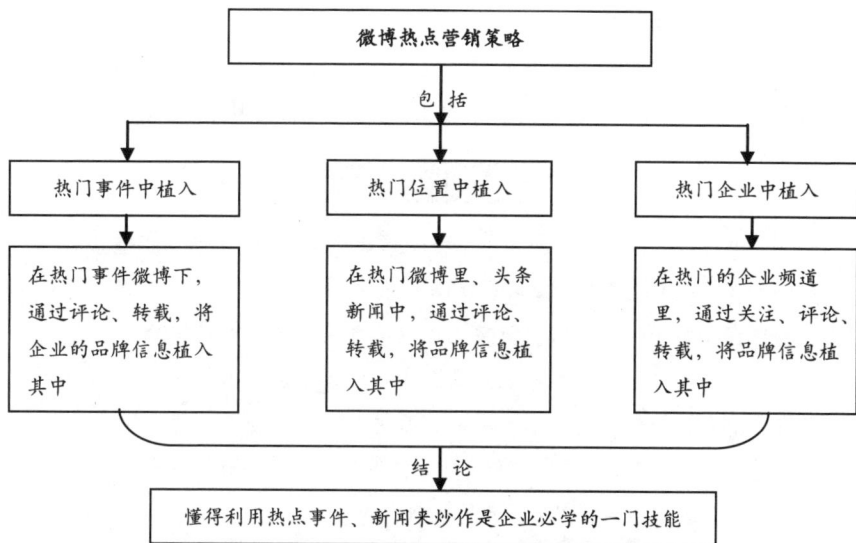

◆ 图6-19　微博热点营销策略

6.2.6　微博互动营销策略

微博互动营销策略就是汽车品牌举办一些网民感兴趣的活动，与用户之间形成互动，然后通过激励手段，让参与活动的用户直接加入到汽车品牌传播扩散的阵容中来，借助用户的转载，将汽车品牌信息一层一层地传递出去，形成"裂变式"的传播模式。微博互动营销策略可以从以下几方面入手。

❶ 建立子账户

大品牌旗下往往具备多个汽车品牌信息，企业若想在粉丝群众发起特定的话题，就必须建立一些专属的"子账户"，每个"子账户"里面就只有一种产品或品牌信息，即将不同的品牌信息细分开来，这样就能清晰地向用户传达品牌信息了。

❷ 解决用户实际需求

通过互动营销，汽车企业能够与消费者进行直接的对话，了解到这些用户的实际需求，汽车企业若能够为这些用户解决他们的实际需求，就等于将汽车品牌的人性化特征传递给了用户。

❸ 经典的有奖活动

有奖活动是微博营销中最基本也最经典实用的营销方式，汽车企业如果想要快速增粉、增加网站的浏览量，就可以试试这种传统而实用的办法。

> **专家提醒**
>
> 笔者认为，微博互动营销策略不仅能够帮助企业传递品牌信息，还能够增加消费者对企业的信任感。
>
> 在发布微博广告时，最常见也是最直接有效的方式就是图文结合。图文结合既能让用户了解到汽车企业营销活动的具体信息，也能让用户被图片上的内容吸引，从而进一步参与企业的营销活动。不过在这里，笔者要提醒各位，企业在使用图文结合时要注意时宜，不要过于频繁使用，以免让用户感到反感。

6.2.7 微博硬广告营销策略

什么是硬广告？硬广告就是在报刊、电视、网络等媒介上宣传最常看到的一种纯广告营销方式，微博硬广告具备如图 6-20 所示的网络特点。

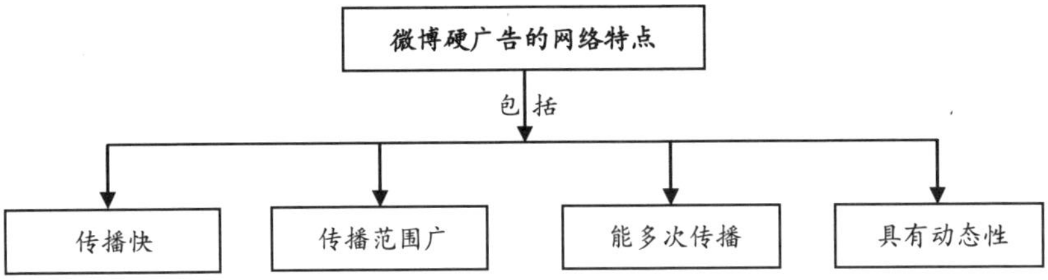

◆ **图 6-20 微博硬广告的特点**

> **专家提醒**
>
> 除此之外，微博硬广告在其他方面还具备如下的特征：
>
> ▶ 和微博其他信息一样，都是以文字、图片、视频等形式展现；
>
> ▶ 产品或品牌信息非常显眼；
>
> ▶ 需要付费给第三方平台。

与软广告相比，硬广告最大的特点就是直接，能够让消费者一眼注意到广告内容和信息，但通常情况下，硬广告容易引起消费者的反感，因此汽车企业在发布微博硬广告时，一定要注意关键词的选取和广告的措辞。

专家提醒

笔者建议展现形式最好采用图文结合的方式，因为图文结合的方式能减轻消费者的排斥心理，对于品牌传播能起到很好的效果。

6.3 汽车 + 微博推广经典案例

在汽车行业领域，微博的运用一直是一个被人们十分看好的营销推广方式，很多汽车企业通过微博展开产品或品牌的营销并获得了成功，这些企业给其他汽车企业做出了示范，下面为读者介绍几大经典了汽车企业微博营销案例。

6.3.1 宝马：BMW M 空降行动

BMW 宝马公司创建于 1916 年，总部设在德国巴伐利亚州的慕尼黑，为了应对日益激烈的社会化营销，宝马也开启了微博推广营销之路，如图 6-21 所示为宝马公司官方微博。

◆ 图 6-21 宝马公司官方微博

为了利用微博超速的传播力来推广企业产品或品牌，BMW 在其官方微博上发起了一场名为"BMW M 空降行动"的事件营销，该事件营销主要是通过视频的方式将一层层的悬念留给用户，这四段视频拍摄得非常精彩，通过视觉上的冲击以及把控用户心理的方式，将悬念层层推进，在微博上一经推出，立刻引起了BMW 迷的追捧和传播。

同时，宝马公司抓住这个机会，在线下展开了如图 6-22 所示的活动，将此次微博营销事件推向了高潮。

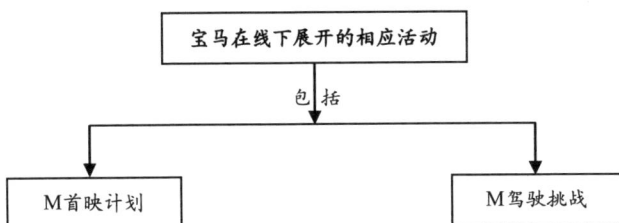

◆ 图 6-22 宝马在线下展开的相应活动

这次微博营销事件印证了汽车企业想要通过微博来进行推广营销，提升企业品牌的影响力，至少要有如图 6-23 所示的几大因素。

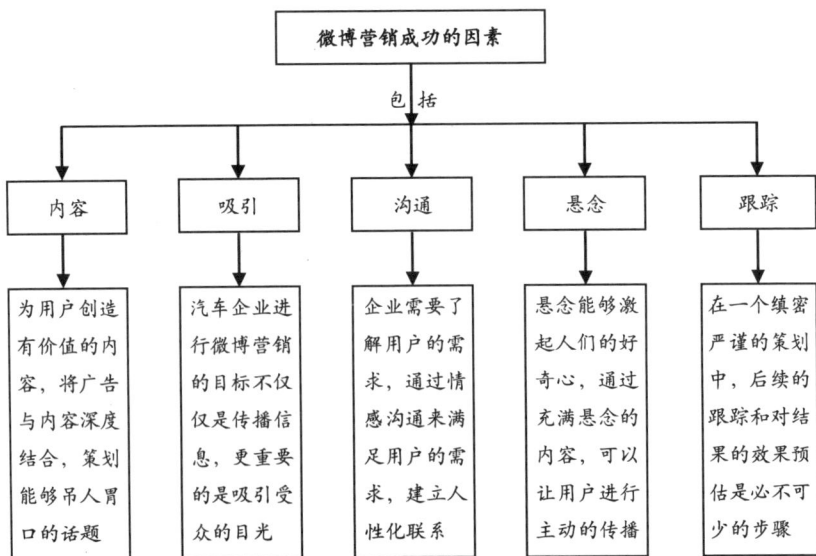

◆ 图 6-23 微博营销成功的因素

专家提醒

除了以上几点因素之外，还有一点原因也是宝马此次微博事件营销成功的原因，那就是"体验"。

对于 BMW 家族或车迷来说，"M"有着非同寻常的意义，因为 BMW M 系列的车型性能超强，给人们带来非凡的体验和极速激情，从而在我国市场拥有一匹数量庞大的追随者。

6.3.2 奔驰：各种优惠齐上阵

梅赛德斯－奔驰（Mercedes-Benz）是世界知名的德国汽车品牌，该品牌创立于 1900 年，是世界上最豪华的汽车品牌代表之一，如图 6-24 所示为梅赛德斯－奔驰的官方微博。

◆ 图 6-24　梅赛德斯－奔驰的官方微博

为了宣传梅赛德斯－奔驰全新 C 级轿跑车系列，奔驰在微博上开展了一系列的优惠政策：

❶ 优惠活动一

在 3 月 29 日，奔驰在微博上发布了一条线上预售政策，如图 6-25 所示。

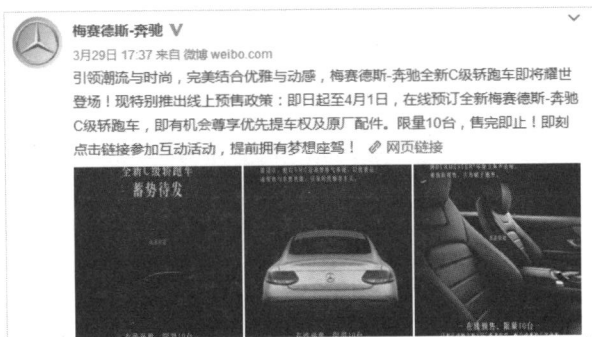

◆ 图 6-25　奔驰的线上预售政策微博

从图中可以看出，该预售政策的主要内容是："即日起至 4 月 1 日，在线预订全新梅赛德斯－奔驰 C 级轿跑车，即有机会尊享优先提车权及原厂配件，限量 10 台，售完即止。"

如果用户想要具体了解活动详情，就可以单击"网页链接"按钮，平台就会跳出附有二维码的界面，用户通过手机扫描二维码，就能进入活动详情页面，如图 6-26 所示。

◆ 图 6-26　奔驰活动详情页面

❷ 优惠活动二

4 月 15 日，奔驰官方微博针对全新梅赛德斯－奔驰长轴距 C 级轿车又发出了一个优惠政策——"先享后选－弹性购车新方案"，如图 6-27 所示。

◆ 图 6-27 "先享后选－弹性购车新方案"

在图中可以看到，此优惠政策的主题内容如图 6-28 所示。

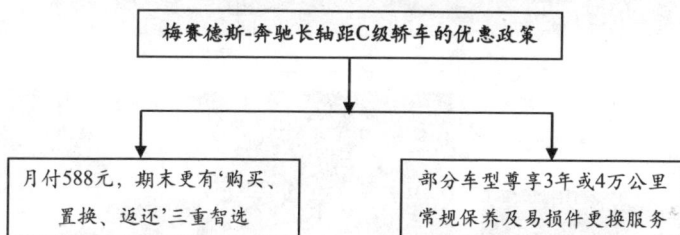

◆ 图 6-28 梅赛德斯－奔驰长轴距 C 级轿车的优惠政策

用户如果想参与活动，只要单击"梅赛德斯－奔驰长轴距 C 级车"的超链接，就能进入活动报名页面，如图 6-29 所示。

◆ 图 6-29 梅赛德斯－奔驰长轴距 C 级车活动页面

在该页面，有"活动报名"项目，用户只要在相应的地方填写信息，就能参与活动，除此之外，还有"金融政策"项目、汽车"配置表"介绍、"车型亮点"介绍、"精美图片"放送等。

6.3.3 一汽丰田："80 秒的爱"话题

丰田汽车公司，简称丰田（TOYOTA），创立于 1933 年，是世界十大汽车工业公司之一，总部设在日本，如图 6-30 所示为一汽丰田的官方微博。

◆ 图 6-30　一汽丰田官方微博

一汽丰田通过"80 秒的爱"的话题，来阐述丰田对用户的厚爱和关怀，如图 6-31 所示，为"80 秒的爱"话题的相关微博。

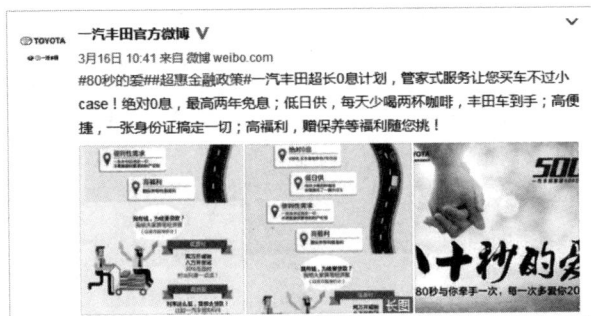

◆ 图 6-31　"80 秒的爱"话题的相关微博

在该话题中，丰田提出了"超惠金融政策"，包括：

▶ 超长 0 息计划：最高两年免息；

▶ 低日供特点：每天少喝两杯咖啡，丰田车到手；

▶ 高便捷特点：只要一张身份证就能解决一切；

▶ 高福利计划：丰田为用户赠送保养等多种福利。

丰田打造的"80 秒的爱"系列话题，其中心主旨就是为用户提供更好的服务和福利，满足用户的需求，帮助提升用户体验，如图 6-32 所示为"80 秒的爱"话题的其他相关微博。

一汽丰田官方微博 ✔
3月18日 10:00 来自 微博 weibo.com
#80秒的爱# 【区域特惠，一汽丰田彩蛋有礼，快看看有您吗？】受一线城市限购的影响，号牌渐渐成为稀缺资源，但在直辖市天津，卡罗拉双擎符合"天津市节能车摇号政策"。摇号购车不用急，各位亲还在等什么！

一汽丰田官方微博 ✔
3月17日 10:00 来自 微博 weibo.com
#80秒的爱# #一站式置换补贴服务，帮您省钱又省心# 一汽丰田为客户提供全品牌、全车型标准化置换和系统化评估服务，目前客户选购RAV4、皇冠等车型时还分别享有最高5000、9000元的置换补贴，真正让您省心省时又省钱！

一汽丰田官方微博 ✔
3月16日 13:30 来自 微博 weibo.com
#80秒的爱##节能推广，不可错过#对主力车型国民第一家轿卡罗拉及入门首选的优质车型威驰，一汽丰田仍将倾情延续3000元惠民补贴活动。同时仍享受购置税、车船税减免，福利层层高，您可千万不要错过哦！

◆ 图 6-32 "80 秒的爱"话题的其他相关微博

6.3.4 一汽大众：明星助阵宴会

大众汽车是一家总部位于德国沃尔夫斯堡的汽车制造公司，也是世界四大汽车生产商之一的大众集团的核心企业，一汽大众是大众集团旗下的一个汽车品牌，如图 6-33 所示为一汽大众的官方微博。

◆ 图 6-33　一汽大众的官方微博

全新高尔夫·嘉旅自 2015 年在车展亮相后就得到了众多媒体及消费者的关注。2016 年 3 月 30 日，深圳大梅沙京基喜来登酒店举办了全新高尔夫·嘉旅的盛会，在这场盛宴中，邀请了一些音乐大咖来助阵，一汽大众在微博上庆祝此次盛宴，通过明星效应来吸引粉丝的关注，如图 6-34 所示。

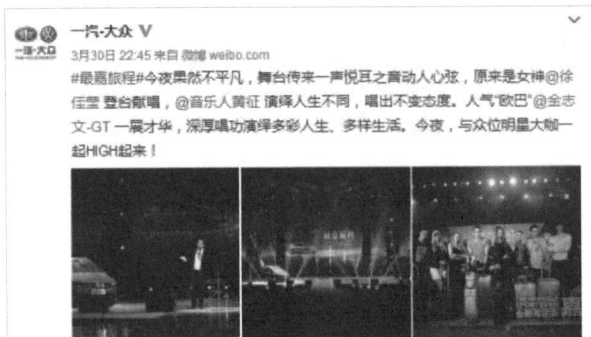

◆ 图 6-34　有关"全新高尔夫·嘉旅"宴会的微博

7 CHAPTER

服装行业
——论坛推广

7.1 服装 + 论坛推广快速入门

在众多的网络营销推广方式中，论坛推广营销是其中最古老的方式之一，一直被众多企业运用沿袭至今，为什么呢？这都是因为论坛推广营销有诸多的特点，如图 7-1 所示。

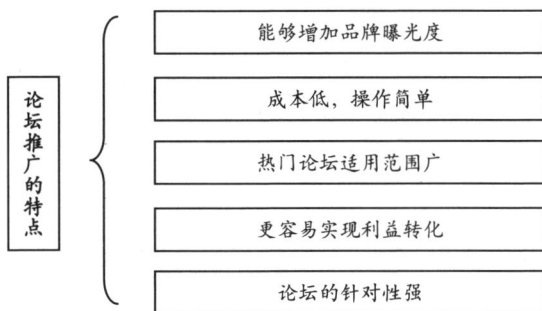

◆ 图 7-1　论坛推广的特点

本节笔者将为读者介绍服装行业论坛推广营销的相关知识。

7.1.1　为用户提供服装搭配技巧

在论坛上，服装企业或商家可以为用户提供一些服装搭配技巧的软文，如图 7-2 所示为天涯论坛上一篇介绍服装搭配技巧的软文，该软文通过图文结合的方式为用户提供了有价值的内容，帮助用户学会如何搭配服装。

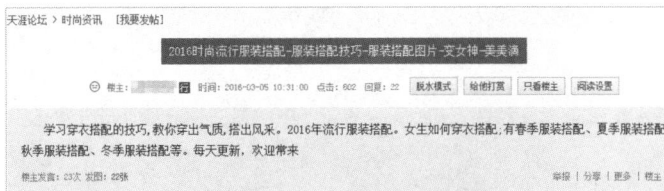

◆ 图 7-2　服装搭配技巧的软文

7.1.2 "借势"推广营销方法

运用论坛进行品牌的推广,可以采用"借势"的营销方式来增加服装品牌的曝光率,提升品牌的知名度,比如在一些用户量庞大的知名论坛上,把帖子打造成热帖,从而提升用户的关注率,以此来增加服装企业品牌的曝光率,树立起服装企业网站、企业品牌的光辉形象。

7.1.3 论坛推广关键在于内容

论坛推广从注册到发帖都是免费的,所以几乎不需要什么成本,而且论坛推广的操作非常简单,只需要发帖、顶帖和回复就可以了。

论坛推广难就难在推广的内容,这个的关键在于作者的写作功底和文章的质量,如果服装企业能够在一些大型论坛里打造出一篇热帖,推广的效果会从几十倍扩大成几百万倍。

7.1.4 选择热门论坛进行推广

大部分的服装品牌企业都愿意选择论坛进行推广,尤其是选择热门的论坛,在里面找到目标用户集中的论坛版块发布信息,可以获得很好的产品或品牌推广效果,目前国内比较热门的论坛包括:天涯论坛、猫扑社区、百度贴吧等,如图 7-3 所示。

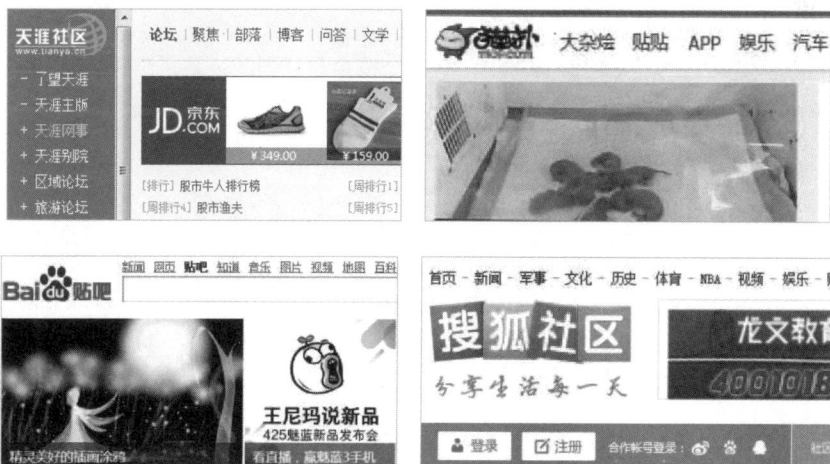

◆ 图 7-3 国内比较热门的论坛

有很多人说论坛只适合电子商务类的网站推广,其实并不是,其他类型的网站如果能正确的使用一些手段进行论坛推广，也会有比较好的效果。

随着论坛推广的火热，为了帮助服装企业快速的提升企业形象，一些论坛营销推广平台辅助软件相继出现了，如论坛自动回复软件、网络营销软件等。

7.1.5 创意比打广告重要

现在很多人都不喜欢看广告，有的人一见着广告就立马调头走，为了避免出现这种情况，服装企业需要在论坛里发挥一些创意，让广告不那么直白，让产品宣传有一定的深度，这样就容易激起消费者的认同，在心理上引起共鸣，从而采取购买行动。

论坛作为一个人流量比较庞大的网络平台，集聚了世界各地的眼光，只要企业的帖子能让网民们积极地参与，那么利润转化就是简简单单的事了。

7.1.6 针对特定人群进行推广

论坛推广可以让服装品牌企业针对特定的目标群体进行针对性的宣传活动。因为论坛中有很多分类，比如，你可以在数码版块中放置电子产品、在女性版块中推销减肥产品等，而对于服装品牌企业来说，可以针对不同年龄段的人进行产品或品牌的推荐，具体方法是可以将服装类的软文放置在正确的版块中，这样，既能达到推广品牌的作用，又能获取目标人群。

7.1.7 创建自己品牌的贴吧

在百度贴吧的"贴吧分类"中，有一个按企业分类的版块，该版块下分了很多行业，其中就有"服装服饰企业"，如图 7-4 所示。

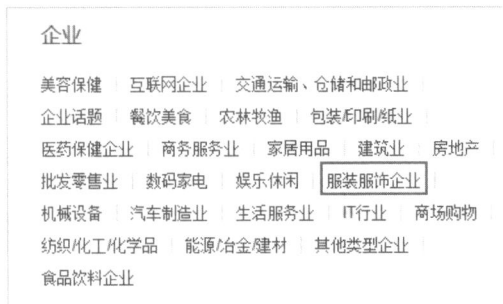

企业

美容保健　互联网企业　交通运输、仓储和邮政业
企业话题　餐饮美食　农林牧渔　包装印刷纸业
医药保健企业　商务服务业　家居用品　建筑业　房地产
批发零售业　数码家电　娱乐休闲　服装服饰企业
机械设备　汽车制造业　生活服务业　IT行业　商场购物
纺织化工化学品　能源冶金建材　其他类型企业
食品饮料企业

◆ 图 7-4 "服装服饰企业"

用户单击"服装服饰企业"超链接，就会进入"服装服饰企业"版块，在该

版块中,可以看到很多服装服饰品牌的贴吧,例如,"韩都衣舍吧"、"彪马吧"、"chanel 吧"等,如图 7-5 所示。

彪马吧
👤 186612 ✏ 1588435

chanel吧
👤 187744 ✏ 1598816
打造时尚潮流,服务广大女性!

大家正
在讨论
有谁用过Chanel no.5?
【Chanel】百度贴吧Chanel官方QQ群

韩都衣舍吧
👤 448284 ✏ 2466614
韩都衣舍,潮流服饰的引领者!

韩都衣舍 **IO** 韩风十年 韩都十年 2006-2016

supra吧
👤 14394 ✏ 904583
SUPRA Footwear

大家正
在讨论
★时尚衣Q★韩国女明星的暴瘦减肥食谱我们找到
★时尚衣Q★同一件衣服,路人和翰人穿出来的区…

◆ 图 7-5　各种服装服饰品牌的贴吧

在贴吧中,用户可以提出话题、发布活动、解答疑问、介绍新品、介绍服装搭配技巧等,如图 7-6 所示为韩都衣舍吧相关的贴吧内容。

★韩都活动★"＿＿＿＿＿,我视而不见" 妈妈那些被你忽略的事 [今日话题]　👤 韩都衣舍
有一种感情,一直围绕着你,却常常被你忽视 有一种感情,一直呵护着你,却不被你珍惜 有一种感情,一直
来自android客户端

★时尚衣Q★朴信惠亲身示范黑T的百搭穿法!　👤 愚人妹子
💬 愚人妹子

四月撩汉季,如何在男神面前发光发亮? [活动]　👤 韩都衣舍
AMH　　时间: 2016.04.13-2016.04.22　💬 寻梦者320

◆ 图 7-6　韩都衣舍吧相关的贴吧内容

专家提醒

　　服装企业要创建自己的贴吧,给粉丝们建立一个交流互动的平台,然后通过一系列的手段吸引用户的眼球。

7.2 服装 + 论坛推广技巧

介绍完什么是论坛推广，让读者明白了理论知识，那么接下来，笔者带领大家一起领略论坛推广的技巧。

7.2.1 选择人气论坛发帖

服装企业想要在论坛里将帖子炒起来，就必须去一个人气论坛。那么如何筛选人气论坛呢？可以通过网上的数据或者百度等搜索引擎来了解论坛。

对于不同的主题应该要选择不同的论坛，企业可利用"站长之家"做一个筛选表格，在"站长工具"里查询论坛的百度权重、ALEXA 排名、站链接、PR、建站时间、反链数等，如表 7-1 所示。

表 7-1 人气论坛横向 PK 表

论坛名称	百度权重指数	ALEXA 排名	站内链接数	PR 值	建站时间	反链数
天涯	9	全球综合排名：64 中文排名：12	814	6	2003.03.17	2432
猫扑	6	全球综合排名：5414 中文排名：458	321	7	1999.09.19	6736

由上表综合可对比出天涯论坛比猫扑论坛的人气要稍微高一些，服装企业可以自己做一个人气论坛横向 PK 表，来选择几个人气高的论坛，切记投放软文的论坛不要太多，量力而行，根据自身的能力来选择，同时，用户群要精准，选择合适的地点投放，才不会做"白用功"。

7.2.2 多注册账号做铺垫

现在很多论坛都采用 QQ、微信、微博一键登录，当然也有原始的注册登录方法。服装品牌企业在做论坛推广之前，首要任务是多注册几个账号，这些账号可以为以后暖帖、顶帖做基础。

笔者就拿注册新浪论坛为例，一步步带领大家实操。

步骤 01 在百度中搜索关键词"新浪论坛"，找到新浪论坛官网并单击进去，如图 7-7 所示。

◆ 图 7-7　找到新浪论坛官网并单击

步骤 02　执行操作后，在新浪首页上单击"注册通行证"按钮，如图 7-8 所示。

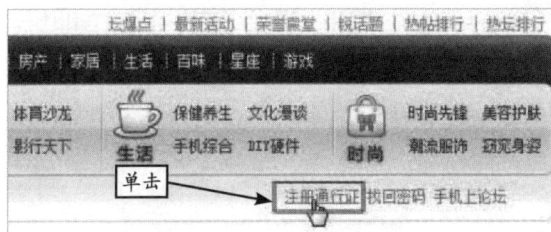

◆ 图 7-8　单击"注册通行证"按钮

专家提醒

如果企业有新浪论坛的账号，不妨多注册几个，以便"顶"帖子。

步骤 03　执行操作后，单击"邮箱注册"按钮，一步步地填写注册信息，如图 7-9 所示。

◆ 图 7-9　单击"邮箱注册"按钮，填入注册信息

如果邮箱不够，可以在 163 邮箱、126 邮箱、新浪邮箱等 E-mail
网站多注册几个，它们注册门槛不高，利用注册字母邮箱连续注册
好几个都没有问题。笔者不建议用手机注册，因为太局限了，手机
注册的账号的多少是凭借你手机号码的多少，不太方便。

步骤 04 执行操作后，就到填写的注册邮箱去验证账号信息，如图 7-10
所示。

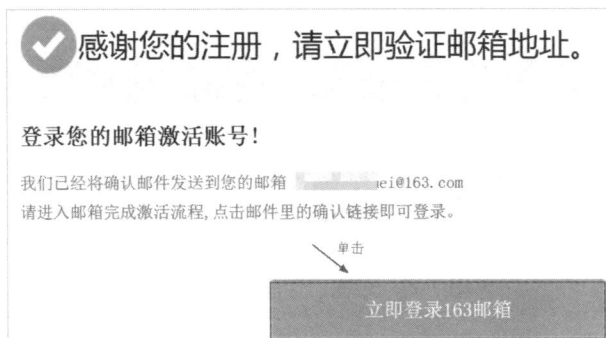

◆ 图 7-10 登录邮箱验证注册信息

步骤 05 进入邮箱后单击链接，如图 7-11 所示。

◆ 图 7-11 点击认证链接

步骤 06 执行操作之后，页面就会跳转到新浪通行证，这时就证明注册完成，接下来就靠自己完善资料了。

7.2.3 设置论坛个性签名

论坛个性签名，是指在论坛里，用户在帖子底部显示的文字、图像、链接等内容，论坛个性签名有两大用处，如图 7-12 所示。

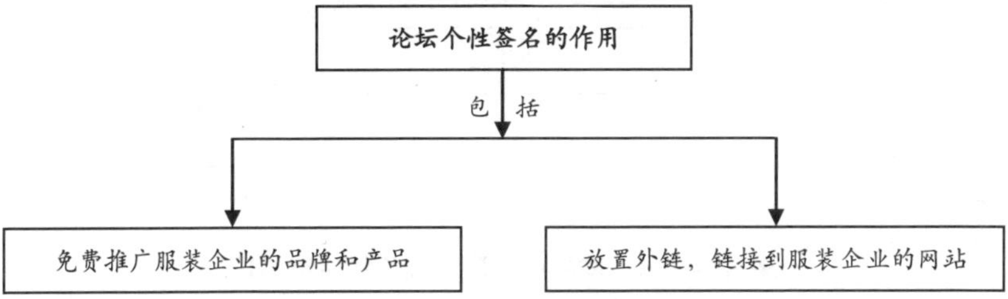

```
┌─────────────────────────┐
│     论坛个性签名的作用      │
└─────────────────────────┘
            │
          包 括
    ┌───────┴───────┐
    ▼               ▼
┌──────────────┐ ┌──────────────────┐
│免费推广服装企业的│ │放置外链，链接到服装 │
│品牌和产品       │ │企业的网站          │
└──────────────┘ └──────────────────┘
```

◆ **图 7-12 论坛个性签名的作用**

论坛签名一般有三种模式，如图 7-13 所示。

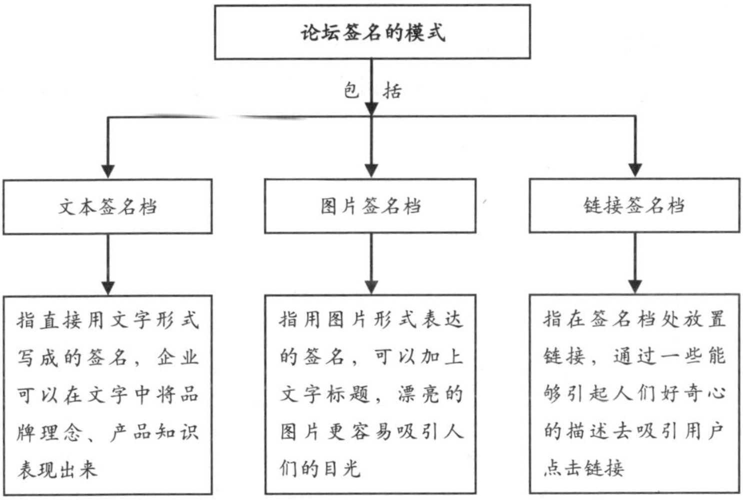

```
┌─────────────────────────┐
│       论坛签名的模式        │
└─────────────────────────┘
            │
          包 括
    ┌───────┼───────┐
    ▼       ▼       ▼
┌────────┐┌────────┐┌────────┐
│文本签名档││图片签名档││链接签名档│
└────────┘└────────┘└────────┘
    │        │        │
    ▼        ▼        ▼
```

文本签名档	图片签名档	链接签名档
指直接用文字形式写成的签名，企业可以在文字中将品牌理念、产品知识表现出来	指用图片形式表达的签名，可以加上文字标题，漂亮的图片更容易吸引人们的目光	指在签名档处放置链接，通过一些能够引起人们好奇心的描述去吸引用户点击链接

◆ **图 7-13 论坛签名的模式**

专家提醒

对于链接签名档，有等级和积分的限制，如果等级比较小，可能就会出现不能设置的情况，那么企业就只能放弃设置网站链接了。

当账号达到了一定的等级时,就可以设置网站链接了,如果没有超链接符号供选择,就可以直接添加锚文本或者超链接,但前提是企业必须了解基本的签名代码。

当做好签名设置之后,想要使论坛的链接发挥出更好的效果,就必须要注意如图 7-14 所示的两方面的内容。

```
┌─────────────────────────────────┐
│      发挥链接最好效果的注意事项       │
└─────────────────────────────────┘
                包 括
    ┌───────────────┴───────────────┐
┌─────────────┐              ┌─────────────┐
│  要选择性回帖   │              │  尝试多种外链法  │
└─────────────┘              └─────────────┘
```

◆ 图 7-14　发挥链接最好效果的注意事项

❶ 要选择性回帖

服装企业进行论坛推广,是为了宣传旗下的服装品牌和产品,加深用户对企业服装品牌和产品的认知,因此不要什么帖都去回复,应该选一些人气高的、与行业相关的、比较有特点的帖子,进行回复,那样既不浪费时间又可以获得一定的效果,如图 7-15 所示。

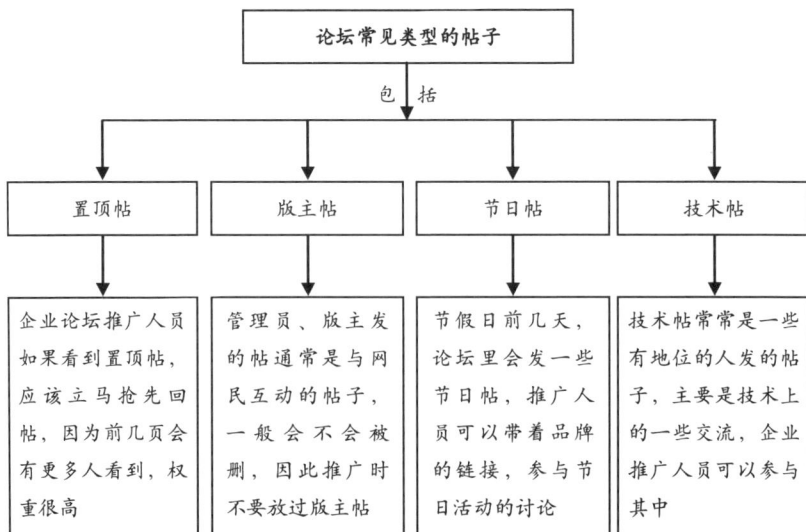

```
┌─────────────────────────────────┐
│         论坛常见类型的帖子           │
└─────────────────────────────────┘
                包 括
  ┌──────────┬──────┴──────┬──────────┐
┌──────┐  ┌──────┐    ┌──────┐  ┌──────┐
│ 置顶帖 │  │ 版主帖 │    │ 节日帖 │  │ 技术帖 │
└──────┘  └──────┘    └──────┘  └──────┘
```

置顶帖	版主帖	节日帖	技术帖
企业论坛推广人员如果看到置顶帖,应该立马抢先回帖,因为前几页会有更多人看到,权重很高	管理员、版主发的帖通常是与网民互动的帖子,一般会不会被删,因此推广时不要放过版主帖	节假日前几天,论坛里会发一些节日帖,推广人员可以带着品牌的链接,参与节日活动的讨论	技术帖常常是一些有地位的人发的帖子,主要是技术上的一些交流,企业推广人员可以参与其中

◆ 图 7-15　论坛常见类型的帖子

❷ 尝试多种外链法

论坛链接签名只具有短期的效果，虽见效快但是掉的也很快，企业想要发出去的链接长久的不被删除，就必须无时无刻都要在论坛里回帖、选帖，所以短期外链在人员充足的情况才能有成效。

在人员和成本的考虑下企业要尽量尝试其他的外链方法，不要只专攻论坛链接签名档，企业可以同时做一些长期的外链方法，途径一般有博客、空间或者百度知道等，这些长期外链对于企业来说会节省很多工作量。

7.2.4 用软文吸引消费者

发帖是论坛推广的重中之重，帖子是维持论坛活力的不可缺少的活动，逛论坛看帖子已成了网上浏览的重要组成部分，因此只要帖子写得好，才能吸引网民阅读、回帖，甚至是转发。

想要在论坛上进行服装品牌推广，就得发软文，在这个眼球经济的时代，网民就是企业决定在论坛上炒作软文帖子的重要因素。如何把软文帖子写得有吸引力呢？笔者总结了以下四种方法，如图 7-16 所示。

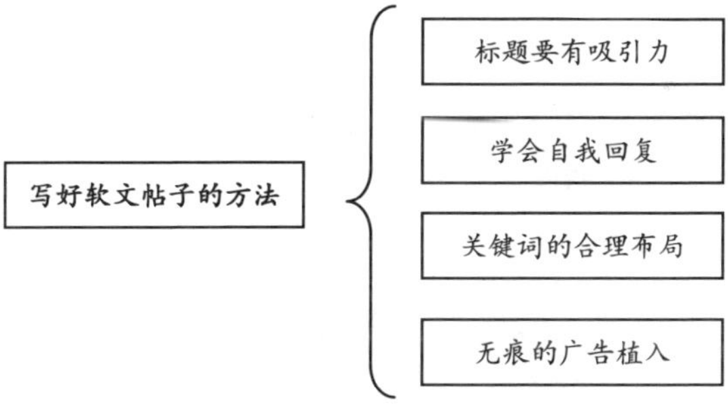

写好软文帖子的方法
- 标题要有吸引力
- 学会自我回复
- 关键词的合理布局
- 无痕的广告植入

◆ 图 7-16 写好软文帖子的方法

❶ 标题要有吸引力

如今，是一个快节奏的时代，大部分网民上网的初衷就是在互联网上寻求一些放松，又怎么可能花费大量的时间，在互联网这个海量资讯媒体上，把所有的文章都看完，那是不现实的，因此服装公司或企业必须抓住用户对信息新奇度高的特点，利用足够吸引人眼球的标题，赢取高点击率。

在撰写标题的时候，服装企业要站在消费者的角度来思考，选择出最能吸引消费者的标题，现笔者总结了如图 7-17 所示的几点写标题的注意事项，供企业参考。

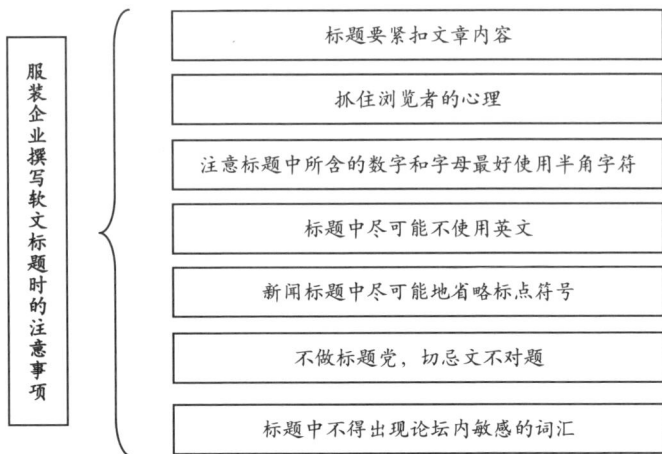

◆ 图 7-17　企业撰写软文标题时的注意事项

❷ 学会自我回复

在论坛里有些帖子会出现高点击低回复的情况，这样帖子很容易沉底，没有多大的用处。因此，服装企业的发帖人员要学会自己跟自己回帖，利用自己其他的账号。

在不同 IP 的情况下，给自己的帖子回复不一样的东西，要知道自助者天助，只要不露出太多的马脚，不要让每个账号回复的评论语气都是一个感觉，就差不多可以让自己的帖子暖起来。然后就能得到流量，吸引网民大片"围观"。

专家提醒

这是在账号足够多的情况下，才能得到这么个效果，如果没有几个账号，在自己暖帖这一过程中，就会无法动弹，只能放弃论坛推广了吧。

❸ 关键词的合理布局

企业在撰写软文时，不能只注重软文的质量，还要注重关键词的密度分布，关键词能起到很重要的作用，读者读完一篇文章后，关键词在文中出现的频率决定了该关键词在读者脑海中留下的印象，同时，关键词还决定着软文被搜索引擎收录的概率，如果关键词密度大，能够扩大软文被阅读的人数。

有人说过，一篇好的软文，不仅仅是那种用华丽的辞藻堆积而成的，应该是关键词贯穿于整篇软文，却不让网民在阅读时很明显的发现。

❹ 无痕的广告植入

如果服装企业发布的软文是为企业做服装品牌宣传的专用的广告帖，那么软文的撰写就一定要有技术含量了，将广告巧妙地植入才是最高明的手法。

7.3 服装 + 论坛推广经典案例

在服装行业，有很多论坛推广成功的案例，本节笔者为读者介绍几大服装品牌论坛推广案例。

7.3.1 韩都衣舍：通过论坛推出活动

韩都衣舍电商集团创立于 2006 年，是中国最大的互联网品牌生态运营集团，如图 7-18 所示为韩都衣舍的官方贴吧。

◆ 图 7-18 韩都衣舍官方贴吧

为了对品牌进行推广宣传，2016 年，韩都衣舍在百度贴吧上开展了一场"韩都十年，同 young 等你 show！"活动，该活动的规则如图 7-19 所示。

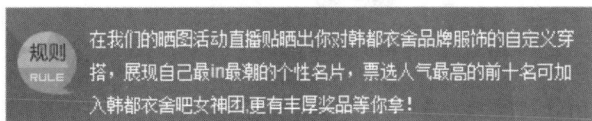

◆ 图 7-19 活动规则

该活动的奖项设立如图 7-20 所示。

奖项
PRIZE

得票数第 1—3 名，韩都衣舍 100 元无门槛优惠券+韩都十年限量价值 100 元奖品；

得票数第 4—6 名，韩都衣舍 50 元无门槛优惠券+韩都十年限量价

◆ 图 7-20　活动的奖项设立

该活动共有 40 人次参加比赛，参赛选手可以通过转帖来进行拉票，在参赛的过程中帮助韩都衣舍进行宣传。

7.3.2　A21：通过论坛连接网站

A21 是以纯集团的一个子公司，主打年轻时尚品牌，融入了欧美简约的风格，在以纯吧上，有一则名为"以纯 A21 官方旗舰店★优惠促销了哦！大家来看看吧"的文章，就是推广 A21 官方旗舰店的，如图 7-21 所示。

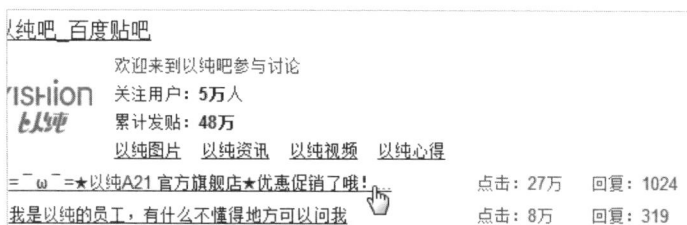

以纯吧_百度贴吧

欢迎来到以纯吧参与讨论

关注用户：**5 万**人

累计发贴：**48 万**

以纯图片　以纯资讯　以纯视频　以纯心得

=￣ω￣=★以纯A21 官方旗舰店★优惠促销了哦！　　　点击：27 万　回复：1024

我是以纯的员工，有什么不懂得地方可以问我　　　点击：8 万　回复：319

◆ 图 7-21　推广 A21 官方旗舰店的帖子

从图片中可以看出，该帖子的点击量达到了 27 万，回复个数为 1024 个，消费者单击链接，进入帖子，就能看到楼主写的正文中，附有 A21 官方旗舰店的链接，如图 7-22 所示。

=￣ω￣=★以纯A21 官方旗舰店★优惠促销了哦！大家来看看吧　　只看楼主　收藏

YISHION
以纯

以纯a21旗舰店

大家看看吧，希望对大家购买有帮助哦！！天猫正品，发票联系

A21为以纯的网络专售品牌

a21官方旗舰店：http://dwz.cn/2vbAt6

◆ 图 7-22　帖子附有 A21 官方旗舰店的链接

当用户单击该链接时，系统就会自动跳转至 A21 的天猫官方旗舰店网站，如图 7-23 所示。

◆ 图 7-23　A21 的天猫官方旗舰店网站

　　A21 通过这种方式，既能够为 A12 的天猫旗舰店引流，又能够起到品牌推广的作用，还能够宣传品牌活动，带动消费者进行消费。

8

CHAPTER

电商行业
——视觉推广

8.1 电商 + 视觉推广快速入门

电商视觉营销，顾名思义，是电子商务 + 视觉营销的结合体，是电子商务企业利用视觉上的冲击，来捕获消费者的注意力。

其具体的定义是指电商企业通过视觉营销方式，来引起消费者共鸣，从而达到营销目的的一种营销推广手段。对于电商来说，电商视觉营销的关键主要在于如图 8-1 所示的方面。

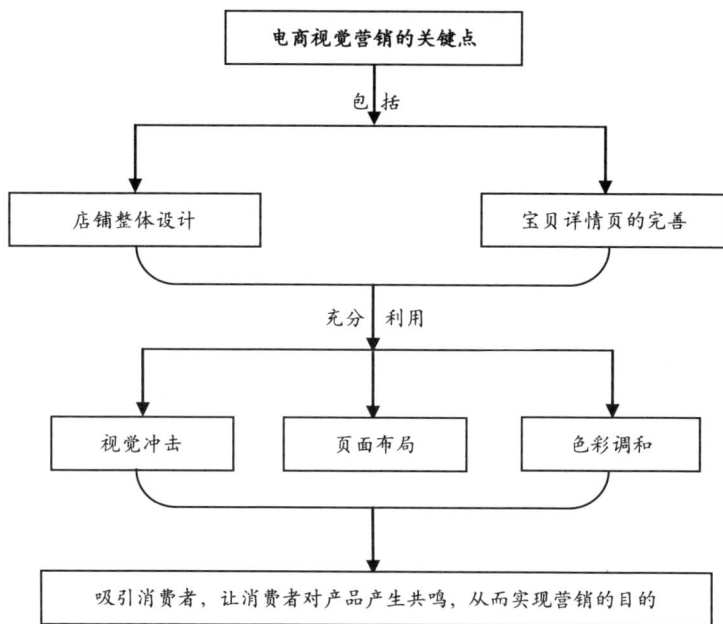

◆ 图 8-1　电商视觉营销的关键点

电商视觉营销的目的是通过个性、漂亮或纯净的版面让消费者受到冲击或感到舒服，将吸引人的图片与充满噱头的文案相结合，告知消费者相关的营销信息。

例如，某卖服装的电商店铺，以"卡路里情报局"为主题，以"体操"、"马甲线"、"腹肌"为噱头，将它们串成简单、精美的文案，来对消费者传递夏天到来了、店铺新品上市了等消息。

同时，搭配具有特色的、充满个性的图片，给消费者心里留下鲜明的品牌形象和产品风格，再加上极具个性和档次的产品特写，条理清晰、制作别致的主题海报等一系列精细化的视觉营销手段，让众多消费者为其倾倒。

简单来说，电商视觉营销的本质是以视觉为手段，以营销为目的的一种营销推广手段，而所有的视觉效果又是营销目标的前提。所以，一个电商网站要使自己获得收益，就要利用视觉冲击感来吸引消费者，提升品牌文化在他们心目中的印象。

8.1.1 精细化与交互设计

对电商网站或店铺来说，精细化的视觉营销与交互设计是电商视觉营销策略中最重要的两点内容。那么，到底什么是精细化的视觉营销呢？什么是交互设计呢？

❶ 精细化的视觉营销

精细化的视觉营销是指不放过图片上的任何小细节，只要是能放大视觉效果的因素，都将它转化为最舒适的视觉效果，相关介绍如图 8-2 所示。

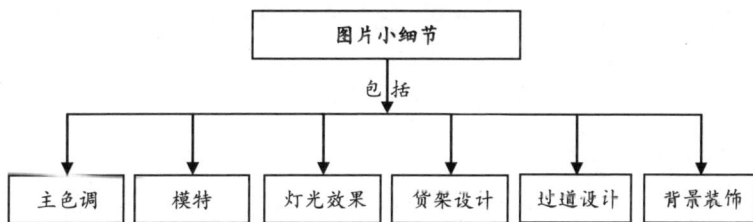

◆ 图 8-2 图片小细节

❷ 交互设计

交互设计是指利用简洁的文字和风格相同的图片进行网站或店铺整体设计，使得整体页面相互协调，统一步调，不杂乱无章，进而创造出消费者想用的东西、有吸引力的事物，来激发消费者的渴求。

总之，电商企业只要抓住电商视觉营销最重要的策略，定能吸引消费者的眼球，使他们长时间的停留在网站或店铺页面，促进消费者购买产品，形成利润。

8.1.2 文案与视觉营销

电商视觉营销与文案是相辅相成的，谁都不能离开谁，将美观的图片和文字、具有"爆点"的文案进行结合，能够相互补充、相互延伸，形成一个非常吸引人的创意理念。

❶ 互相补充，各自延伸

电商视觉营销与优美的文案相搭配，是对各自的延伸，可以让消费者扩展遐想空间，形成较为全面的产品画面。

❷ 改变单一的枯燥

有些人会认为，只需要一个环节就可以了，如果电商视觉营销中的产品图片和文案在一起会显得有些重复，其实不然，图片有了文案的搭配才会显得层次分明，会使得原本枯燥的文案，显得有生气，并形象生动的使文案的内容环环相扣，有头有尾。

❸ 增添彼此的趣味性

电商视觉营销中的产品图片与文案搭配在一起，还可以相互增添彼此的趣味性，比如，插画、漫画等，如果漫画缺少了文字，则很难知道漫画要表达什么，如果漫画缺少了图片，则失去了生气以及阅读的乐趣，不管是缺少了谁，都将失去趣味性。

❹ 使主题一目了然

精美短促的文案搭配视觉效果强的图片，能使主题一目了然地呈现在消费者的面前，并且主题能准确无误地表达出来，使消费者更加深入了解产品的特征，促进营销目的。

8.1.3 视觉营销之卖点文案

卖点营销文案，就是利用产品卖点来吸引消费者，消费者看到具有卖点图片后，则能找到购买这个产品的理由。

卖点营销文案一定要语句简练，千万不要用过多的文字去诠释卖点，这样会让消费者失去耐心，就算他们阅读完，也不会产生过多的购买欲望，总之，要做到用少量的文案，直冲消费者的心房，让他们无法抗拒购买欲望。

对于电商企业的卖点视觉营销方案来说，一次性不要放置太多的卖点，最好是放置一个最吸引人、最核心的卖点，这样才不会显得杂乱，还能具有一定的说服力。

很多电商企业在制作卖点营销文案时，常常陷入"最"的误区，总以"第一"、"最好"、"最耐用"等词汇，来突出产品的卖点，这样并不能冲击到消费者的心理防线，只会让消费者产生"真的是最好的吗？"、"真的耐用吗？"等疑问，下面就来讲几种最基本的卖点视觉营销文案方法。

❶ 打破传统思维

所谓的打破传统思维，就是不随波逐流，利用反思维进行诠释卖点，例如，当其他企业都说自己产品是最好的时候，指出产品在怎样的情况下是不好的，也许会出人意料地引起消费者的注意力，下面列举两个房产的文案：

▶ 第一则：我是最好的、奢华的、温馨的房子；

▶ 第二则：我虽然不是最好的房子，但我却是最温馨的。

这两则文案，第一则是传统的文案思维，就是不断地夸奖自己的产品有多好；第二则文案则是打破传统思维，通过阐述不好的来突出自己好的地方，反而给消费者留下深刻的印象。

由此可见，非传统思维的文案带有一丝谦虚，这可以让消费者很舒适的接受其中的文字信息，而传统思维下的文案则具有太强的商业化性质，而且在电商营销圈子里，早已是司空见惯，毫无新意可言，很有可能使消费者产生抵触心理。

所以，逆向思维突破常规，是一种非常容易吸引消费者注意力的方式，也是一种与其他同类型产品产生区别的方式，便于消费者在众多的同类产品中识别自己产品的一种方法。

❷ 提取励志故事

人们总是习惯性地去注意一些成功人士的故事，或者是对一些不可思议的事情感到好奇，如果电商企业制造励志文案，则会很容易引起消费者的关注，如"励志哥从 0 基础到月薪 10 000 的故事"、"他 53 岁开始学习英语，成效惊人"、"她是如何进入渣打银行工作的？ 3 天，迅速拿到外企 offer！"等。

❸ 利用热点话题

在如今信息大爆炸的时代，热点话题往往能成为人们关注的焦点，将卖点文案与当下的热点话题联系在一起，可以凭借热点话题的关注度，吸引消费者的眼球。

8.1.4 视觉营销之痛点文案

抓住痛点进行视觉营销文案，电商必须让自己站在消费者的角度想问题，罗列出消费者会面临的问题，因这些问题入手，将问题的解决方法融入文案里，即可写出一个比较好的痛点营销文案。

很多电商企业，都不知道怎样抓住消费者的痛点，很多时候都是靠文案制作者昙花一现的灵感。其实电商企业想要写出痛点营销文案，只要从以下几个方面结合产品展开思维联想即可。

❶ 安全感

给消费者带去安全感，就是满足消费者最基本的心理需求，把产品的功用和安全感结合起来，不仅能让消费者感到舒心，还能直冲消费者的"痛"处。

❷ 情感

爱情和亲情是人类最大的需求和欲望，也是人类最不能缺少的方面，若将产品与爱情相结合，可以从消费者的懵懵懂懂的初恋入手，如关于苹果的痛点营销文案可为"甜过初恋"；若将产品与亲情相结合，可以从亲人逐渐老去入手，如关于相机的痛点营销可为"以前是她记录你长大的每一瞬间，如今由你留住她那宝贵的时光。"。

❸ 支配

随着时代的进步，人们越来越向往自己能掌控生活的方式，这种掌控感不仅是对生活的一种自信，还是一种超越自我的享受，如果电商企业在文案中带有"我的生活我做主"、"某某产品由你支配"等字眼，那么在消费者心中会引起一定的反响。

❹ 针对群体

电商企业可以通过划分群体，让消费者自己对应进去，可以从成功人士、时尚青年、家庭主妇、12 星座、生肖等诸多形容人的群体标签下手。

8.1.5 视觉营销之产品文案

产品营销文案在电商中运用非常广泛，其文案直接扣住产品特点，并与图片相结合而形成的，产品营销文案一般没有限定字数，但最好是在30个字以内，这样可以避免消费者失去耐心注意企业产品文案的情况。下面就看一则产品视觉营销文案，如图8-3所示。

◆ 图8-3　产品视觉营销文案

从这则产品营销文案示例可知：

▶ 文案要能够描述产品的核心功能；

▶ 文案必须具有可读性；

▶ 最好直接阐述产品功能；

▶ 文案与图片要相符；

▶ 文案设计要有阅读层次性，以渐进式的文字设计引导用户认知产品。

8.1.6　主图构图方式

在电商中，主图常用的构图方式有9种方式，如图8-4所示。

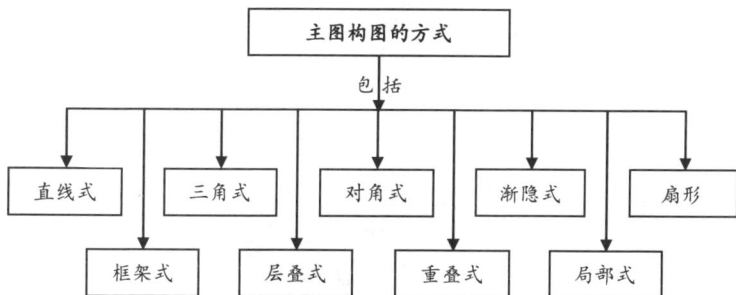

◆ 图8-4　主图构图的方式

电商企业只有掌握了这9种构图方式，才能进一步进行主图的优化，对电商视觉营销起到一定的美化作用，下面来看几则主图构图示例，如图8-5所示。

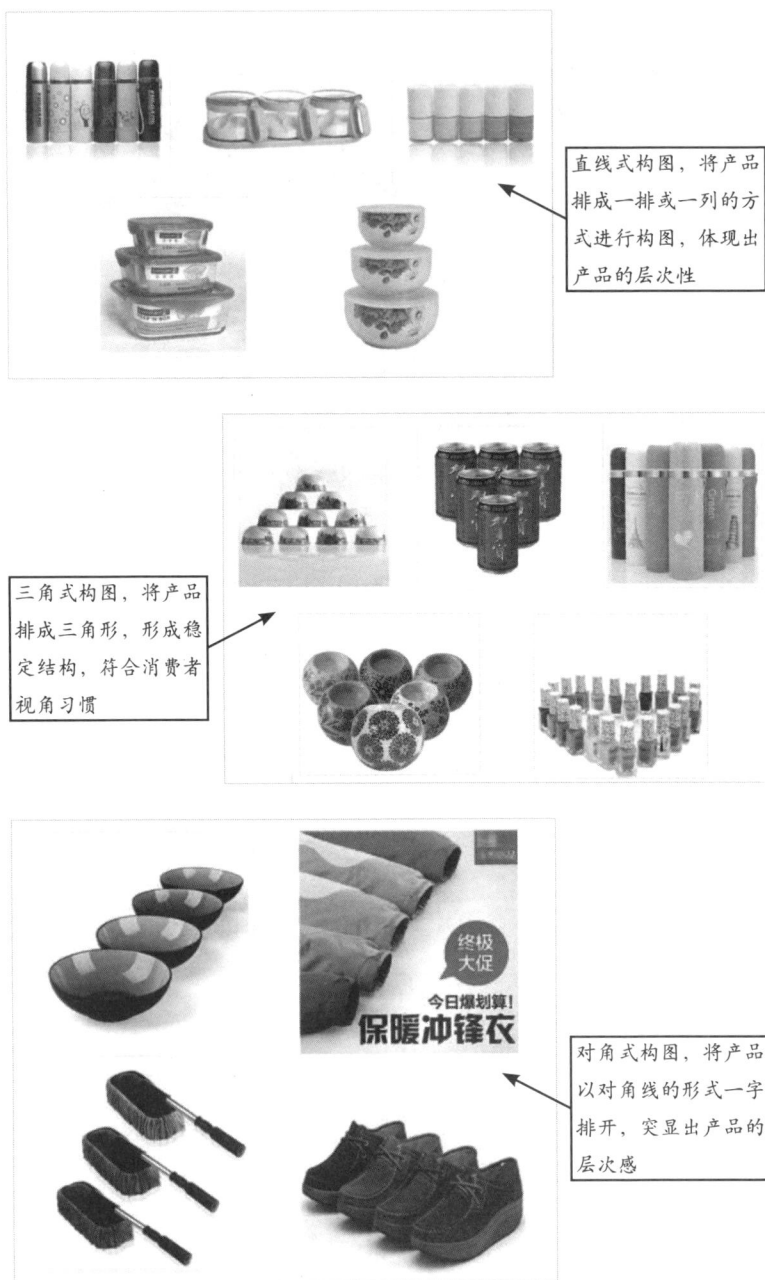

直线式构图，将产品排成一排或一列的方式进行构图，体现出产品的层次性

三角式构图，将产品排成三角形，形成稳定结构，符合消费者视角习惯

对角式构图，将产品以对角线的形式一字排开，突显出产品的层次感

◆ 图8-5　主图构图示例

渐隐式构图，呈现出产品虚化的状态，给消费者一种神秘的美感

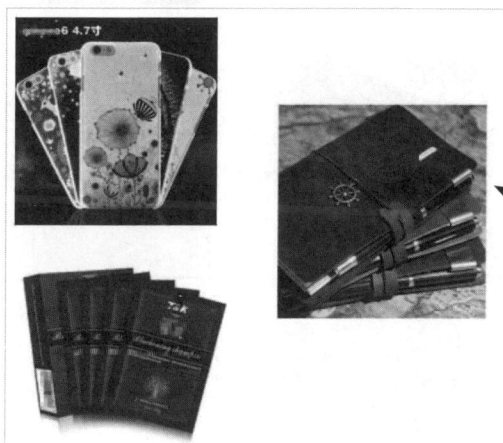

扇形构图，像扇子一样排列，使产品图不显得呆板

框架式构图，分为两种：平均分配构图和不对称构图

平均分配构图

不对称构图

◆ 图8-5　主图构图示例（续）

层叠式构图，将产品一层层叠在一起，突显出产品层次分析的质感

重叠式构图，将产品重叠在一起，一般体现出产品的厚度和薄度

局部式构图，展现产品的某个角度，利用细节来突出产品的特性

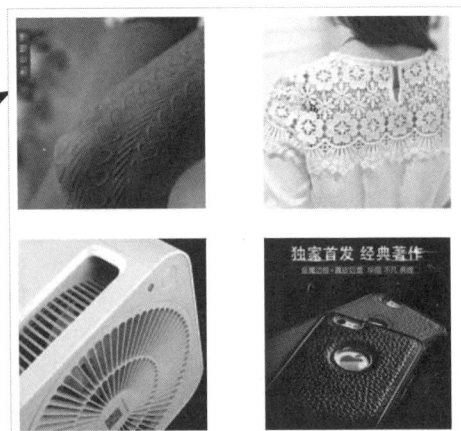

◆ 图 8-5　主图构图示例（续）

8.2 电商 + 视觉推广技巧

电商的视觉推广营销中，需要应用到很多技巧，本节笔者为读者介绍电商行业的视觉推广营销技巧。

8.2.1 主图要尽量做出差异化

在电商视觉营销中，千万不要把自己的产品主图，做成千层不变的样子，那样只会让消费者产生视觉疲劳，没有想深入了解产品并点击的兴趣，所以，为了迅速地刺激消费者的眼球，应做到产品图片的差异化从而产生点击的概率更高。

差异化对于同种类型的商品来说，基本上可以从以下几点出发：

▶ 产品展示背景不同；

▶ 不同的拍摄角度；

▶ 不同的展现，比如，包包可以摆放不那么规正、用模特展示等；

▶ 不同的模特展示状态；

▶ 不同摆放方式；

▶ 不同的产品特点。

8.2.2 善用对比方法展示图片

对比图，顾名思义就是物体与物体进行对比，在电商中对比图是指，利用一个可以体现产品特色的物体经行对比。

例如，想要体现红枣的个头比较大，可以选择鸡蛋进行对比，这样可以体现出自己家的红枣比一般红枣大；又如，想要体现出静脉曲张袜的瘦腿功效，就可以选择一个模特一条腿不穿袜子，一条腿穿上静脉曲张袜，这样可以展现出瘦腿的功效。

专家提醒

电商在运用对比图时，需要注意的是千万不要选不合适的对比物体进行对比，那样只会适得其反，比如，为了体现出红枣的大，就选择跟篮球比，那就含了较大的夸张成分了，会使消费者离自己的店铺越来越远。

8.2.3 善用背景图突出意境

在电商的主图优化中，背景图会占很重要的一部分，所谓的特殊背景图，就是指加一些比较有意境的，看上去高档的、甚至是古色古香的背景图都可以称之为特殊背景图，其实再简单理解，就是除了单色调的背景图之外，只要是能突显出某种意境的图片都可称为特殊背景图。

8.2.4 模特俯拍自拍图突出美

如今随着手机的快速发展，自拍已经成为人们的家常便饭，几乎年轻人都用过手机自拍，而都习惯用俯拍45度进行自拍，那样会显得自己的脸型比较瘦、尖，是人们常用的一种自拍方式。

而在电商主图优化中有一种名为俯拍自拍图，基本上是由模特自己拿着产品拍摄的，这种优化方法很适合服装行业，可以提升漂亮的模特和衣服的匹配程度，消费者看到这样的图片，会觉得是衣服衬出模特的美，而不是模特本身就美。

8.2.5 利用创意情境图美化产品

创意情景图，是指利用发散性思维，想出有创意的情景，将产品带入情景中，并且还要突显出产品的某一特点，如果创意情景切合产品特点，那么一定能引起广大消费者的注意，并且还有可能使消费者在与朋友交谈时提及产品创意，又做了一次免费推广。

如果企业实在想不出个性创意，可以直接从产品特点下手，并且可以结合点播图，所谓点播图是指可以被消费者点击并播放视频的图片，如果是灭蚊剂，可以拍摄灭蚊子的整个过程，或者是制作一个幽默风趣的动画，也是不错的想法。

8.2.6 利用恶搞图来吸引消费者

在视觉营销里的主图优化有一种名为恶搞图的方法，恶搞图是指利用诙谐、搞笑的话术和图片来描述产品特点或纯属推出商品，吸引消费者的眼球，下面就来看几则图示例，如图8-6所示。

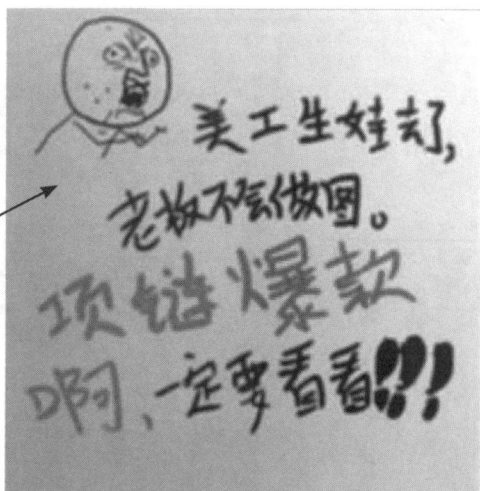

虽然没有上产品图片，但是那轻松搞笑的语句，还是非常诱惑消费者想去看一看所谓的爆款项链的

◆ 图8-6　恶搞图

8.2.7　利用恐吓图来衬托产品

恐吓图并不是用来恐吓消费者一定要来买自己的产品，而是揭露恐怖的行业内幕，后者是不良内幕，在揭露的过程中，并给消费者灌输自己家的产品绝对不是这样的，绝对是良心商品。

8.2.8　奇思妙想的想法来打造产品

奇思妙想，就是挖掘到产品的戏剧性特点，然后将其发挥到极致，但是需要注意的是，尽管是奇思妙想，但不能脱离产品主题，最好是针对消费者心理，进行脑洞打开的想象，奇思广义的进行文案的创作，如图8-7所示。

将内衣拟人化，抓住了产品的特点

◆ 图8-7　奇思妙想的创意

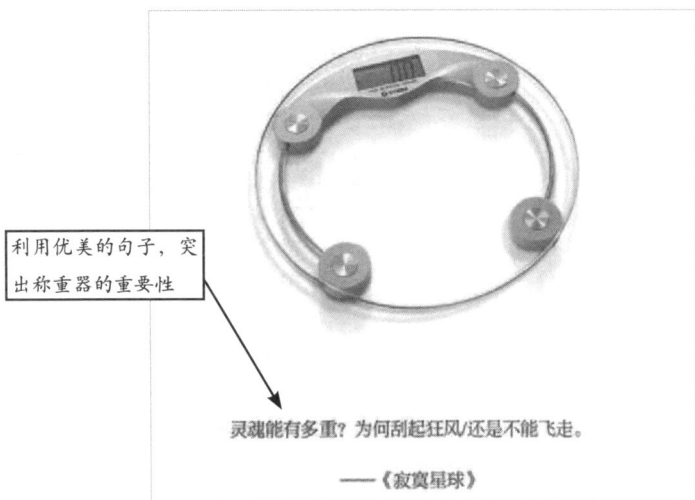

利用优美的句子，突出称重器的重要性

灵魂能有多重？为何刮起狂风/还是不能飞走。

——《寂寞星球》

◆ 图 8-7　奇思妙想的创意（续）

8.2.9　要选定好一个风格

电商图片在制作文案和主题之前，就应该决定好一个风格，以风格为基础，进行文案的装卸及图片主题的选定，所以说，风格的选定是极其重要的。

在图中，风格的作用就是引起消费者的共鸣，营造氛围，将消费者带入到氛围中，身临其境搬的在某种氛围里，体会文案所说的内容，产生某种程度上的共鸣，甚至勾起消费者的购买欲望。

8.3　电商＋视觉推广经典案例

在之前的章节里学习到了很多关于电商视觉文案的知识，可是知道理论知识是不够的，在自己实践之前，应该多看一看其他优秀的电商视觉文案案例，从中取其精华的部分，进行学习或设为榜样，本节将以吃、穿、住、玩 4 种行业进行电商视觉文案案例大放送。

8.3.1　食品：秀色可餐的视觉案例集锦

随着互联网的发展，各行各业都已经投奔到互联网行业中，很多企业都踏上了电商的道路，就连食品行业也不例外，并且有很多食品行业在电商中做得如鱼得水，下面就来欣赏电商食品行业优秀的视觉文案，从中吸取有用的知识。

❶ 主图

食品行业的主图一般都是"看着就很美味"的类型，只要能引起消费者的食欲，就能产生一定的点击率，如果主图上再加上鼓舞人心的文案，如促销信息、价格等，那么绝对会引起消费者的购买欲望，下面就来欣赏电商食品行业优秀主图视觉文案，如图 8-8 所示。

层叠构图
食品用层叠构图，可以让整个图片都饱满起来，使消费者看着非常有食欲

点明分量
在电商食品行业中主图点明分量是常用的方式，因为一般消费者会想知道，在一定价格内产品的分量是不是划算的

活动
显示出活动主题，在图中以产品图为主，活动为辅

◆ 图 8-8　电商食品行业优秀主图视觉文案案例

卖点
食品主图可以从食品的材料着手，找到卖点，给一个消费者购买的理由

点明销量
点明销量能让消费者对产品的防御度减小一些，一般消费者选择产品时都有羊群效应的因素存在，如果他们看到有很多人购买一个产品的话，则会勾起想购买的欲望

注重文案
这种主图是将文案变成了重点，产品图片变成了辅助点，文案中带有促销信息，并且利用幽默语言来完成文案的撰写，只是这种方式的主图需要慎用，虽然它会在其他形式主图中标新立异的存在，更容易吸引消费者的眼光，可是如果文案不够吸引人，定不会让消费者产生点击的想法

◆ 图 8-8　电商食品行业优秀主图视觉文案案例（续）

专家提醒

食品行业的主图，只要记住一点核心思想，就是使图片显得秀色可餐、卖点独特、一幅图上不要有过多的促销文案即可。

❷ 直通车图

直通车图泛指淘宝推广图，在其他的网站上也有类似的区域，下面就拿淘宝直通车图进行示例讲解。

一般食品直通车图与主图的要求是差不多的，图片能勾起消费者想吃的欲望，就算成功，不过直通车图主要的还是促销、活动的部分，下面就来欣赏电商食品行业的优秀直通车图视觉文案，如图 8-9 所示。

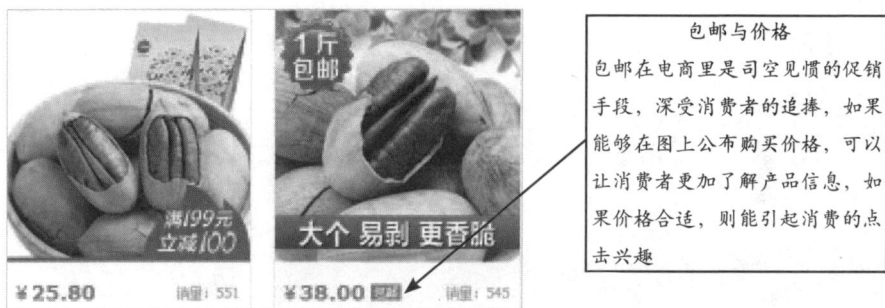

包邮与价格

包邮在电商里是司空见惯的促销手段，深受消费者的追捧，如果能够在图上公布购买价格，可以让消费者更加了解产品信息，如果价格合适，则能引起消费的点击兴趣

◆ 图 8-9 电商食品行业优秀直通车图视觉文案案例

食品直通车图的构成有几种模式，如果电商没有好的想法，可以根据以下几种模式进行食品行业直通车图的制作：

▶ 有诱惑力的产品图 + 活动文案 + 活动时间 + 价格；

▶ 有诱惑力的产品图 + 促销文案 + 产品分量；

▶ 剖析产品内部图 + 卖点；

▶ 有诱惑力的产品 + 促销文案 + 销量。

❸ 广告图

广告图就像是产品的代言人，消费者看到广告图可以直接决定对产品印象的好坏，如果广告图能吸引到消费者的目光，那么产品很有可能被卖出去，如果广告图给消费者看一眼就不想看了，那么产品更不会被消费者注意了。

电商食品广告图很简单，就是直接以产品 + 促销信息展示到消费者的面前，下面就来欣赏电商食品行业优秀广告图视觉文案，如图 8-10 所示。

加入二维码
广告图除了由促销文案＋产品图组成，还加了扫二维码由惊喜的设计，这能勾起消费者的兴趣以及参与积极性

与文案结合图
此图的颜色配色能让人在夏日感到一丝宁静的感觉，再加上产品图与文案相结合，具有让消费者想瞬间忘掉酷暑的魔力

制造限制
此广告图将背景虚化来突出产品图片，将图片与文案一分为二的排列，鲜明的突出广告主题，再以"限量"、"送酒庄游"，来鼓动起消费者的购买欲，催动消费者加快购买的心思

使用礼品
此图以左-中-右的形式构图，左右两边放置礼品，中间放置产品，以送礼品的方式折射产品促销活动，图片＋文案的搭配使得整个页面很舒适，容易让消费者的视觉集中在促销的主题上

◆ 图 8-10　电商食品行业优秀广告图视觉文案案例

电商食品行业的广告图必须注意整个图片的色彩协调性，是否能突出产品的美味性，并且可以将促销信息和送礼品放置在一起，合理进行广告图的制作，切记食品广告图中一定要有产品图片的存在，不然就不能引起消费者的注意力，很容易被忽视。

8.3.2 服装：注重视觉细节的案例集锦

在电商里服装行业是非常火爆的，所以也很容易出现比较好的电商视觉文案，下面就来欣赏服装的电商视觉文案。

❶ 活动

对于消费者来说，同类产品选择多了，就会开始从产品的创新、促销手段、活动力度等方面进行层层挑选，选择一个看上去舒适、符合消费者心理的产品。

一般服装行业的活动视觉文案，必须具有活动主题、活动时间、活动要求，如图 8-11 所示。

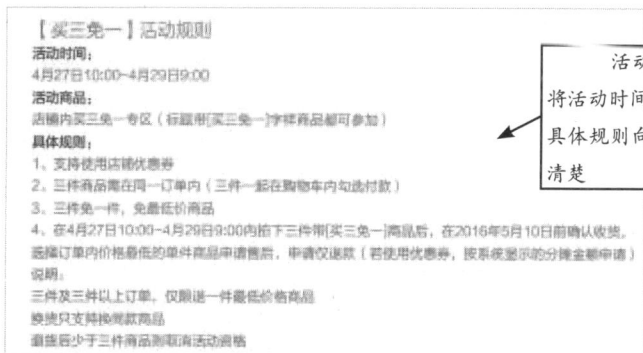

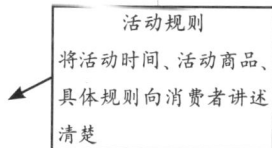

◆ 图 8-11 活动视觉文案

服装行业活动图要求其实跟食品行业活动图的大同小异，只要记住一点，就是用简单的话语描述关于活动所有重要的内容、不出现图片排版空洞的情况、不出现冲突色彩现象，那么服装活动视觉文案就能成为优秀的活动视觉文案了。

❷ 广告图

广告图一般是体现促销信息的图，并且广告图的风格很重要，这是决定消费者是否能被广告图给吸引的重要因素，并且一般广告图需要注意构图方式、是否突出促销主题、是否具有一个独特的风格等问题，下面就来欣赏优秀的广告视觉文案，如图 8-12 所示。

广告主题
用显眼的位置、字体、颜色，突出广告主题

◆ 图 8-12　广告视觉文案

服装广告视觉文案，应该将促销文案放在最醒目的位置，字体稍微大一些，在广告图上还可以加一些突出产品特定的元素，比如，服装的细节、服装的材质等，增加消费者快速了解产品的机会。

❸ 首页

首页在电商中能树立品牌形象、分流引导消费者关注产品信息以及是配合营销的好帮手，所以首页的设计尤为重要，只要将首页的各模块视觉文案做到位，则能形成人们口耳相传的优秀视觉营销文案，下面就来欣赏优秀的首页，如图 8-13 所示。

首屏

首屏一般是进入消费者眼中的第一屏，这里利用了轮播的方式放置首屏，用绿色＋模特＋文案，给消费者营造出了绿色健康的氛围，并且文案用拟人手法，加强了阳光、活泼的氛围，并且突出了服装材质舒服、透气的特点

一句话文案

用"坐下来，吃个饭"给消费者营造出心安、宁静的氛围，可以增加消费者对产品的信任度，并且增加了消费者对每周二新产品的期待程度

店招与导航条

导航栏目以产品类别分类，很容易让消费者找到自己想要的产品，并且店招不单一，设计、排版很合理，符合店铺整体田园风格

◆ 图 8-13　首页视觉文案

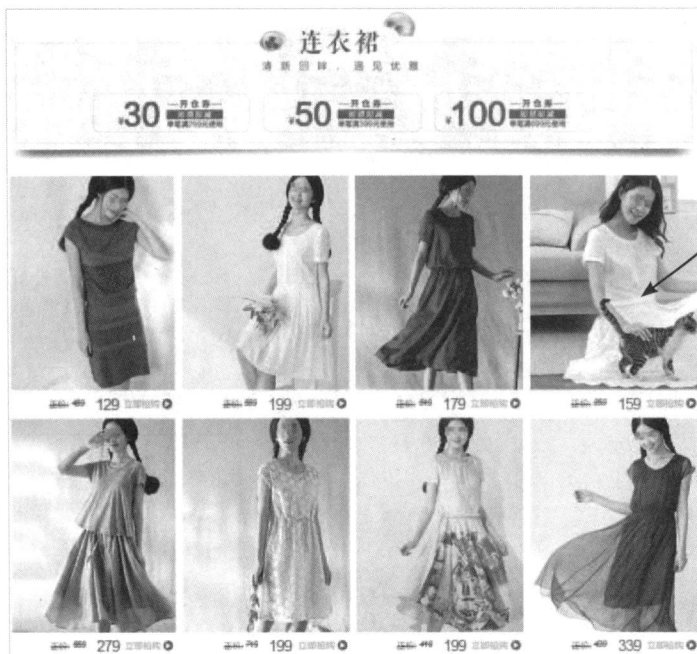

陈列

这是属于普通陈列，简单明了地展示在了消费者的眼前，并且以产品类型来划分陈列的，产品图简洁大方展示出了产品的特点，并且以促销文案来推动消费者产生购买兴趣

◆ 图 8-13　首页视觉文案（续）

　　首页的首屏是由店招、导航条、首焦（广告图、海报）组成的，这 3 格组成部分一定要在色彩、风格上达成一致性，不能方差太大，那样会显得很突兀，模糊品牌定位，破坏视觉上的呈现。

专家提醒

　　电商服装行业的优秀首页需要注意的就是，将整个首页的色彩搭配成最能让消费者的视觉感到舒适的效果，并且整体页面应具有逻辑性，在首焦上多使用一句话文案，将消费者带入到文案的情境中，引起消费者的共鸣，模特图片要美观，活动图不要放置过多的文案。

8.3.3　家纺：优秀视觉营销文案集锦

　　随着互联网的发展，消费者的生活需要，家纺行业也慢慢地进军电商，直到今日家纺行业已经在电商领域站住了脚跟，消费者开始热衷于在网络上购买质量与实体店没区别的、比实体店稍微便宜的家纺产品，下面就来欣赏家纺行业在电商中优秀的视觉营销文案。

❶ 主图

家纺行业的主图通常非常的简洁，下面就来欣赏电商家纺行业优秀主图视觉文案，如图 8-14 所示。

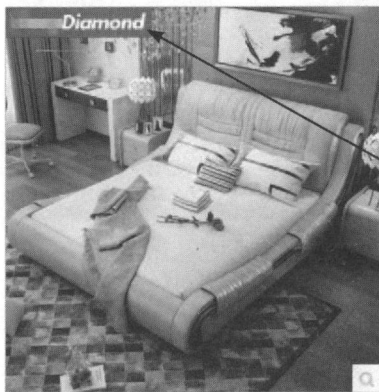

产品 + 品牌 logo

这是家纺行业常用的主图显示方式，这种方式主要是让消费者自己挑四件套的款式和品牌，效果还是不错的

给安全感

"给安全感"不管在哪个行业都是推广产品惯用的手法。而所谓的"给安全感"就是用文案来给消费者作保证，使消费者放下心中的防备心理，进行购买产品

加入文案

加入一句话文案，可以增加消费者对产品的了解，不够文案字数不要太多，一句话即可，文案最好是突出产品卖点

◆ 图 8-14　电商家纺行业优秀主图视觉文案案例

角落放促销标签
为了不破坏家纺产品展现的美感，很多家纺企业经常将促销信息放到主图的右上角

◆ 图 8-14　电商家纺行业优秀主图视觉文案案例（续）

　　家纺行业的主图是属于简洁型的主图常用模式是"品牌 logo+ 产品"，简洁大方地展示到消费者的面前，便于消费者挑选，而那种加入文案的主图，一般很少出现，当然家纺行业的主图是绝对不会少了加入促销标签，如包邮、全程 5 折、特价促销等，都可以放在主图上作为一大卖点，需要注意的是，促销标签不要放置太多了，就 1 个即可，并且最好是把促销标签放在图片的角落上，并免挡住产品图片的展示。

❷ 首页

　　家纺行业首页跟食品行业的首页大同小异，下面就来欣赏电商家纺行业优秀首页视觉文案案例，如图 8-15 所示。

畅享丝滑·极致体验
ENJOY THE SILK SLIP
点击了解

虚化背景
将背景虚化，更能让消费者将注意力集中在产品上

◆ 图 8-15　电商家纺行业优秀首页视觉文案案例

一句话文案
这张首焦图就用简单的 8 个字，将产品卖点淋漓尽致地体现出来

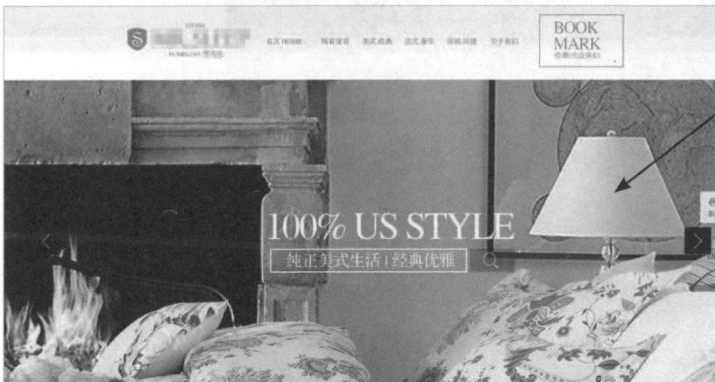

柔软·优质·安心
SOFT ASSURED
点击了屏幕

首屏
店招和导航条虽然精简却不失去可读性。搭配文案和产品图片，可以烘托整个店铺优雅、简约、美式生活的氛围

100% US STYLE
纯正美式生活 | 经典优雅

传授概念
这是一种独特的方法，在首页上一开始并不介绍产品，而是向消费者传授美式风格的概念。这无疑是向消费者传授知识也是潜意识告诉消费者自己的产品就能带给他们一种美式的生活

American Pastoral

◆ 图 8-15　电商家纺行业优秀首页视觉文案案例（续）

　　家纺行业的首页没有那么花哨，文案＋产品图片的形式比较多，并且喜欢以产品的风格来分类的情况比较多，总之电商家纺行业的首页需要有文案对产品的描述及风格的展示。

8.3.4 汽车：打动人心的视觉案例集锦

随着电商行业的火爆程度，各行各业都跻身进入电商，想方设法在电商行业混得如鱼得水，而汽车行业也不例外，下面就来欣赏电视企业行业的优秀视觉文案。

❶ 海报图

汽车行业的海报图一般都是“一句话文案”，下面就来欣赏电商汽车行业海报图活动图视觉文案案例，如图 8-16 所示。

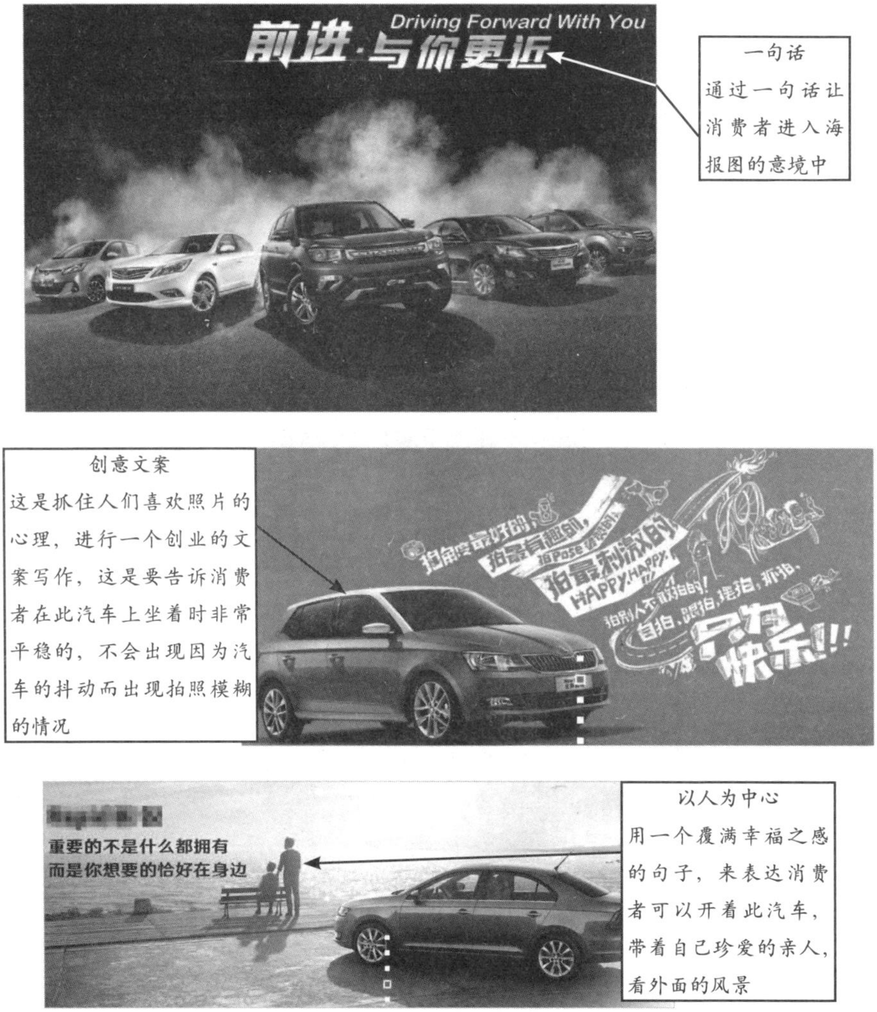
Driving Forward With You
前进·与你更近
一句话
通过一句话让消费者进入海报图的意境中
创意文案
这是抓住人们喜欢照片的心理，进行一个创业的文案写作，这是要告诉消费者在此汽车上坐着时非常平稳的，不会出现因为汽车的抖动而出现拍照模糊的情况
只为快乐!!!
重要的不是什么都拥有
而是你想要的恰好在身边
以人为中心
用一个覆满幸福之感的句子，来表达消费者可以开着此汽车，带着自己珍爱的亲人，看外面的风景

◆ 图 8-16 电商汽车行业优秀海报图视觉文案案例

汽车行业的海报图，其实就是利用"一句话文案"来刺激消费者的心房，用"文案＋图片场景"，勾起他们内心的渴望，从而使得他们对汽车感兴趣。

❷ 广告图

汽车行业的广告图与其他行业的不一样，它是一种直接体现价钱的广告图，下面就来欣赏电商汽车行业优秀广告图视觉文案案例，如图 8-17 所示。

一句话促销文案
利用一句话文案，让消费者立刻看到优惠的内容，将"借你8万，利息全免"的信息突出显示，很容易打动消费者

虚化场景
汽车广告图的背景虚化过后，会显得汽车在动一样，并且在广告图上以"分期购车"和车身空间大、气势足来吸引消费者的购买欲望

构图
将图片一分为二，展示出不同的促销活动，提供消费者自行选择。

◆ 图 8-17　电商汽车行业优秀广告图视觉文案案例

集中构图

此构图将消费者的视觉都集中在中心点，更容易使消费者注意到活动信息，同时用红色的背景显示出产品的奢华之感

直接点出价格

直接点出价格，可以让消费者自己心里有个底，看自己能不能接受这样的价格

创意构图

以"快乐"为主题，利用文案将促销信息给表达出来，整张图片富有创意，趣味性十足，很容易吸引消费者的目光

◆ **图8-17 电商汽车行业优秀广告图视觉文案案例（续）**

汽车行业的广告图文案，基本上是由"一句话促销信息＋场景"组成的，并且促销信息很全面，让消费者可以一目了然地了解促销信息。

9
CHAPTER

微商行业
——QQ 推广

9.1 微商 +QQ 推广快速入门

作为我国最大的即时通讯软件，QQ 已经融入了人们的生活中，它与人们的生活息息相关，因此，微商千万不能放过 QQ 营销这个重要的工具。

9.1.1 微商 QQ 头像的设置

关于 QQ 头像，微商最好使用自己的真实头像或者店面的标志性头像作为 QQ 头像，因为用自己的照片做 QQ 头像的话会给用户带来一种无形的信任感，如图 9-1 所示为卖内衣产品的微商——云香小姐用自己产品的图片做 QQ 头像的示例。

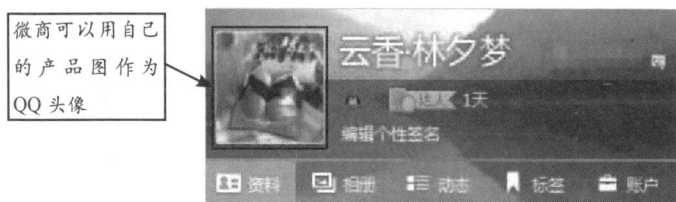

微商可以用自己的产品图作为 QQ 头像

云香·林夕梦
建×1天
编辑个性签名
资料   相册   动态   标签   账户

◆ 图 9-1　运用产品图做 QQ 头像的示例

笔者认为，头像不要做过多的修饰，因为 QQ 头像看上去并不大，如果修饰太多，很可能让用户看不楚头像的主要内容。

同时，除了用自己的真实头像外，微商用自己产品的 LOGO 做头像也是一种不错的选择。

9.1.2 微商 QQ 昵称的设置

同 QQ 头像一样，QQ 昵称的设置也有一定的技巧性，最好是用自己的名字来命名 QQ 昵称，为什么呢？原因如下：

▶ 实名就意味着诚信，采用真名命名 QQ 昵称的方法更能增加用户对商家的信任，例如，图 9-1 中的云香小姐，就是通过"真实名字 + 品牌名"的方式来命名自己 QQ 昵称的；

▶ 实名更便于消费者记忆，它会在一众传统的 QQ 昵称中突显出来，让消费者印象深刻。

当然，也不是所有商家都适合用自己的真实名字，因为有些人的名字比较普通，或是重名太多，难以突出特色，让人记忆深刻。

此外,除了用自己的真实名字外,微商还可以用自己店面进行QQ昵称的命名,如果是比较知名的微商品牌,命名就更加容易了,只要输入自己的微商品牌名就可以了。

专家提醒

商家除了尽量注意不要使用那些过于泛滥的名字或是英文名外,还要谨记不能随意更改名字,因为改名后可能很难让用户再找到你。

9.1.3 微商 QQ 资料的设置

关于微商的 QQ 资料填写,笔者要在这里重点强调一下,微商的 QQ 资料的填写必须丰富、真实,这样做的目的是给用户带来安心感,让用户觉得自己可靠与值得信任。虽然 QQ 资料造假换不来任何好处,但如果用户一旦发现商家资料造假,将会产生不可挽回的负面影响。

除了要真实填写 QQ 资料之外,微商还要注意 QQ 资料上的文字一定要正规并且规范,避免使用一些"非主流"文字,因为,对于微商来说,QQ 是用来做业务与推广的,如果用一堆"火星文",只会让用户感到反感。

9.1.4 聊天时要注意语气

微商在与用户沟通的过程中,随便使用"哈哈、嘿嘿、呵呵、晕、倒、啊、哦"等语气助词,很有可能给用户带来不愉快的心理体验。很多时候商家在利用 QQ 与用户进行沟通时,因为在聊天过程中用错了词汇,而使成交率变低。因此,笔者在这里奉劝各位微商,"细节决定成败",在与用户进行沟通的时候一定要注意自己的遣词造句。

9.1.5 聊天时要控制速度

众所周知,QQ 聊天主要是通过打字的方式进行的,微商在与用户聊天的过程中,要注意一个原则,就是要控制聊天速度,如下所示:

▶ 不能太快,让消费者还没有消化信息就冒出了更多的信息,应接不暇,而且如果商家打字太快,用户跟不上这样的速度,就会造成逻辑混乱,产生沟通障碍;

▶ 也不能太慢，聊天速度太慢，消费者可能会等得不耐烦。

因此，笔者给出的建议是，微商在聊天时，要尽量遵从"就慢不就快"的原则，但是在慢回复的过程中，也不能让用户等待太久，因此笔者给大家一个小技巧，那就是根据消费者的打字速度来调整自己的打字速度，例如，假设消费者打字速度快，就说明消费者可能是一个直爽、干脆性格的人，或者对于 QQ 打字的操作已经非常熟练，并且对于自己想了解的问题已经了然于胸，因此能够没有什么迟疑地就能问出自己的问题，面对这样的用户，微商就要尽量配合他们的打字速度，这时候如果打字速度太慢了，用户在电脑或者手机面前必定会感到不耐烦，反之亦然。

微商和用户聊天，主要涉及的内容肯定是关于产品的问题，因此商家一定要在合适的时间给予用户详细的回答，这样才能让用户有被重视的感觉。

专家提醒

在解答问题的过程中，可以不用马上将所有内容一次性告诉用户，如果有时间的话，一步一步地解说效果会更好，因为这样会让对方对问题的答案更加清晰明了，也会觉得商家的服务很周到。

最后，商家有时候会出现离开电脑与手机的情况，这时候用户发来消息会出现无人应答的局面，针对这种状况，最好的办法就是设置自动回复。商家要注意"自动回复"的内容一定要使用礼貌用语，同时还要注明看到消息会第一时间回复用户的问题等。

9.1.6 聊天时要慎用表情

在以往的 QQ 聊天中，人们非常喜欢运用 QQ 表情来调节气氛，如图 9-2 所示为 QQ 表情包。

在 QQ 聊天中，恰当的表情能够起到很好的缓和气氛的作用。但是，商家需要注意的是，QQ 表情如果使用不当，可能会给用户造成

◆ 图 9-2　QQ 表情包

不好的聊天体验。因此，在运用 QQ 表情的时候，微商要尽量避免使用如图 9-3 所示的 QQ 表情类型。

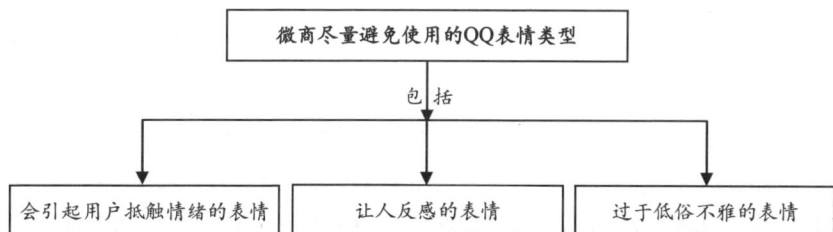

◆ 图 9-3　微商尽量避免使用的 QQ 表情类型

微商可以根据与用户的关系，以及聊天所处的情形适当地选择所要发送的图片，如果商家与用户的关系较好，则可以发送一些轻松搞笑的图片娱乐一下气氛，如果商家才开始认识用户，笔者认为，最好是不要随便发送图片。

9.2 微商 +QQ 推广技巧

对于微商来说，QQ 是个很不错的推广营销工具，本节主要为微商群体介绍 QQ 推广营销的技巧。

9.2.1　微商加 QQ 群技巧

QQ 群是一个让天南海北的人聚集在一起的平台，在每个 QQ 群里，人们有着共同的爱好、共同的需求，因此对于微商来说，要用 QQ 群开展推广营销活动，就必须了解以下的几个事项。

❶ 加群验证时的注意事项

很多人追求所谓的效率而直接忽略了加群时的验证信息，对于微商来说，加群时的验证信息是一定要认真填写的，因为这样更加显得有诚意，更容易获得群主或管理员的通过。

❷ 个性签名不要广告意味太浓

微商在加群的时候，要先把个性签名中的广告部分删除掉，因为在 QQ 群中，大多数群成员都非常讨厌带着广告目的而加群的人，因此如果商家在加群的时候，个性签名甚至昵称，广告意味太浓的话，很有可能被群主或者管理员直接拒绝，因此，微商在加 QQ 群的时候，可以先把个性签名或昵称进行修改，去掉广告气息，再加群时的成功概率就会提升很多。

❸ 注重个人资料的内容

对于某些注重成员质量的 QQ 群来说，微商要注意下个人资料的填写，因为在申请加入这些群的过程中，群主或管理员往往把一个人的个人资料当作最重要的参考依据，如果个人资料中什么都没有，或者个人资料上全是些"非主流"、"火星文"等内容，就很容易遭到群主或管理员的拒绝加入。

❹ 查找、申请 QQ 群的方法

众所周知，腾讯对 QQ 群做了很精细的分类，因此 QQ 群的价值非常高，微商可以通过查找同类群的方式，加入进去，进入群之后，不要急着推广引流，先在群里混成脸熟，之后可以在适当时期发布广告，在 QQ 群里，大家不谈生意，一般都是聊些自己比较感兴趣的话题，当自己被群里的其他人接受之后，就可以很轻松地促成交易，因为很多人都喜欢从朋友、熟人那里买东西。

查找、申请加入 QQ 群的方法在这里介绍一下，以移动端添加 QQ 群为例。

步骤 01 在"联系人"界面，点击右上角的"添加"按钮，如图 9-4 所示。

步骤 02 执行操作后，进入"添加"界面，点击"找群"按钮，如图 9-5 所示。

◆ 图 9-4 点击"添加"按钮   ◆ 图 9-5 点击"找群"按钮

步骤 **03** 执行操作后，点击"QQ 号 / 手机号 / 邮箱 / 群 / 公众号"搜索栏，进入如图 9-6 所示的搜索界面。

步骤 **04** 执行操作后，在搜索栏处搜索关键词"女性"，如图 9-7 所示。

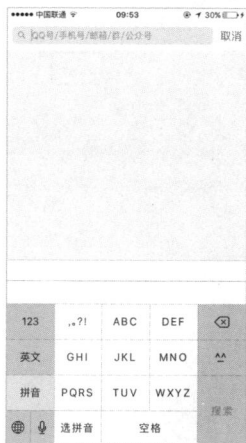

◆ 图 9-6　进入搜索界面　　◆ 9-7　搜索关键词"女性"

步骤 **05** 执行操作后，点击"找群：女性"按钮，进入"查找结果"界面，如图 9-8 所示。

步骤 **06** 在"查找结果"界面找到自己想要进入的群，例如，"女性健康呵护群"，点击"女性健康呵护群"，进入相应界面，点击"申请加群"按钮，如图 9-9 所示。

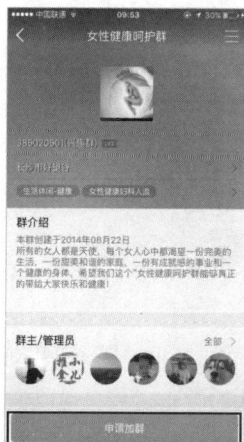

◆ 图 9-8　进入"查找结果"界面　◆ 图 9-9　点击"申请加群"按钮

步骤 **07** 执行操作后，进入"验证信息"界面，将个人介绍栏填写好，然后点击右上方的"发送"按钮，如图9-10所示。

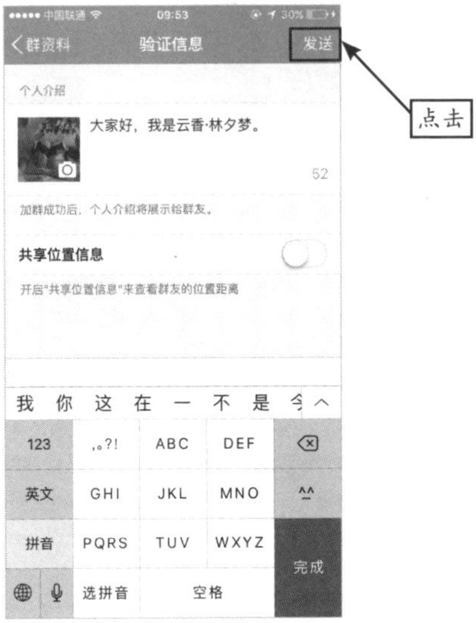

点击

◆ 图9-10 点击"发送"按钮

专家提醒

扩大资源的方法有两种：

（1）在群搜索关键字中间加空格，这样的搜索结果就完全不一样，例如"长沙母婴"和"长沙 母婴"，前面一种相当于精准搜索，后面一种相当于模糊搜索，第一种搜索的结果会更多。

（2）根据搜索结果拓展关键词，例如搜索"长沙母婴"得到的结果中有一个群叫作"长沙母婴产后瘦身"，那么就得到了一个新的关键词"产后瘦身"，依此类推，可以得到很多高质量的目标客户群体。

⑤ 进群后发言上需要注意的事项

微商进入QQ群之后，可以通过群公告或群介绍来了解该群的特点，然后要做的就是注意自己在群内的发言，通常，新手进群如果不按规定发言或者长期潜水，是很容易被踢出去的，所以，微商在发言方面要注意的事项如下所示：

▶ 新进群后要适当发言；

▶ 发言的内容不能违反群规；

▶ 不要一进群就发广告；

▶ 等混熟之后，可以适当发广告；

▶ 发广告要有技巧，不要太直白。

⑥ 注重群的质量

微商要记住，在 QQ 群里发广告不在于发得越多越好，而是在于精准地将广告传递到目标人群中，如果在 QQ 群里滥发广告，既浪费自己的精力，还可能招致成员的举报，被踢出群，严重的可能会被腾讯封号。

&选择群的注意事项

微商选择好群会对 QQ 营销产生直接的有效作用，在选择可加入的群的时候，要切忌以下性质的群不要加：

▶ 群成员少的群尽量不要加；

▶ 不活跃的群尽量不加；

▶ 群员同质化严重的群不加，同质化现象常出现于同领域或是同行业的群；

▶ 目标人群不集中的群不加。

9.2.2 QQ 群营销方式

微商在充分了解群特点之后，就可以根据情况进行营销了，QQ 群的营销方法一般分为 4 种，如图 9-11 所示。

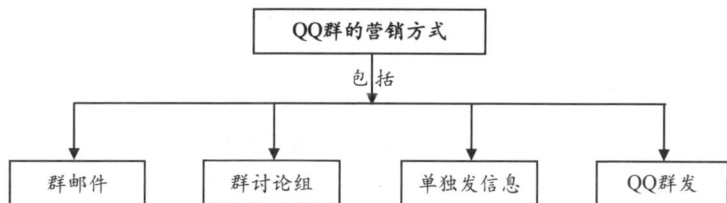

```
┌─────────────────────┐
│   QQ群的营销方式      │
└─────────────────────┘
          │包括
  ┌───────┼───────────┬──────────┐
┌──────┐ ┌────────┐ ┌──────────┐ ┌──────┐
│群邮件│ │群讨论组│ │单独发信息│ │QQ群发│
└──────┘ └────────┘ └──────────┘ └──────┘
```

◆ **图 9-11 QQ 群的营销方式**

❶ 群邮件

微商怎么发群邮件？当然是以软文的形式来发送最好，因为纯广告形式的邮件只会让群成员感到反感，将广告巧妙地融入软文中，是最好的推广方式。

❷ 群讨论组

微商可以建立自己的讨论组，在讨论组里和大家混熟了，然后慢慢地发布一些软文广告，需要注意的是，在讨论组里，最好不要有群主或管理员，大家会更加轻松愉悦些，组里的氛围会更好些。

❸ 单独发信息

微商在给群成员单独发消息的时候，可以发布一些广告性质比较明显的内容，但要注意的是，单独发信息的时候，语气要客气、亲和，不要让人觉得这就是一打广告的，给人不好的印象。

❹ QQ 群发

在 QQ 群里发消息时，不要发送带网址的信息，因为腾讯内部对网址的发送有一定的限制，一旦发送的次数超过一定数量就会直接屏蔽。

在 QQ 群里发送广告时，最好是利用图文结合的方式，以达到更好的效果。

9.2.3　注意每天加群的数量和频率

腾讯对于用户每天加群等操作是有次数限制的，这是为了保障账户的安全，如果一个账号加群的次数超过了限制，有可能遭到 IP 被封号的结果。因此在加群的次数和频率上，微商要注意以下几点：

▶ 每个 QQ 号每天加群次数最好控制在 10 ～ 15 次之间；

▶ 每次加群之间的时间间隔至少有 10 分钟；

▶ 同一个 IP 每天不要超过 20 个 QQ 号进行加群操作。

9.2.4　微商建群的技巧

加群是微商进行 QQ 营销的一个捷径，但是 QQ 微营销要实现最好的营销效果就必须靠自己——通过建群来掌控群主享有的特权。那么怎么建群呢？接下来笔者为大家介绍建群技巧。

❶ 初步的定位

在建群之前，微商应该对自己的用户群有一个初步的定位，比如说，经营化妆品的商家，在建群之前，可以做如图 9-12 所示的事情。

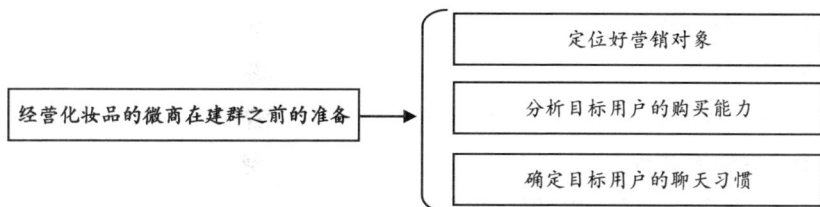

◆ 图 9-12　经营化妆品的微商在建群之前的准备

❷ 给群起一个好名字

微商在给 QQ 群取名字的时候，可以考虑以下两方面的内容，如图 9-13 所示。

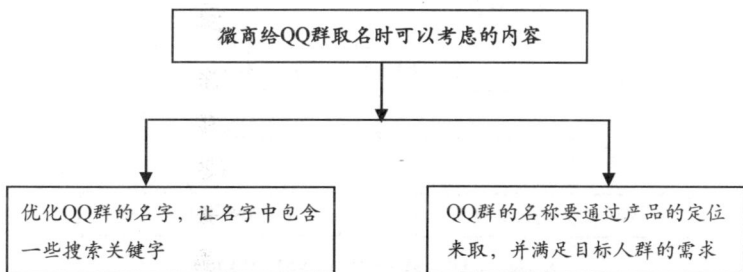

◆ 图 9-13　微商给 QQ 群取名时可以考虑的内容

❸ 尽量申请 QQ 会员

QQ 会员是腾讯 QQ 为用户提供的一项会员服务，如图 9-14 所示为 QQ 会员的服务开通页面。

◆ 图 9-14　QQ 会员的服务开通页面

开通 QQ 会员的用户可以享受更多的政策，例如：

▶ QQ 等级加速；

▶ 表情漫游；

▶ 建立高级群；

▶ 建立超级群等。

QQ 会员可以让用户建立更高级的群，这些群可以加入更多人，对于微商来说，不要小看人多的群，因为人多了群里才会更活跃，用户的黏性才会更高。

❹ 制定群规

什么是 QQ 群规？QQ 群规就是群主或者相关管理员对群制定的相关规定，建立 QQ 群规有如图 9-15 所示的目的。

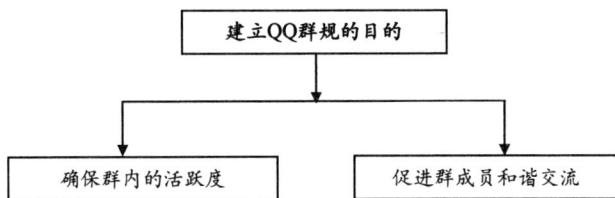

◆ 图 9-15　建立 QQ 群规的目的

❺ 注意群内成员的动态

对于微商来说，自己建造的 QQ 群，要时刻关注群内成员的动向，然后及时清理那些不活跃的成员或者天天做广告的人，另外群内的男女比例也要注意一下。

❻ 选一个管理员

管理员的作用主要是帮助群主活跃群，如图 9-16 所示。

◆ 图 9-16　QQ 群管理员

管理员除了帮助群主活跃群里的氛围之外，还具备如图 9-17 所示的作用。

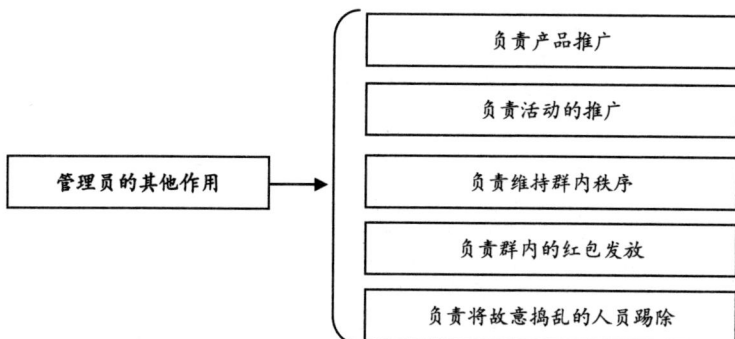

◆ 图 9-17　管理员的其他作用

9.2.5　QQ 群其他推广方式

建好群后，微商想要扩大自己的营销范围，还可以利用如图 9-18 所示 ID 工具来进行推广。

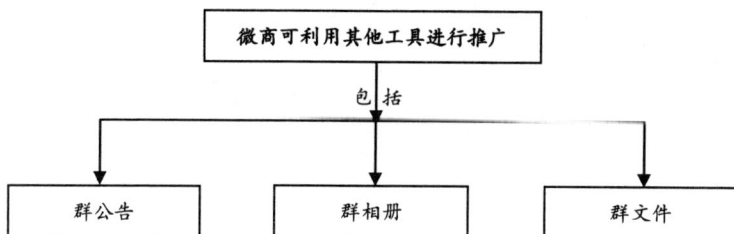

◆ 图 9-18　微商利用其他工具进行推广

❶ 群公告

群公告是只有群主或者管理员才能打理的部分，如图 9-19 所示为群公告图标。

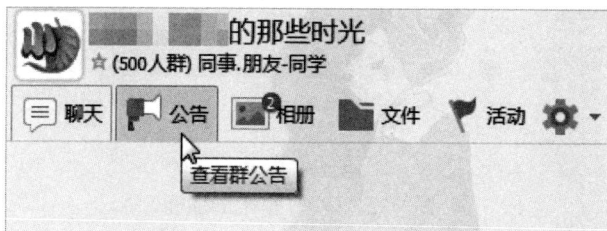

◆ 图 9-19　群公告图标

微商在建好自己的群之后，可以利用群公告进行推广，在群公告中，微商可以发布如图 9-20 所示的内容。

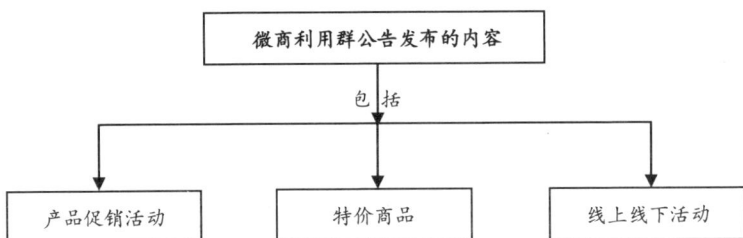

◆ 图 9-20　微商利用群公告发布的内容

微商还可以直接在群公告中放置网页链接。微商在利用群公告进行推广之时，需要注意的是：要和群成员拉近关系，平时要多热心帮助群成员解决实际问题，这样才不会引起群成员的反感。

❷ 群相册

微商在利用 QQ 群相册进行推广营销的时候，要注意如图 9-21 所示的两点内容，QQ 群相册的图标如图 9-22 所示。

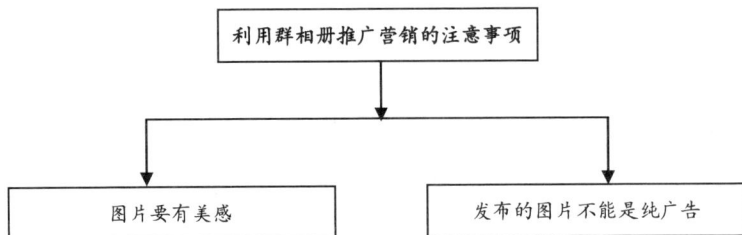

◆ 图 9-21　利用群相册推广营销的注意事项

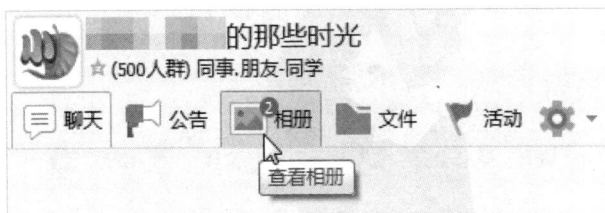

◆ 图 9-22　QQ 群相册图标

❸ 群文件

QQ 群文件主要用于群成员共享文件的，如图 9-23 所示为 QQ 群文件图标。

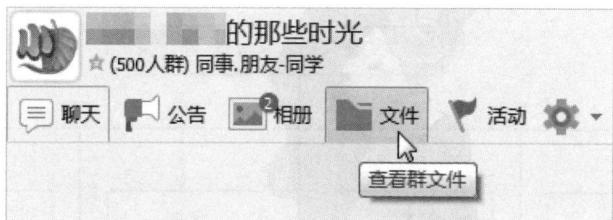

◆ 图 9-23　QQ 群文件图标

微商在进行群文件共享的时候，要注意共享的文件是对群成员有价值的，可以共享一些专业知识，然后在文件最后附上自己的微信、产品或网站信息等。

9.2.6　设计好 QQ 空间的首页

QQ 空间的营销价值是不可忽略的，如图 9-24 所示为 QQ 空间登录页面。

◆ 图 9-24　QQ 空间登录页面

在 QQ 空间推广中，首先要做的就是建造一个好看的主页，因为主页是用户进入空间第一眼看到的东西，因此它决定着用户对空间的第一印象，要做好 QQ 空间主页，需要遵守以下的几点要求。

▶ 不要太"非主流"，以稳重可靠的基调为主；

▶ 如果使用鲜艳的颜色，要注意颜色的搭配，突出美感；

▶ 不要太闪、太耀眼，会降低空间打开的速度，而且会让用户感到浮夸；

▶ 巧用自定义定制个性十足的模板，吸引更多的人进空间浏览；

▶ 版面不要太复杂，要简明扼要，且重点突出。

9.2.7 充分利用 QQ 空间的功能

QQ 空间具有如图 9-25 所示的基本功能。

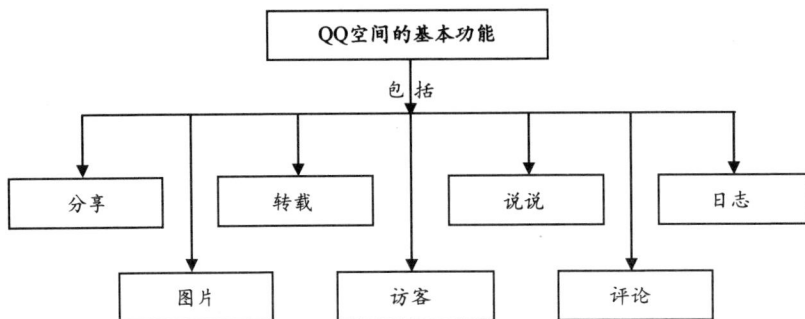

◆ 图 9-25 QQ 空间的基本功能

充分挖掘这些功能的营销价值是实现 QQ 空间微营销成功的关键所在。

❶ 分享

在 QQ 空间里，每篇文章下，都有一个"分享"按钮，如图 9-26 所示。

◆ 图 9-26 日志的"分享"按钮

通过"分享"，文章就会被分享到空间或者转播到微博。如此一来，就很有可能自动形成病毒式传播效应，让更多人看到这篇广告日志。

❷ 转载

如果微商能够写出一些对用户有价值的文章，那么用户便会自觉地转载这些文章，一旦被转载，文章就有可能被更多的人看到。

或者微商可以将他人的文章转载过来，然后通过编辑功能在文字的末尾留下自己的产品链接，也是一种很不错的选择。

❸ 说说

QQ 空间的说说已经成为人们发布信息的主要工具，微商可以每天发布 1～2 条说说，为用户提供一些有价值的信息、新闻或资讯等内容，但是发布说说需要注意如图 9-27 所示的两方面的内容。

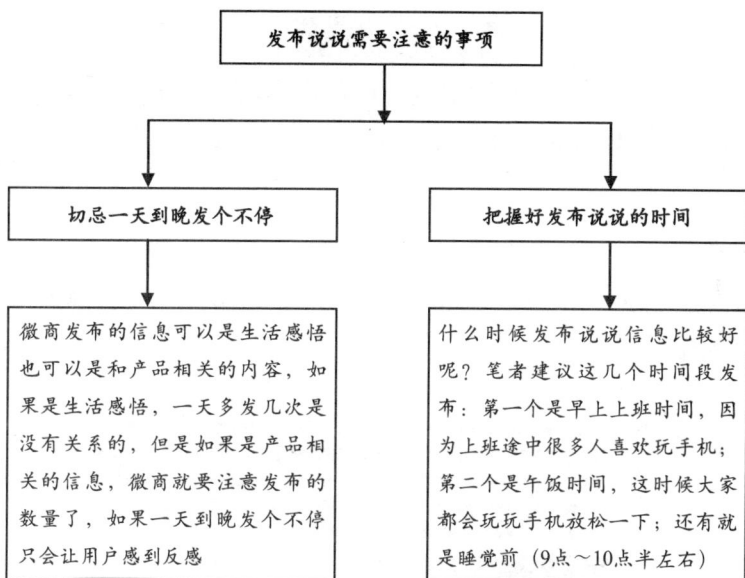

```
┌─────────────────────────────┐
│      发布说说需要注意的事项       │
└─────────────────────────────┘
         │
    ┌────┴────────────────┐
    ▼                     ▼
┌──────────────┐   ┌──────────────┐
│ 切忌一天到晚发个不停 │   │ 把握好发布说说的时间 │
└──────────────┘   └──────────────┘
    │                     │
    ▼                     ▼
┌──────────────────┐ ┌──────────────────┐
│ 微商发布的信息可以是生活感悟│ │ 什么时候发布说说信息比较好│
│ 也可以是和产品相关的内容，如│ │ 呢？笔者建议这几个时间段发│
│ 果是生活感悟，一天多发几次是│ │ 布：第一个是早上上班时间，因│
│ 没有关系的，但是如果是产品相│ │ 为上班途中很多人喜欢玩手机；│
│ 关的信息，微商就要注意发布的│ │ 第二个是午饭时间，这时候大家│
│ 数量了，如果一天到晚发个不停│ │ 都会玩玩手机放松一下；还有就│
│ 只会让用户感到反感       │ │ 是睡觉前（9点～10点半左右）│
└──────────────────┘ └──────────────────┘
```

◆ 图 9-27　发布说说需要注意的事项

❹ 日志

日志是 QQ 空间的灵魂，原创日志最受人们的欢迎，一篇好的日志能够得到非常广泛的传播，如果微商的目标用户是女性，那么就可以写一些心情日志、情感话题，来增加用户的信任感，写空间日志需要注意如图 9-28 所示的两点。

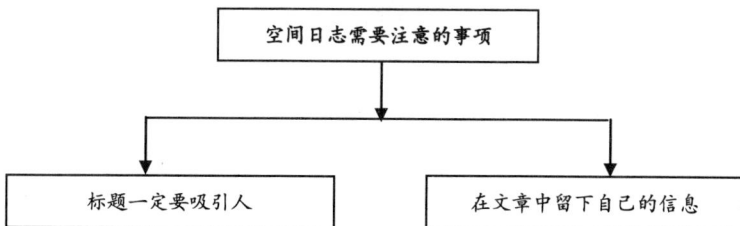

```
┌─────────────────────────────┐
│      空间日志需要注意的事项       │
└─────────────────────────────┘
         │
    ┌────┴────────────────┐
    ▼                     ▼
┌──────────────┐   ┌──────────────┐
│  标题一定要吸引人   │   │ 在文章中留下自己的信息 │
└──────────────┘   └──────────────┘
```

◆ 图 9-28　空间日志需要注意的事项

（1）标题一定要吸引人：一个好的标题是吸引用户点击进去阅读的关键，标题的撰写方法有很多，可以是恐吓式、情感式、直白式、疑问式等。

（2）在文章中留下自己的信息：微商在文章中一定要留下自己的联系方式，还可以插入产品图片或者链接，以达到推广的目的。

专家提醒

与说说相比，日志发布的信息更多更详细，有价值的日志可以吸引用户进行转载，形成病毒式传播效应。

❺ 图片

微商通过 QQ 可以发布产品图片，让用户对产品有一个更直观地了解，如图 9-29 所示。

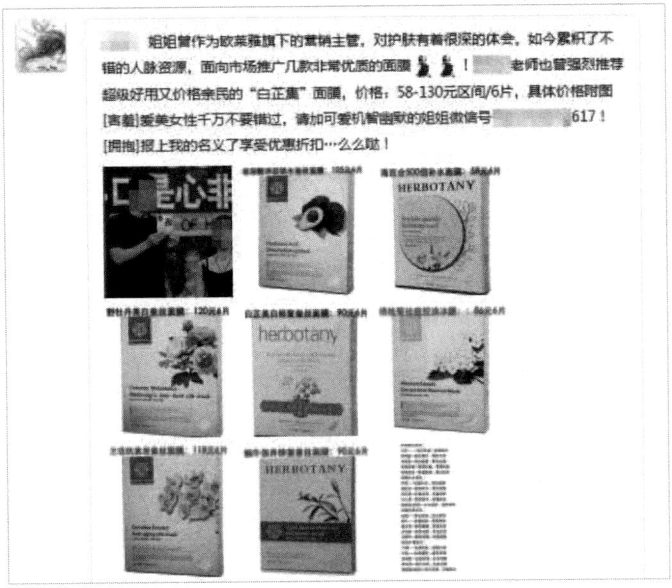

◆ 图 9-29　发布产品图片

❻ 访客

访客功能可以帮助微商了解哪些人访问了自己的空间，对用户的访问动态有个大致的了解。

❼ 评论

评论功能可以增加微商和用户之间的互动，多评论他人的空间，能够带来更多的访问量，如图 9-30 所示为评论功能。

◆ 图 9-30　空间评论功能

9.2.8　QQ 邮箱微营销技巧

对于微商来说，QQ 邮箱也是成为一种不错的推广营销方式，如图 9-31 所示为 QQ 邮箱页面。

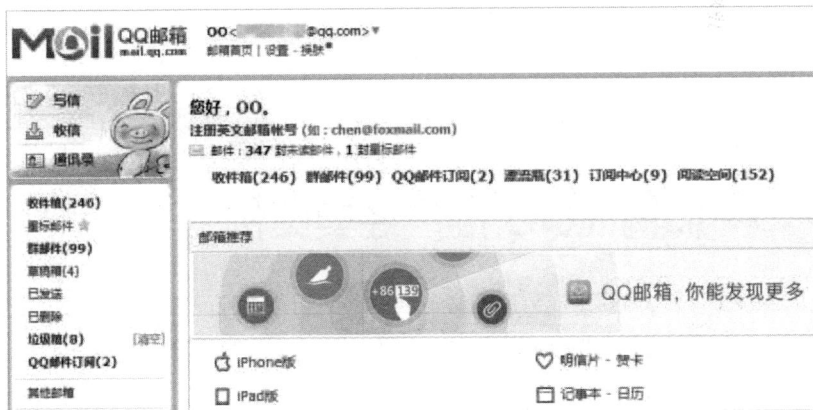

◆ 图 9-31　QQ 邮箱

接下来笔者为大家介绍 QQ 邮箱的推广营销技巧。

❶ 主题明确

明确邮件的主题，发出来的内容才会有价值、合用户的心意。

❷ 掌控发邮频率

发邮件的频率不要太高，一个月发送一到两次就足够了。

❸ 字体统一

在一封 QQ 邮件中，建议字体统一。

❹ 简洁明了、突出重点

QQ 邮件要简洁明了、重点突出，才能确保信息更精准地传递给用户。

❺ 使用图片作为补充

在 QQ 邮件中加入图片能让 QQ 邮件更加生动并引人注目。

❻ 巧用空行

空行可以让浏览者的眼睛得到休息，因此在排版上，要巧用空行环节用户阅读的疲劳。

❼ 内容不要夸大

QQ 邮件的内容一定要实事求是，不要过分夸张或者捏造虚假事情。

9.3 微商 +QQ 推广经典案例

QQ 已经成为微商推广营销的必备之地，学习各类推广营销技巧是非常有必要的，本节笔者将为大家介绍几大成功的微商利用 QQ 工具推广案例。

9.3.1 西瓜王子：QQ 空间营销

夏季是西瓜生产的旺季，行业竞争很大，在某次机缘巧合下，"西瓜王子"沈栋彬在 QQ 空间里发现了商机，那就是在西瓜上刻制各种具有特色的图案，然后上传到 QQ 空间，从而空间的访问量大增，很多粉丝慕名前去买他的西瓜，甚至出现了供不应求的情况。

"西瓜王子"沈栋彬之所以能做得这么成功，是因为他运用 QQ 营销思维对营销进行了精心的排布。

首先，"西瓜王子"通过建立 QQ 群，加了很多粉丝进群，在群中多方探寻用户的喜好，然后为用户刻上需要的图案，这些图案有商标、建筑、人物、卡通动漫等，如图 9-32 所示。

◆ 图 9-32　"西瓜王子"的创意西瓜

其次，"西瓜王子"还会通过论坛了解当前的一些热点事件，将与事件相关的图案刻在西瓜上。

在这两者的基础上，"西瓜王子"还会将自己的联系方式以及专属 LOGO 刻在西瓜上，打出了自己的品牌。

同时在 QQ 空间里，"西瓜王子"还专门建立了一个名为"卖瓜记"的相册，这个相册里收集了"西瓜王子"的作品及一些生活见闻，加强了在粉丝心目中的印象。

从"西瓜王子"的案例中看出，将艺术性、创意性与 QQ 空间营销相结合，能够挖掘出巨大的潜力。

9.3.2　煎饼阿姨：QQ 群营销

　　曾经在网上卖煎饼出名的"煎饼阿姨"，就是利用 QQ 营销获得了成功，她的营销秘诀是：建立一个 QQ 群，上课的同学们直接在群里留言下单，"煎饼阿姨"会将订单人的 QQ 名记录下来，然后做好标签，下课后，同学们直接去她的店里取货就可以了。当然，"煎饼阿姨"成功的秘诀不仅仅是因为她拥有微商的头脑，还主要是因为其他方面的一些原因。

　　❶ 物美价廉

　　"煎饼阿姨"提供的煎饼，一个只要几元钱，相比周边的餐馆来说，价格便宜又实惠，因此拥有非常广泛的群众基础。

　　❷ 营销成本低

　　"煎饼阿姨"的营销成本非常低，不需要场地费和人工费，主要一台能够上 QQ 手机即可。

　　❸ O2O 思维

　　"煎饼阿姨"采用了线上订单，线下提货的 O2O 营销思维，正是因为煎饼摊离学校很近，才能满足学生提货方便的需求。

　　❹ 无须排队

　　学生在 QQ 群里定好单之后，一下课就能去煎饼摊拿已经做好的煎饼，省去了排队等候的时间，比学校食堂还方便快捷。

10
CHAPTER

影视行业
——APP 推广

10.1 影视 +APP 推广快速入门

目前，APP 广泛应用于各行各业中，但凡有营销需求的企业都能够利用 APP 去实现更好的服务，相关介绍如图 10-1 所示。

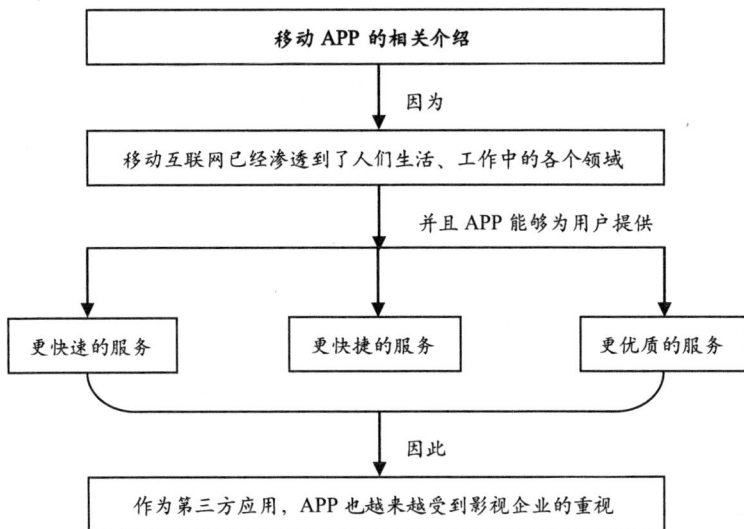

```
┌─────────────────────────────────────┐
│          移动 APP 的相关介绍           │
└─────────────────────────────────────┘
                    │ 因为
                    ▼
┌─────────────────────────────────────┐
│ 移动互联网已经渗透到了人们生活、工作中的各个领域 │
└─────────────────────────────────────┘
                    │ 并且 APP 能够为用户提供
        ┌───────────┼───────────┐
        ▼           ▼           ▼
 ┌──────────┐ ┌──────────┐ ┌──────────┐
 │ 更快速的服务 │ │ 更快捷的服务 │ │ 更优质的服务 │
 └──────────┘ └──────────┘ └──────────┘
        └───────────┼───────────┘
                    │ 因此
                    ▼
┌─────────────────────────────────────┐
│ 作为第三方应用，APP 也越来越受到影视企业的重视 │
└─────────────────────────────────────┘
```

◆ **图 10-1　移动 APP 的相关介绍**

属于 APP 的推广营销时代已经到来，影视企业在新环境下的营销变革也已经成为一种必然。因此，了解移动互联网的应用，对影视企业的发展有着重要的意义。本节将为读者介绍移动互联网时代下的影视企业 APP 推广营销的基础知识。

10.1.1　影视 APP 的运营分析

在第 1 章中提到过，对于企业 APP 而言，有 4 个方面是运营推广中必须具备的，分别是：

▶ 资金投入；

▶ 制造话题；

▶ 优化升级；

▶ 内容活动。

影视企业的 APP，同样需要做到以上 4 方面的运营推广，而从运营分工和种类出发，可以对 APP 相关的工作进行细化，目前来说，主要有 5 种 APP 运营模式可供采用，内容如图 10-2 所示。

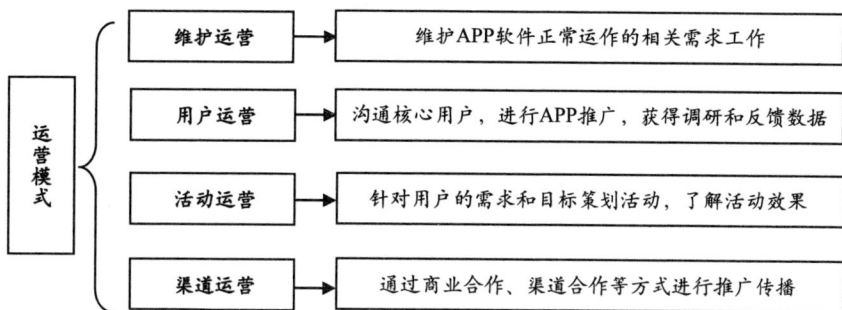

◆ 图 10-2　APP 运营模式

10.1.2　提升用户体验

对于影视企业而言，为了让企业在庞大的竞争群体中脱颖而出，找到一个切入口作为 APP 的特色，已经成为一种主流趋势。移动互联网的进步也促使 APP 的规模快速扩大，APP 软件在内容上会有更多丰富和多元化的体现。

而影视 APP 之所以能够快速发展，获得大众的认可，主要是因为移动影视 APP 与传统的影视行业存在着一定的区别。在用户的使用体验方面，影视 APP 相较于传统的 PC 端有着明显的优势，主要集中于 3 个内容，如图 10-3 所示。

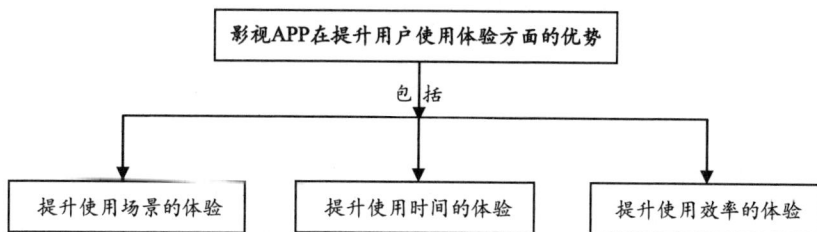

◆ 图 10-3　影视 APP 在提升用户使用体验方面的优势

❶ 提升使用场景的体验

在传统的 PC 端，用户固定地盯着屏幕和使用键盘和鼠标操作，场景较为单一。对于 APP 的用户而言，只要能携带手机的地方，就可以操作 APP，使用场景几乎没有限制，随时随地可以观看喜欢的影视节目。

❷ 提升使用时间的体验

传统 PC 端的用户在使用时间上往往是持续一段较长的时间。移动 APP 使用时间具备碎片化特征，用户可能随时中断手机操作，等某些事情结束后，再继续之前 APP 操作，把没有看完的节目继续看完。

❸ 提升使用效率的体验

相比于传统 PC 端，移动 APP 的界面虽然较小，但整个界面的利用率却很高，而且通过影视移动 APP，用户能够获得更为精准的信息，避免使用传统 PC 端时信息过多过杂的情况，分类也更明晰。

10.1.3 带来庞大的数据

影视 APP 的潜力，在于其用户数量的规模庞大，例如，根据艾瑞最新数据显示，截至 2016 年，爱奇艺 APP 月用户量超过 2 亿，VIP 会员数已经突破 1 000 万。

影视 APP 通过极其便利的操作方式吸引了用户的使用，从而创造了庞大的用户规模，进而产生了极大的营销潜力。

而这样庞大的用户群，对于影视企业、影视投资商或者自媒体营销人员来说，是一个不可错过的推广营销平台，因为影视 APP 已经能为移动大数据提供更多的行为数据，这些数据的作用和意义如图 10-4 所示。

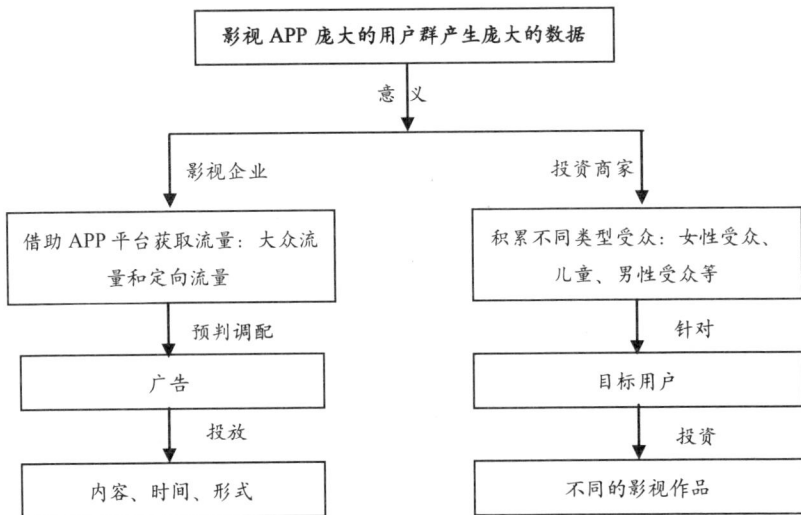

◆ 图 10-4　移动大数据的作用和意义

10.1.4 支付更加便捷

随着智能手机的普及，在线支付方式开始逐渐流行，渐渐成为年轻人的主流支付方式，关于在线支付的相关内容分析如图 10-5 所示。

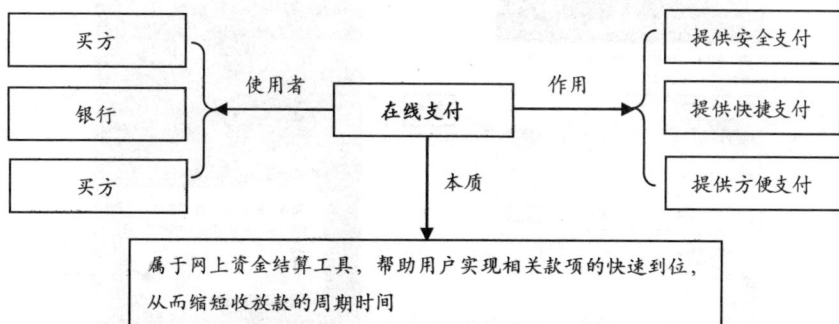

◆ 图 10-5 关于在线支付的相关内容分析

对于用户而言，可以在影视 APP 软件中使用在线支付的方式，来完成会员或者其他相关款项的支付，就拿苹果手机的爱奇艺 APP 做示例，用户在登录之后，可以开通 VIP 会员来观看各种好看的节目，如图 10-6 所示，点击下方的"VIP 会员"按钮，就能进入"爱奇艺 VIP 会员"界面，再点击"开通会员跳过广告，看大片"按钮，如图 10-7 所示。

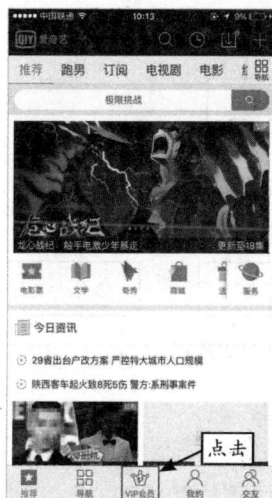

◆ 图 10-6 点击"VIP 会员"按钮

◆ 图 10-7 点击"开通会员跳过广告，看大片"按钮

用户执行操作后，就会进入"开通VIP会员"界面，在该界面，可以看到3个黄金VIP会员套餐：爱奇艺12个月会员、爱奇艺3个月会员和爱奇艺1个月会员，如图10-8所示。点击"开通"按钮，就会跳出确认购买提示框，如图10-9所示。

◆ 图10-8 爱奇艺黄金VIP会员套餐

◆ 图10-9 确认购买提示框

因为笔者是苹果手机，所以爱奇艺的VIP会员项目必须在APP内进行购买，接下来的操作，用户只要遵循提示进行操作就可以了。而不是苹果用户的会员购买方式可能会丰富一点，如图10-10所示。

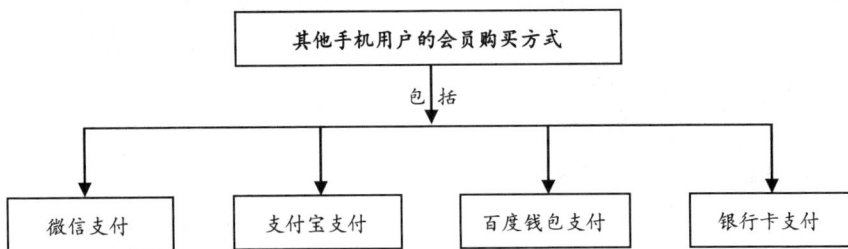

◆ 图10-10 其他手机用户的会员购买方式

专家提醒

用户在购买会员套餐的时候，要根据自己的具体情况来决定。

10.1.5 会员有各种特权

对于影视 APP 来说，想要用户充值 VIP 会员，就需要从他们的实际需求出发，通过 VIP 会员为他们提供一定的增值服务或者特权，例如开通爱奇艺 VIP 会员，用户就能得到如图 10-11 所示的特权。

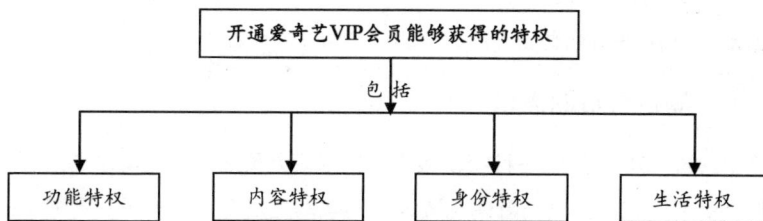

◆ 图 10-11　开通爱奇艺 VIP 会员能够获得的特权

❶ 功能特权

爱奇艺会员的功能特权包括：

▶ 去广告；

▶ 享受 1080P 高清影视；

▶ 享受下载加速服务；

▶ 享受高速播放服务。

❷ 内容特权

爱奇艺会员的内容特权包括：

▶ 片库视频全免；

▶ 送点播卷福利；

▶ 看超级网剧服务；

▶ 享受演唱会直播服务。

❸ 身份特权

爱奇艺会员的身份特权包括：

▶ 拥有尊贵标识；

▶ 获得生日礼包；

▶ 获得成长任务；

▶ 拥有专属活动。

❹ 生活特权

爱奇艺会员的生活特权包括:

▶ 海量优惠券;

▶ 购买特价商品;

▶ 购买特价电影票;

▶ 进行金融理财活动。

10.1.6 满足会员的需求

除了通过 VIP 会员的各种特权吸引用户购买会员之外,还可以通过好看的影视剧来吸引用户充值会员。近期比较成功的案例是爱奇艺引进了一部韩国的电视剧——《太阳的后裔》,爱奇艺引进《太阳的后裔》这部电视后,瞬间在移动手机上掀起了一股浪潮。

截至 2016 年 4 月,《太阳的后裔》这部电视剧在爱奇艺移动端的播放量就达到了 33 亿,如图 10-12 所示。

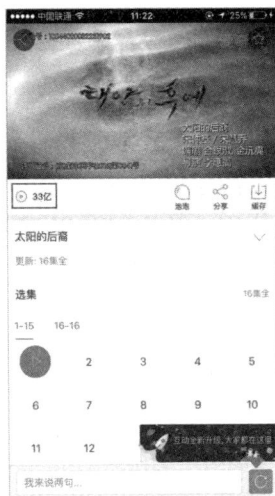

◆ 图 10-12 《太阳的后裔》播放量达到 33 亿

该剧是爱奇艺独家引进的,因此只能在爱奇艺上才能看得到,爱奇艺制定的播出模式是"会员免费同步播出"的模式,非会员则要延迟一周才能观看,这就为爱奇艺的会员量的增加带来了无限的潜力,从移动端播放量以及网络上的各种宣传推广、口碑效应来看,通过这部剧,爱奇艺的会员量一定在短时间内暴增。

而爱奇艺就是抓住年轻人的这种"看颜值"、"看演技"、"看剧情"的心理需求，成功地通过这部韩剧获得了大量粉丝会员。

10.2 影视 +APP 推广技巧

APP 的营销既有传统营销的方式，也有互联网时代新型的营销方式，本节为读者介绍影视企业的 APP 营销策略。

10.2.1 通过活动进行营销

活动营销是指影视企业通过整合相关的资源来策划相关的活动的一种推广营销方式，在 APP 客户端推出的营销活动，能够提升客户的依赖度和忠诚度，有利于培养核心用户。

在影视 APP 上常见的以营销为目标的活动，主要有如图 10-13 所示的几个种类。

◆ 图 10-13　影视 APP 营销活动的种类

例如，在爱奇艺 APP 的首页的广告界面上（即用户打开爱奇艺时跳出来的广告界面），可以看到有关"2016 宋仲基亚洲巡回粉丝见面会"的活动，该活动的主题是"买爱奇艺 VIP 年卡，1 000 张见面会门票等你来拿"，如图 10-14 所示。

◆ 图 10-14　爱奇艺 APP 首页广告界面的活动

如果用户想要了解详情，直接点击"了解详细"按钮，就能进入活动界面了解相关信息，如图 10-15 所示。

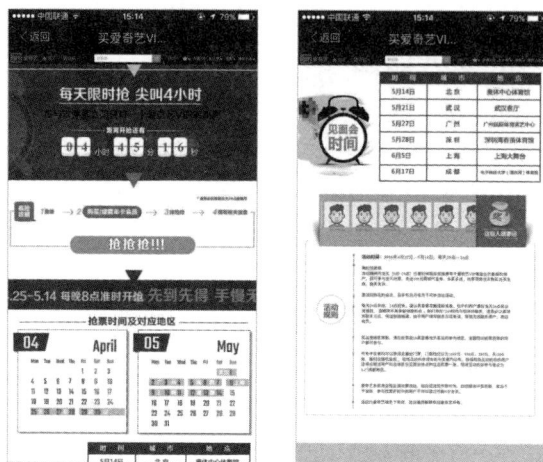

◆ 图 10-15 了解活动详情

爱奇艺通过这种活动营销的方式，能够吸引更多的用户注册账号并购买爱奇艺 VIP 会员。通常来讲，影视 APP 的营销活动分为两种：

▶ 一种是直接面向 APP 用户的线上 APP 推出的相关营销活动；

▶ 还有一种是通过线下活动引流的方式进行营销的活动。

10.2.2 投放广告进行营销

广告营销是指在影视 APP 上投放广告的一种营销方式，广告营销是影视企业、影视投资商、自媒体群等组织营销组合中的一个重要组成部分，因为在目前的市场环境下，没有广告营销，企业就无法达成目标。在影视 APP 上投放广告主要有如图 10-16 所示的 4 个特点。

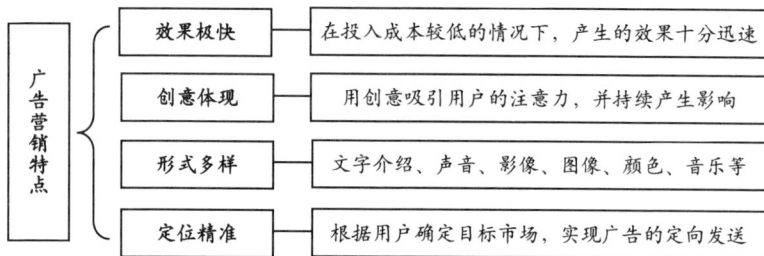

◆ 图 10-16 APP 上进行广告营销的特点

10.2.3 大数据精准营销

精准营销是指借助大数据的分析能力，将用户群体按照一定的分类方式进行分类，从而使影视产品进行针对性投放的营销方式。

从影视 APP 的角度而言，移动客户端主要依靠的就是用户流量，而用户流量的网络表现就是数据，所以影视 APP 与大数据是紧密相连的。

大数据的出现影响了影视市场的环境，也就促使影视 APP 进行了相应的改革，相关分析如图 10-17 所示。

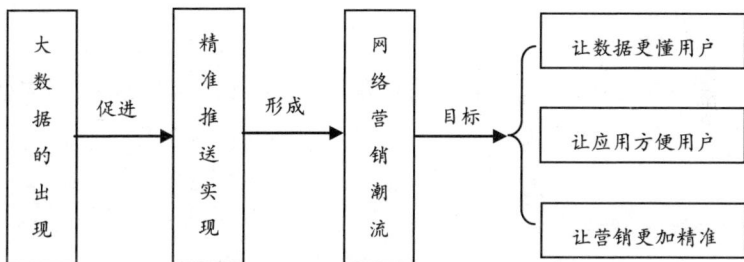

◆ 图 10-17　关于大数据的相关分析

10.2.4 三大借力营销方式

借力营销属于一种合作共赢的营销模式，主要是指借助外力或别人的优势资源，来实现自身的目标或者达到相关的效果。比如，在产品的销售过程中存在自身无法完成的工作，但是别的企业擅长于这一方面的工作，就可以两者合作，共同达成将产品销售出去的目标。

在影视 APP 的借力推广营销中，主要可以借力于 3 个方面的内容：

▶ 品牌的借力：借助其他知名的品牌，来快速提升影视 APP 自身的知名度和影响力；

▶ 用户的借力：通过微博、微信等其他渠道的用户群体，来宣传自身的产品；

▶ 渠道的借力：借助其他企业擅长的渠道领域来宣传自身的 APP 产品，既节省资源又能实现共赢。

10.2.5 三大口碑营销方式

在互联网时代，影视 APP 的口碑营销主要是通过 APP 的产品形成良好的网络口碑，进而连接线下，共同打造产品营销的效果。

常见的口碑营销方式主要有如图 10-18 所示的 3 种。

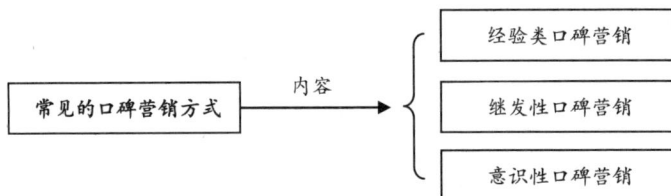

◆ 图 10-18 常见的口碑营销方式

❶ 经验类口碑营销

经验类口碑营销主要是从用户的使用经验入手，通过用户的评论让其他用户认可产品，从而产生推广效果。

❷ 继发性口碑营销

继发性口碑营销是指影视 APP 的用户直接在 APP 上了解相关的信息或宣传，从而逐步形成的口碑效应。

❸ 意识性口碑营销

意识性口碑营销，主要是由名人效应延伸出的产品口碑营销，往往由名人的名气决定营销效果，同时明星的粉丝群体也会进一步提升产品的形象，打造影视 APP 品牌。

10.2.6 与其他平台整合营销

影视企业的 APP 整合营销有很多种，这里着重介绍两种："APP 与微博整合营销"和"APP 与微信整合营销"。

❶ APP 与微博整合营销

"APP 与微博整合营销"是指影视企业在微博上通过一系列的手段将人气引流至 APP，引流的方式主要有两种：

▶ 展示位展示相关信息；

▶ 在微博内容中提及 APP。

更为常见的就是在微博内容中提及影视 APP，诱使用户对影视 APP 进行下载。

❷ APP 与微信整合营销

通过微信扫描二维码让用户下载 APP 是常见的微信合作营销方式，在微信公众平台上通过文章或者推送的信息，对相关的影视 APP 进行介绍，也是合作营销的一种方式，通过引流更好地推动影视 APP 的推广营销效果。在微信朋友圈中，微信同样可以通过文字信息、活动图片等方式引导用户去下载影视 APP。

10.2.7　采取饥饿营销吸引粉丝

饥饿营销属于一种常见的营销战略，但是需要产品有一定的真实价值，并且品牌在大众中有一定的影响力。关于饥饿营销的相关分析如图 10-19 所示。

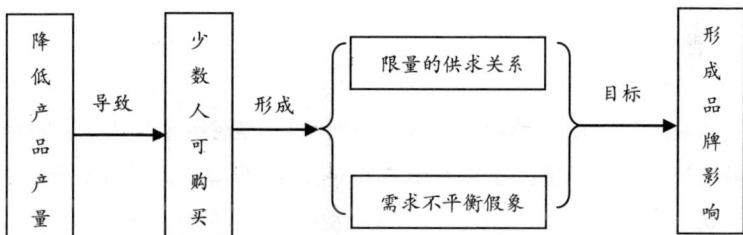

◆ 图 10-19　关于饥饿营销的相关分析

在影视 APP 营销中，饥饿营销运用得当产生的良好效果是很明显的，对产品的长期发展十分有利。但并不是所有产品都可以运用饥饿营销，一般采用饥饿营销的产品需要满足如图 10-20 所示的 3 个因素。

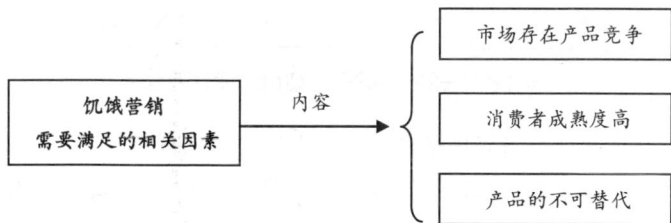

◆ 图 10-20　饥饿营销需要满足的因素

10.2.8　积极展开内容营销

影视 APP 之所以影响力广泛，在于平台上用户自产的内容与互动的内容成为了影视 APP 的主体，这种内容让用户有了长期使用的动力。要想提升影视 APP 用户的活跃度，主要还是从内容出发，通过内容的展示来吸引用户的长期支持。

影视 APP 传播的内容直接影响用户对于影视 APP 的认可程度，适当的内容表现技巧能够更有利地促进影视 APP 影响力的提升，相关技巧主要分为如图 10-21 所示的 3 个方面。

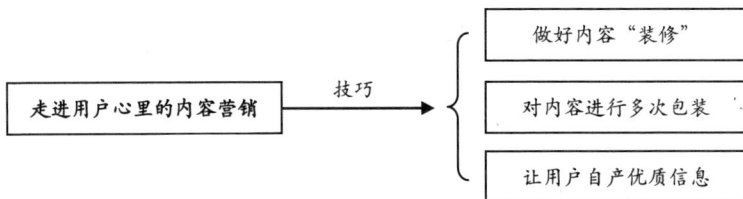

◆ 图 10-21　走进用户心里的内容营销技巧

❶ 做好内容"装修"

对于影视 APP 而言，内容"装修"的第一步就是对启动页的内容进行处理。随着影视 APP 市场的发展，大众对于 APP 的要求提升，启动页也逐渐成为 APP 获得用户认可的一个标志，从设计的角度出发，主要有如图 10-22 所示的 3 个方面要求。

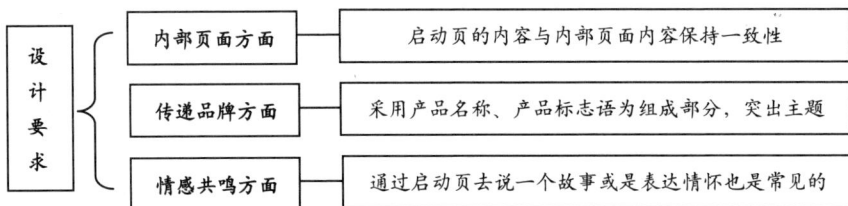

◆ 图 10-22　APP 启动页的设计要求

当用户点击 APP，经过启动页进入 APP 的内部内容时，首页就成为用户的第一关注重点，所以把首页装扮好、把首页设置好也是非常重要的步骤。

除了 APP 形式上的"装修"之外，还有就是内容上的"装修"，这些内容往往与 APP 的用户定位、市场定位和内容定位相关。

❷ 对内容进行多次包装

对 APP 内容的多次包装，主要目的在于提升用户的活跃度，促使用户进行评论或者交流。例如，爱奇艺 APP 的推荐界面，可以看到近期火爆的综艺节目、电视剧、动漫等信息都被摆在最显眼的位置。

❸ 让用户自产优质产品

在内容包装方面，对影视 APP 上的优质内容和帖子整理好，通过置顶或加标签的形式让更多的用户参与其中，这也是体现影视 APP 内容全面性的一个重要方面。

在运营化阶段中，影视 APP 首先是要向用户展示优质内容，并通过优质内容打造平台优势，一般分为如图 10-23 所示的几种方式。

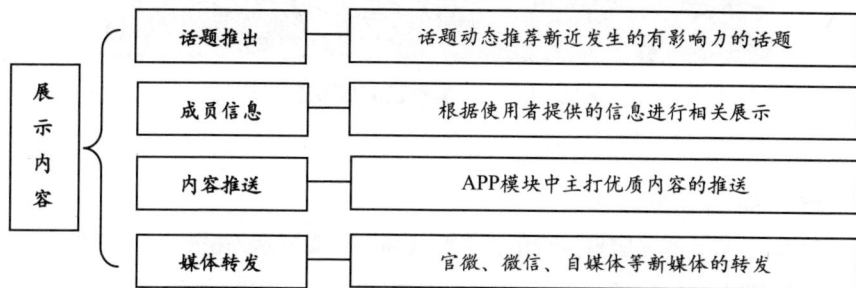

◆ 图 10-23　APP 向用户展示优质内容的方式

当用户数量足够多时，为了影视 APP 的长期发展，以及优质信息的打造，就需要让用户自产优质信息。为了调动用户的积极性，可以适当地给予奖励，比如，积分兑换和头衔荣誉等。

10.3 影视 +APP 推广经典案例

作为娱乐文化的主要来源地之一，影视类 APP 属于大众最常用的手机软件，本节主要针对爱奇艺 APP 和芒果 TVAPP 进行分析，这两种影视 APP，一种是互联网企业推出的 APP；一种是传统电视媒体推出的 APP，两者都极具代表性，并且影响力十分广泛，相关 APP 的内容设计值得同行学习。

10.3.1　爱奇艺：各项特色大显神通

爱奇艺 APP 属于百度公司推出的视频类播放平台，于 2010 年 4 月正式上线。爱奇艺以品质、青春、时尚的品牌调性深入人心，使用者以年轻用户群体为主。平台拥有 PC 端网站，如图 10-24 所示，为爱奇艺的官方主页。

◆ 图 10-24 　爱奇艺的官方主页

❶ 导航直观展现

爱奇艺 APP 的导航极具特色，主要是通过直观展示的模式让用户快速寻找到需要的视频信息。在第 4 章里，笔者就有对爱奇艺 APP 的导航界面进行过展示，因此这里不再复述。

除了视频类型的导航之外，用户在具体的选择界面也可以根据导航内容进行选择，如图 10-25 所示，为电影视频的推荐界面和筛选界面。

◆ 图 10-25 　电影视频的推荐界面和筛选界面

导航设计并非越多越好，也不一定是越简约越好，而是要根据用户的使用习惯和需求而定，爱奇艺 APP 的导航设计定位分析如图 10-26 所示。

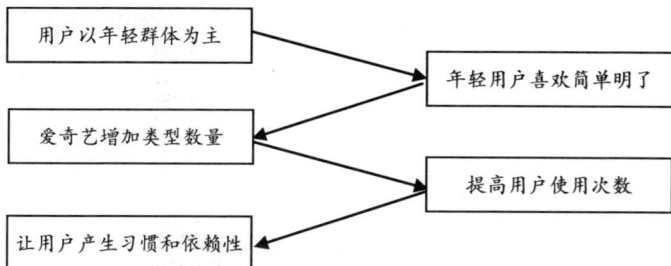

◆ 图 10-26　爱奇艺 APP 的导航设计定位分析

❷ 内容精准传递

2014年，爱奇艺建立了基于搜索和视频数据来理解用户行为的虚拟视频大脑，这个虚拟的视频大脑能够同步接受 PC 端和 APP 端的用户数据，从而形成大数据效应，并将相关结果智能体现在内容中。

如图 10-27 所示，为 APP 端的电视剧好评榜和新上线榜界面，爱奇艺的虚拟视频大脑根据用户的点击量等行为来决定电视剧的展示方式，比如，视频的排序前后等，并将这种排序具体化地体现在界面上。

◆ 图 10-27　APP 端的电视剧好评榜和新上线榜界面

❸ 内容全面丰富

爱奇艺 APP 的最大特色就在于视频内容的丰富性，这个优点为 APP 吸引到了大量的忠实用户。借助百度强大的网络资源，大部分的视频内容都能够在爱奇艺 APP 上被找到，目前爱奇艺 APP 上影响力最为广泛的 10 种视频类型如图 10-28 所示。

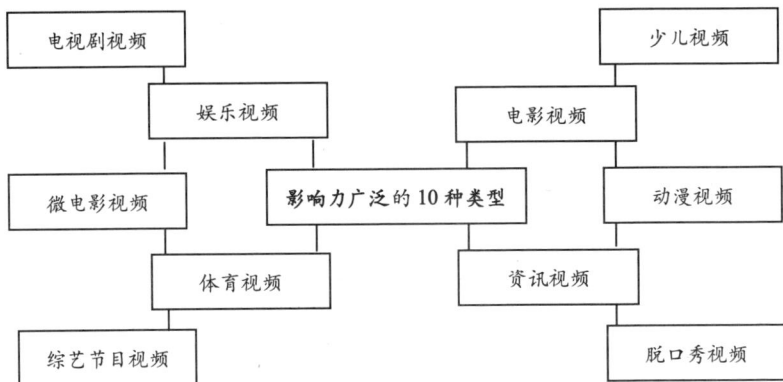

◆ 图 10-28　爱奇艺 APP 上影响力最为广泛的 10 种视频类型

❹ 特色独播模式

爱奇艺 APP 的独播模式具体表现为该视频资源为爱奇艺独有，首播模式则是指用户在 APP 上能够观看到最新的视频内容，这种方式有利于爱奇艺吸引并稳定用户流量，如图 10-29 所示，为爱奇艺 APP 上的部分独播与首播视频。

◆ 图 10-29　爱奇艺 APP 上的部分独播与首播视频

⑤ 打造综合平台

随着爱奇艺影响力的提升，功能的类型也随之逐步增加，比如，电影票服务、文学阅读、游戏中心、应用商城、奇秀直播、爱奇艺商城等，APP 正被逐步打造成为综合的平台，如图 10-30 所示，为爱奇艺 APP 上的电影票选座购票界面，如图 10-31 所示，为爱奇艺商城。

◆ 图 10-30　APP 上的电影票选座购票界面

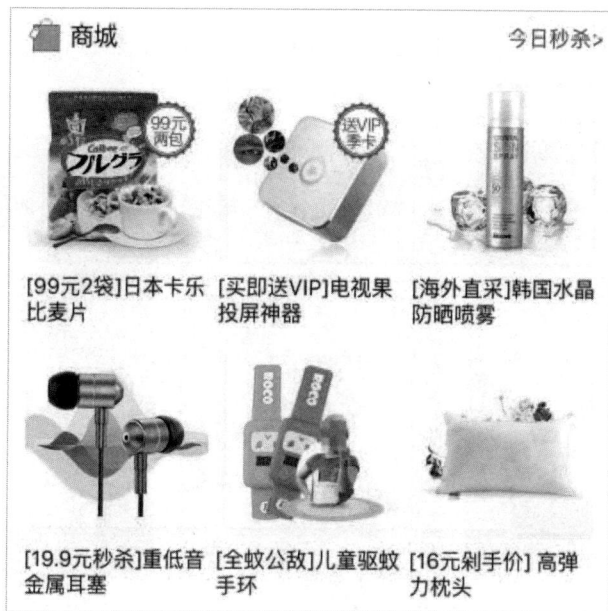

◆ 图 10-31　爱奇艺商城

10.3.2 芒果TV:为用户独家打造APP

名为芒果TV的这款APP由湖南广播电视台发布,隶属于湖南快乐阳光互动娱乐传媒有限公司。

芒果TV APP的主要运作模式,就是独家为用户提供湖南卫视所有栏目的高清视频直播与点播服务。同时也为用户提供其他类型的视频服务,但类型较少,主要有如图10-32所示的6个方面。

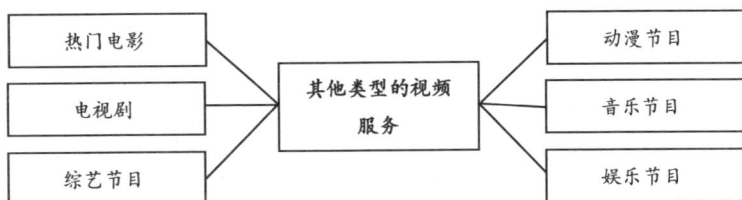

◆ 图10-32 芒果TV为用户提供的其他类型视频服务

❶ 视频独家来源

芒果TV的视频资源直接来源于湖南广播电视台,几乎所有的视频内容都是有一定独特性的,能够有效地吸引用户。

如图10-33所示,为APP上的部分节目宣传界面,这些节目与湖南广播电视台的电视节目同步播放。

◆ 图10-33 APP上的部分节目宣传界面

❷ 精品内容打造

除了主推独播资源之外，APP 还为用户打造了部分精品视频内容，并提出为用户打造"私人影院"的口号，如图 10-34 所示，为芒果 TV 的相关宣传界面。

◆ 图 10-34　芒果 TV 的相关宣传界面

芒果 TV 会根据用户的直接需求，推出相应的精品视频资源，比如，会时常上线最新电影等，如图 10-35 所示，为用户选择电影与播放电影的界面。

◆ 图 10-35　用户选择电影与播放电影的界面

❸ 偶像娱乐服务

偶像娱乐是芒果 TVAPP 的内容定位，用户定位就是年轻的用户群体，从用户出发，将内容定位与用户相结合，根据偶像推出的娱乐新闻就很容易吸引用户关注度。

在 APP 上，有《芒果捞星闻》、《八卦事务所》、《偶像万万碎》、《正在粉丝楼》等多个节目供用户查看偶像信息，具体的形式有点映会、发布会、粉丝见面会和直播连线等，如图 10-36 所示，为娱乐服务内容的相关界面。

◆ 图 10-36　娱乐服务内容的相关界面

❹ 直播吸引眼球

在 APP 上，用户如果想通过 APP 直接查看正在播放的电视节目，只需直接点击直播界面，选择电视台即可，如图 10-37 所示，为在 APP 上直接直播的部分电视台。

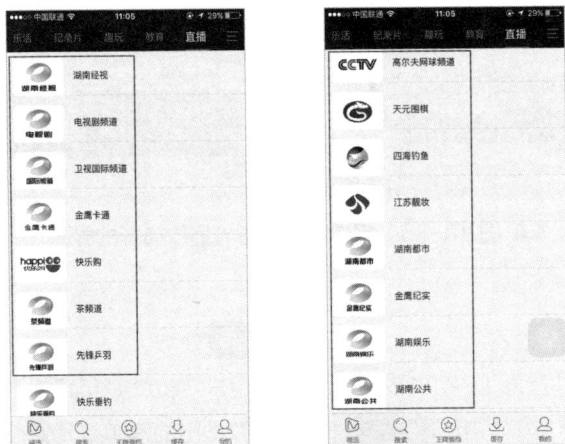

◆ 图 10-37　在 APP 上直接直播的部分电视台

为了进一步打通直播与移动端的隔阂，芒果 TV PP 又推出了姊妹系列的芒果直播 APP，为用户提供更便捷服务，如图 10-38 所示，为芒果直播 APP 的用户界面。

◆ 图 10-38　芒果直播 APP 的用户界面

❺ 联合营销方式

活动是稳定用户流量的必要手段，即使是在视频播放类 APP 上也有一定的必要性。芒果 TV APP 上时常推出联合营销的活动，通过与多渠道的活动方合作的方式来打造共赢，如图 10-39 所示，为 APP 上的会员活动界面。

◆ 图 10-39　APP 上的会员活动界面

11
CHAPTER

图书行业
——百度推广

11.1 图书 + 百度推广快速入门

百度推广是国内运用最广泛的搜索引擎网络营销推广方式，随着百度慢慢地嵌入了人们的生活中、百度与人们的关系日益密切，百度推广对图书企业的作用也越来越大。每天都有很多人在百度上查询信息，如果图书企业能够通过百度进行推广，用户就有可能通过百度查到该图书企业的产品或相关网站。下面笔者将为大家介绍百度推广的优势。

11.1.1 百度用户基数大

百度是中国使用量最大的中文搜索引擎，"有问题，找百度"已经成为人们在日常生活中遇到难题时的口头禅，由此也可以看出百度已经深深地嵌入了人们的生活中，它庞大的信息量让人们无法忽视它的存在，据数据显示，百度每天响应超过 60 亿次的搜索请求，占据 90% 中国搜索引擎市场份额。

可以说，百度是中国网民最常使用的中文搜索引擎，而看到这么庞大的用户基数，又有几个企业能够不动心呢？只要图书企业将产品信息关键词在百度注册之后，就会被主动查找这些产品的潜在客户找到。因此通过百度推广进行图书企业产品的推广营销，就好比将商铺开在人流量庞大的城市中心地段。

11.1.2 百度推广有针对性

百度推广上的关键词的类型很多，从运用范围上来分，可以分为两类，如图 11-1 所示。

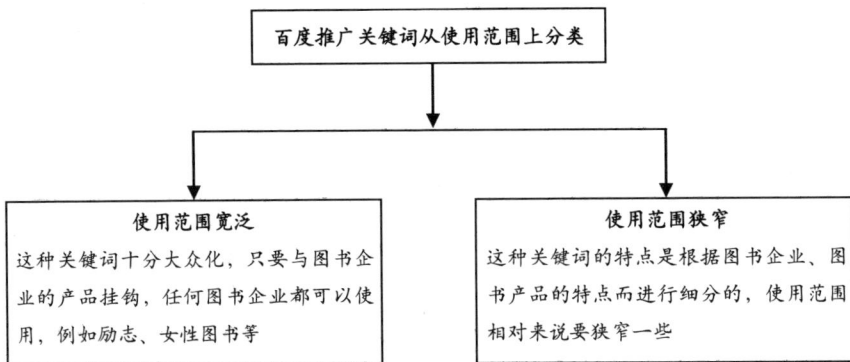

百度推广关键词从使用范围上分类	
使用范围宽泛 这种关键词十分大众化，只要与图书企业的产品挂钩，任何图书企业都可以使用，例如励志、女性图书等	**使用范围狭窄** 这种关键词的特点是根据图书企业、图书产品的特点而进行细分的，使用范围相对来说要狭窄一些

◆ 图 11-1　百度推广关键词从使用范围上分类

在百度推广上，图书企业如果想针对特定人群或目标用户进行推广，就可以选定使用范围狭窄的、有针对性的关键词，这些针对性的关键词如图 11-2 所示。

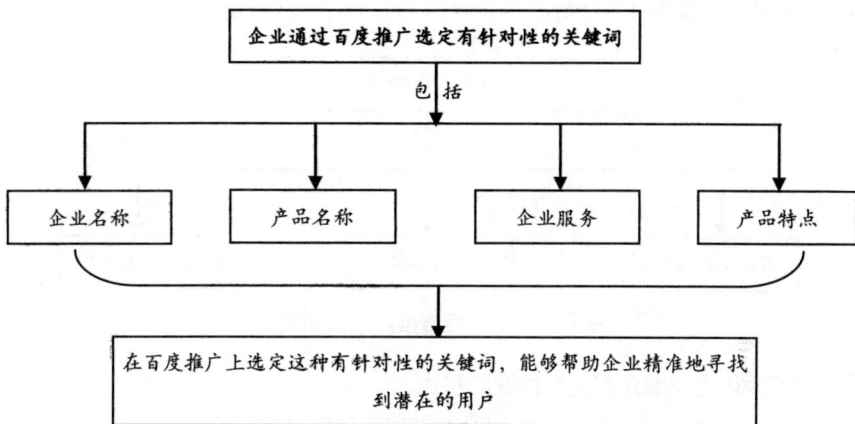

图11-2 企业通过百度推广选定有针对性的关键词

专家提醒

有针对性的关键词能够让用户在第一时间找到该图书企业的网站，也能够帮助图书企业在第一时间获得精准的潜在客户，从而促进互联网品牌和产品的推广营销，提高交易率。

11.1.3 百度推广关键词无限制

百度推广做图书产品推广营销的时候，还有一个好处，就是图书企业能够同时选定多个关键词，因为百度对于关键词的数量没有限制，所以图书企业如果想要让图书产品的推广营销效果更好一些、想要让企业的每一种产品和服务，尽可能地被潜在客户发现的话，就可以选择与图书产品、服务相关的多个关键词进行百度推广。

11.2 图书 + 百度推广技巧

互联网时代，网络营销几乎是每个图书企业进行互联网产品推广营销的必经之路，很多传统图书企业向互联网迈进时，都必须走网络营销这一条路，而百度作为中国最大的搜索引擎，也绝对不会放过网络营销这块大蛋糕，因此百度会适时推出一系列的平台，帮助图书企业进行产品营销推广，并从中获利。目前，百度推广方式包括如图 11-3 所示的 3 种。

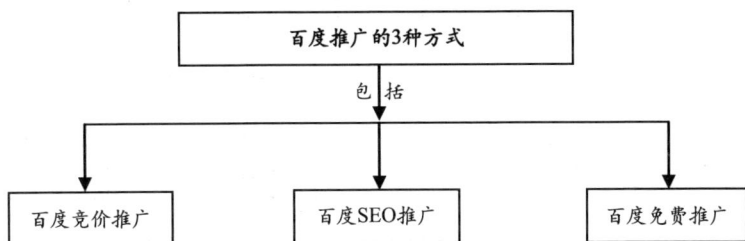

◆ 图 11-3 百度推广的 3 种方式

下面为读者详细介绍这 3 种推广方式。

11.2.1 推广方式一：百度竞价推广

什么是百度竞价推广？百度竞价推广是指企业通过关键词的形式在百度搜索引擎平台上作推广，然后按照效果进行付费，它是一种有收费模式的搜索引擎服务。

为了在互联网的市场份额中占有一席之地，很多图书企业在打造自身品牌和图书产品时，都会选择做百度竞价营销推广，但是也不是任何图书企业想做就能做好的，还需要注意如图 11-4 所示的几点技巧。

专家提醒

百度竞价推广是一个高效的推广方式，同时企业在搜索引擎中排名的高低取决于企业出的价格。

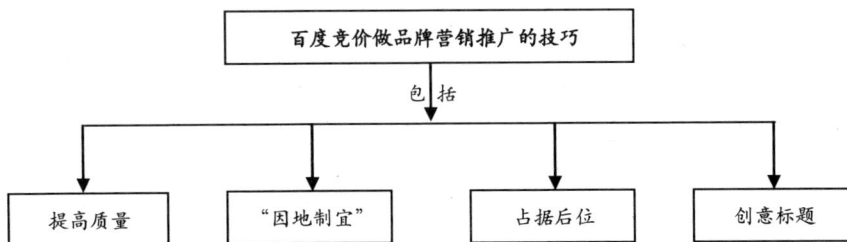

◆ 图 11-4 百度竞价做品牌营销推广的技巧

❶ 提高质量

图书企业做产品推广营销需要讲究策略，根据不同的推广目标来建立不同的推广计划，然后将计划进行分类管理，或者建立一系列的推广单元，将推广单元分类管理之后，能够有效提高关键词的质量。

❷ "因地制宜"

图书企业在不同地区进行百度竞价推广，根据竞争程度不同，关键词的价格也不同，即同一个关键词在不同地区的竞争价格有高有低，因此图书企业可以根据不同的城市设置不同的价格维度和推广计划。

❸ 占据后位

图书企业在利用百度竞价做产品营销推广的时候，往往容易产生这样的误会：排名越靠前越好，最好排第一。但事实上，并非排名第一就是最好的，虽然排名第一能够获得更多点击率，但是误点击率也会大大增加，所以图书企业需要衡量效果和费用之间的关系，有时候排在第三、第四的位置也是不错的，因为消费者的习惯决定了他们喜欢将多个网站进行对比，因此会习惯性地点开下面的网站。

❹ 创意标题

图书企业在做百度竞价品牌营销推广时，除了前面讲到的一些技巧，还要注重标题的创意性，一个枯燥无味、缺乏创意的标题往往是不太能够吸引用户产生点击行为的，标题撰写其实也有一定的技巧，如图 11-5 所示。

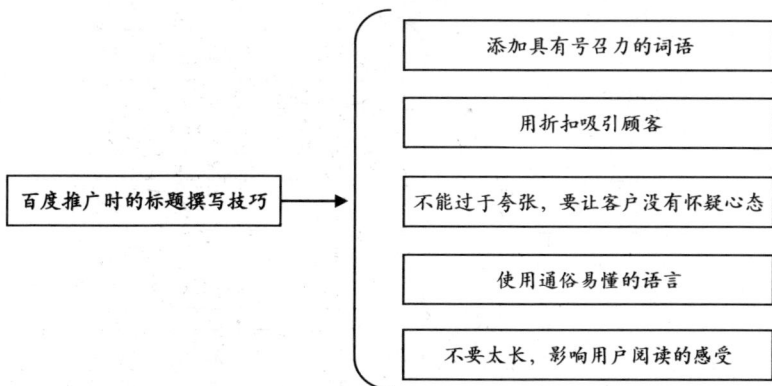

```
百度推广时的标题撰写技巧 →
    ┌ 添加具有号召力的词语
    ├ 用折扣吸引顾客
    ├ 不能过于夸张，要让客户没有怀疑心态
    ├ 使用通俗易懂的语言
    └ 不要太长，影响用户阅读的感受
```

◆ 图 11-5　百度推广时的标题撰写技巧

正确利用百度竞价进行品牌营销推广，最大的优势在于能够让潜在客户主动找上门，为之后高效的利润打下基础。

11.2.2 推广方式二：百度 SEO 推广

百度 SEO（Search Engine Optimization，搜索引擎优化）是指通过长期总结出来的搜索引擎收录和排名规则，对网站内部调整优化及站外优化，使网站容易被搜索引擎收录，不需花费很多成本，就能够提高关键词排名，从而实现精准的品牌营销推广的方法。

百度 SEO 优化的内容主要包括内部优化和外部优化，相关内容如图 11-6 所示。

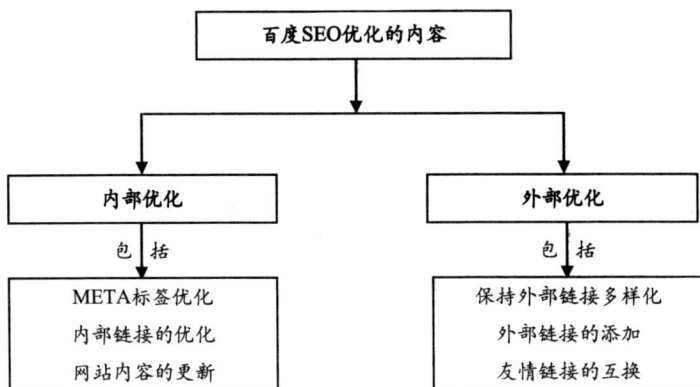

◆ 图 11-6　百度 SEO 优化的内容

SEO 优化大体分为 8 个步骤，如下所示：

步骤 01 关键词定位：关键词定位包括如图 11-7 所示的内容。

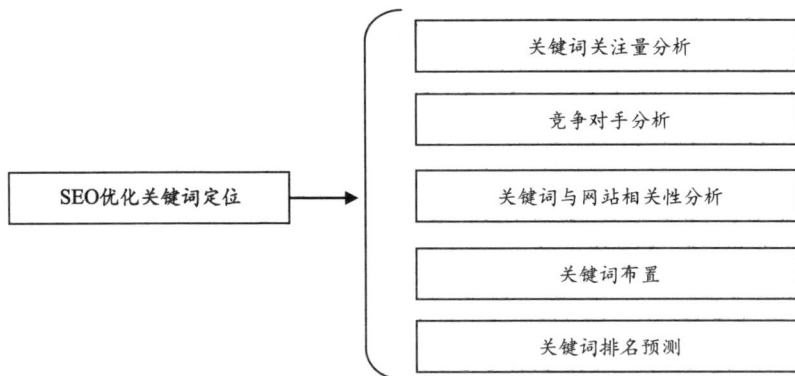

◆ 图 11-7　SEO 优化关键词定位

步骤 02 网站架构分析：包括去除不良设计、实现树状目录结构等；

步骤 03 网站目录和页面优化；

步骤 04 内容和链接布置：有规律性地进行内容更新，合理地布置链接；

步骤 05 向各搜索引擎登录入口提交尚未收录的站点；

步骤 06 根据自己的网站结构，制作网站地图；

步骤 07 建立高质量的友情链接；

步骤 08 进行网站流量分析。

图书企业利用百度 SEO 做图书产品营销推广具备如图 11-8 所示的优点。

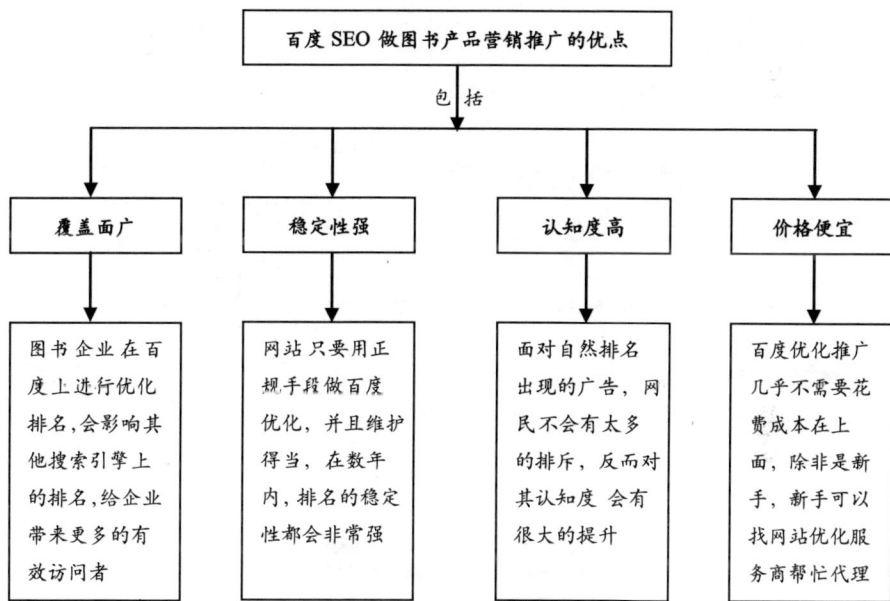

◆ 图 11-8　百度 SEO 做品牌营销推广的优点

11.2.3　推广方式三：百度免费推广

百度之所以声势如此浩大，全靠它全心全意为网民服务、细致入微的照顾网民的情绪与需要，在图书企业运用网络营销工具进行图书的推广营销时，百度不仅为其提供了有效的付费推广模式，还提供了很多可以免费做推广的平台，充分给图书企业创造出了零基础的推广舞台，下面为读者介绍几大免费推广平台。

❶ 百度百科

百度百科是百度公司推出的一个网络百科全书平台，它向所有人开放了一个免费获取知识的途径，通过百度百科，用户可以参与词条编辑，将自己了解的知识贡献出来，百度百科强大的内容生产力，为网民提供了权威、可信的知识。

图书企业可以通过百度百科进行图书产品信息的推广，让广告打的理所当然。下面笔者就展示一下百度百科的操作步骤。

步骤 01 进入官网：在百度搜索栏中输入"百度百科首页"几个字，找到"百度百科 全球最大中文百科全书"官网，单击进入，如图 11-9 所示。

◆ **图 11-9　单击进入百度百科官网**

步骤 02 登录 / 注册百度账号：如果没有百度账号，单击右上角的"注册"按钮，如图 11-10 所示，按照百度百科给出的步骤进行注册。

◆ **图 11-10　单击"注册"按钮进行注册**

如果已经有百度账号了，就不需要重新注册一个，直接点击"登录"按钮即可。

步骤 03 搜索关键词：登录之后，在搜索栏中输入企业要放置的关键词，如在搜索栏上输入"会声会影 X6 从入门到精通（第 3 版）"后，再单击"搜索词条"按钮，如图 11-11 所示。

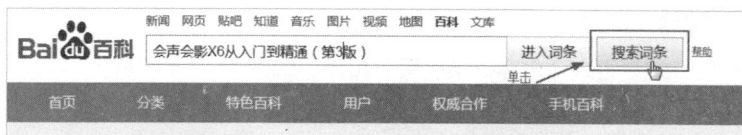

◆ 图 11-11　单击"搜索词条"按钮

步骤 04　选择创建词条：完成操作后，会出现两种情况：

▶ 百度百科没有收录到该词条，需要自行创建，单击"我来创建"按钮，如图 11-12 所示。下面主要介绍创建词条的步骤。

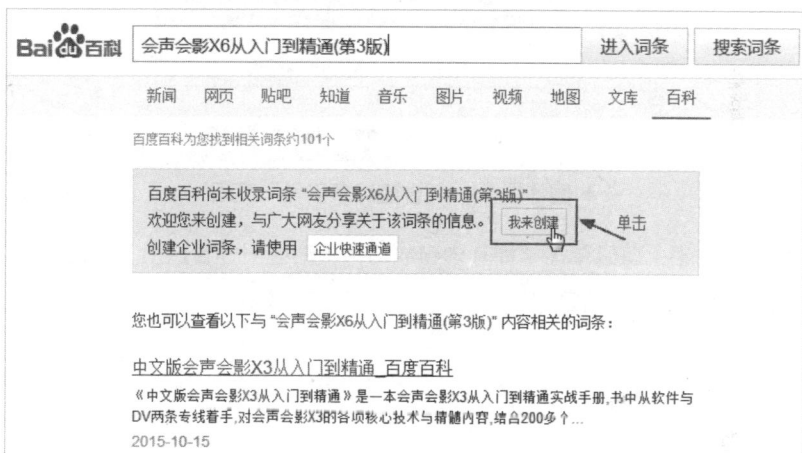

◆ 图 11-12　单击"我来创建"按钮

▶ 百度百科中已经收录了该词条，单击"编辑"按钮，如图 11-13 所示为百度百科已经收录的"会声会影 X6 从入门到精通（第 2 版）"词条，用户可在原本词条的基础上改善词条。

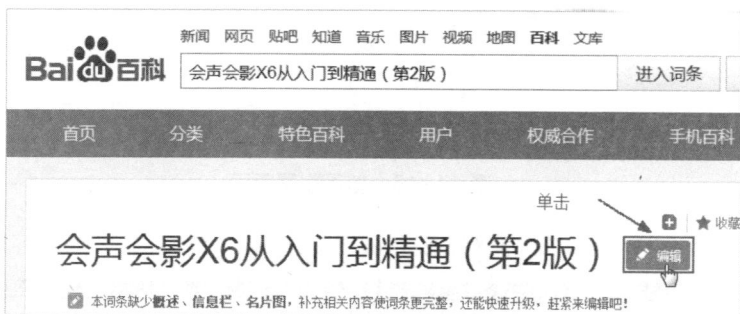

◆ 图 11-13　单击"编辑"按钮

步骤 05 创建词条引导：如果百度百科没有收录词条，则在单击"我来创建"之后，就会进入"创建词条引导"页面，如图 11-14 所示。

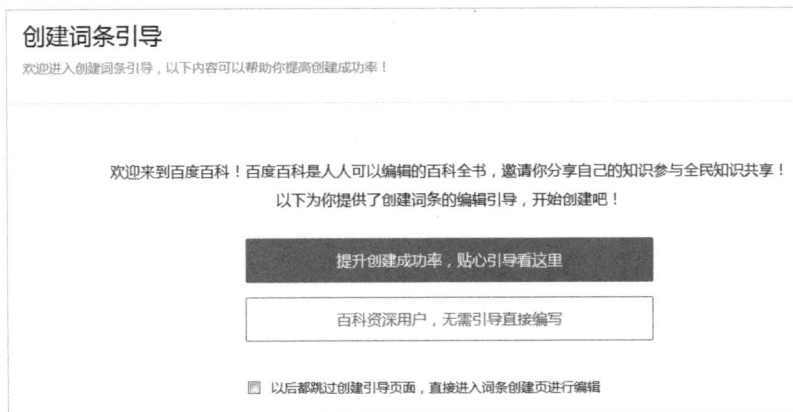

创建词条引导

欢迎进入创建词条引导，以下内容可以帮助你提高创建成功率！

欢迎来到百度百科！百度百科是人人可以编辑的百科全书，邀请你分享自己的知识参与全民知识共享！

以下为你提供了创建词条的编辑引导，开始创建吧！

提升创建成功率，贴心引导看这里

百科资深用户，无需引导直接编写

☐ 以后都跳过创建引导页面，直接进入词条创建页进行编辑

◆ 图 11-14 "创建词条引导"页面

如果是新手，可以单击"提升创建成功率，贴心引导看这里"按钮，则会进入如图 11-15 所示的页面。

创建词条引导

欢迎进入创建词条引导，以下内容可以帮助你提高创建成功率！

① 声明　② 词条名　③ 主题　④ 内容　⑤ 参考资料　⑥ 开始创建

在正式创建词条前，首先请你承诺：

1．不在百科添加广告性质的内容，如联系方式，官方网站链接等；

2．不在百科编写涉及反动，违法犯罪，色情，暴力的内容；

3．不在百科编写虚假的、捏造的、恶搞的、缺乏根据的内容；

4．不侵犯他人合理权益；

5．接受违反以上规则时，百科账号会被封禁的结果。

上一步　下一步　退出

◆ 图 11-15 新手引导页面

从该页面中，可以看到声明，还有词条名、主题、内容、参考资料等基础知识和相关编写要求，将这些信息全部过目之后，就会跳到"开始创建"页面，如图 11-16 所示。

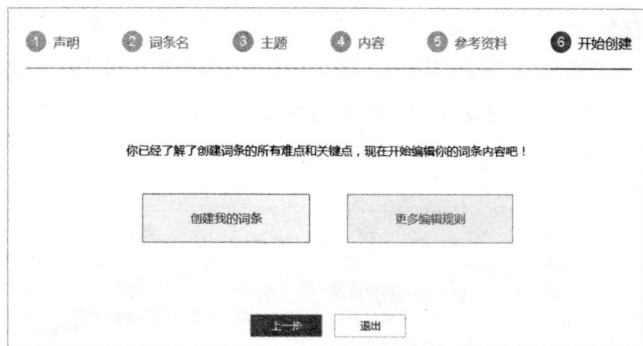

◆ 图 11-16 "开始创建"页面

在"开始创建"页面，单击"创建我的词条"按钮，进入下一页面，如图 11-17 所示，单击"创建词条"按钮。

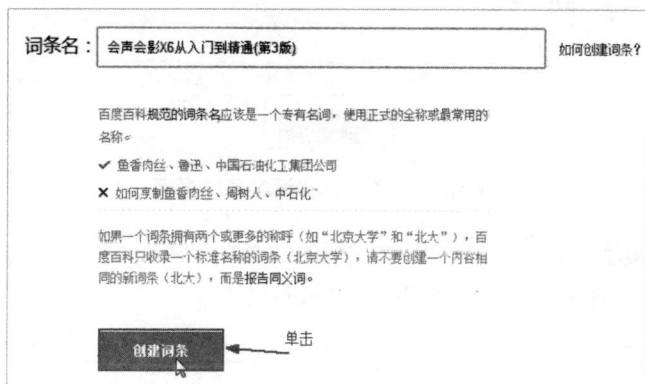

◆ 图 11-17 单击"创建词条"按钮

步骤 06 编辑：执行以上的操作之后，就会进入编辑区，如图 11-18 所示。

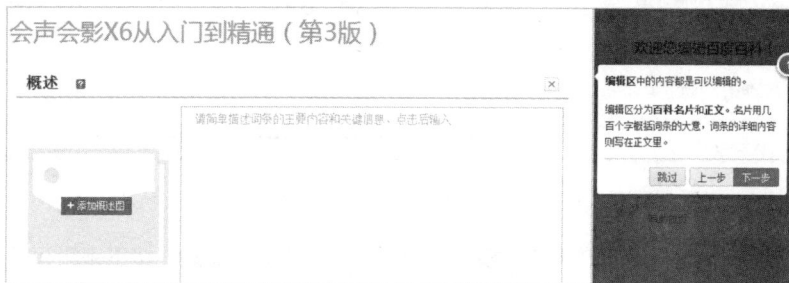

◆ 图 11-18 编辑区页面

步骤 07 编辑词条模板：单击"下一步"按钮，进入"编辑词条模板"页面，企业需要选择适合所建词条的范围，便于网民查找词条，如"会声会影X6从入门到精通（第3版）"，就可以用软件模块做模板，找到"软件"之后，在点击"确定"如图11-19所示。

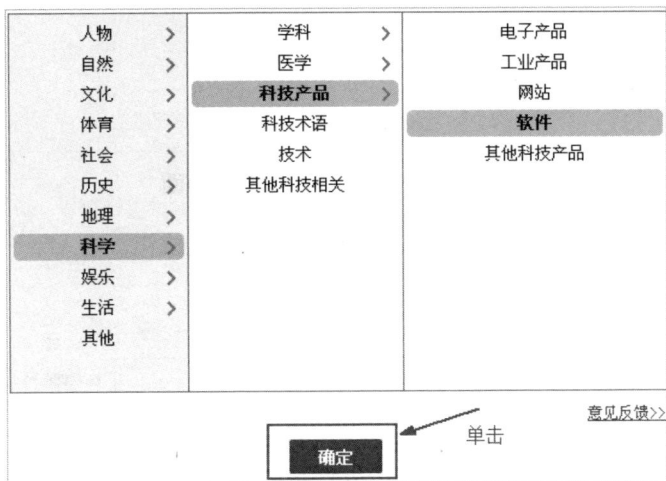

◆ **图11-19 选择词条模块模板**

步骤 08 编辑概述模块：在"概述"模块上填写词条的主要内容和关键信息，还可以放置有关图片，如图11-20所示。

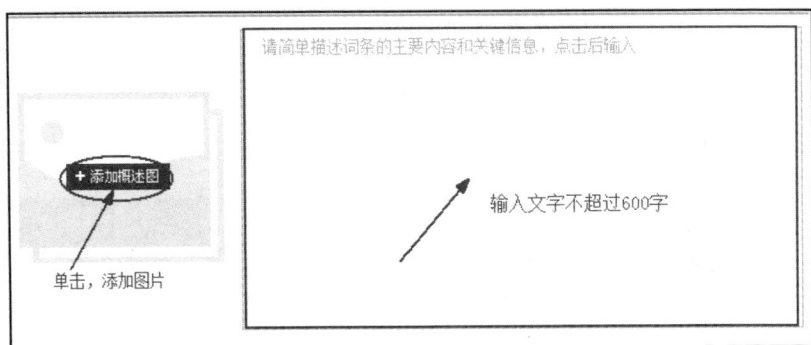

◆ **图11-20 填写词条相关信息**

步骤 09 编辑基本信息模块：填写完词条相关信息后，接下来填写基本信息栏，单击"添加基本信息栏"按钮可自行添加创建新的子栏目，如图11-21所示，没有填写的子栏目将不会出现在完善好的词条上。

◆ 图 11-21　编辑基本信息模块

步骤 10　编辑正文模块：在正文模块处创建目录，单击"目录"按钮，会跳出选项框，单击"应用"按钮，如图 11-22 所示，正文部分就会出现一级目录，然后在目录下面填写相应的正文，如图 11-23 所示。

◆ 图 11-22　单击"目录"、"应用"按钮

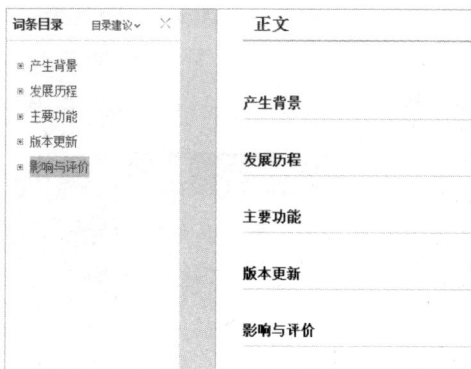

◆ 图 11-23　正文下出现一级目录

步骤 11　放置参考资料：执行操作后，想要通过审核，还需要指出该部分内容的来源、出处，从而确保这段内容的客观真实性，如图 11-24 所示，单击"添加新参考资料"按钮，就会跳出"添加参考资料"页面，如图 11-25 所示。

参考资料： ☑ 如何使用参考资料　　　　　　　　　　　　　🖼 添加新参考资料

◆ 图 11-24　单击"添加新参考资料"按钮

添加参考资料　　　　　　　　　　　　　　　　　　×

　参考资料类型　网络资源 ▾

　* 文章名：　[　　　　　　　　　　　]

　* URL：　[http://　　　　　　　　]　🔗

　* 网站名：　[　　　　　　　　　　　]

　发表日期：　[年-月-日 例如：2006-04-20]

　引用日期：　[2016-05-3]

　预览效果： 暂无预览效果

　　　　　[**确定**]　[取消]

◆ 图 11-25　"添加参考资料"页面

步骤 12 设置内链：在词条中设置内链，可以连接百度百科里面的文章，如网友在其他文章上点击了内链的关键词，那么很可能连接到自己词条中。

步骤 13 等待审核：执行完以上的操作后，就可以等待审核了。

专家提醒

　　通过百度百科进行图书企业品牌或产品的推广营销，既可以树立专业的、良好的公共形象，又可以增大传播机会。

❷ 百度知道

　　百度知道是一个互动型知识问答分享平台，在该平台上，用户可以针对工作、生活、学习等方面提出各种问题，会有其他用户来帮助回答，同时这些答案又将作为搜索结果呈现在用户面前，如图 11-26 所示为百度知道网站的首页。

◆ 图 11-26　百度知道网站首页

图书企业在做百度知道上做品牌营销时，可以通过自问自答的方式，用不同的账号和 IP 地址提出问题并回答问题，在回答问题时，可以将企业的相关产品嵌入答案中，并用专业性的知识来推广企业的图书品牌，进行相关产品的推广。

❸ 百度图片

百度图片是全球最大的中文图片库，如图 11-27 所示为百度图片网站首页。

◆ 图 11-27　百度图片网站首页

互联网是个丰富多彩的大家庭，网民们喜欢在互联网上通过图文并茂来吸收知识量，百度图片能提供丰富多彩的图片，为用户提供视觉上的享受，图书企业如果想要利用百度图片平台进行品牌推广，可以将一些与书籍相关的图片加上水印然后上传到一些大型的网站或论坛中，等待百度图片的收录。

❹ 百度贴吧

百度贴吧是一个以兴趣为前提的聚集志同道合者的互动平台，如图 11-28 所示为百度贴吧网站的首页。

◆ 图 11-28　百度贴吧网站首页

贴吧的主题十分丰富，作用也非常鲜明，相关介绍如图 11-29 所示。

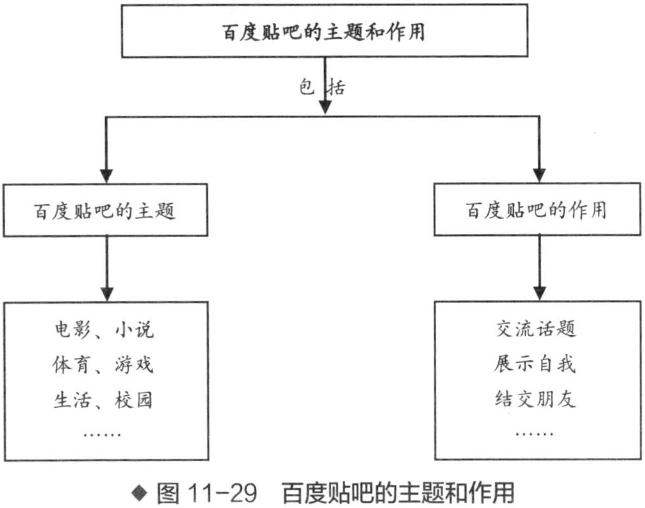

◆ 图 11-29　百度贴吧的主题和作用

因为百度贴吧上常常会聚集很多网民，因此图书企业可以选择在百度贴吧里进行产品的推广和营销，尤其是企业可以借助一些热点事件，结合自身的产品，在百度贴吧里发布帖子，例如，最近很流行的将网络小说拍成电视剧的事件，企业就可以借机在贴吧里进行炒作，推动网友在网上进行购买。

11.2.4　制定相关策略进行推广

图书企业在利用百度推广进行产品的推广营销时，不要过于急躁，可以制定策略一步步地按照百度推广的规则走，这样才有可能获得高效的利益，在百度推广做产品推广时应遵循如图 11-30 所示的步骤。

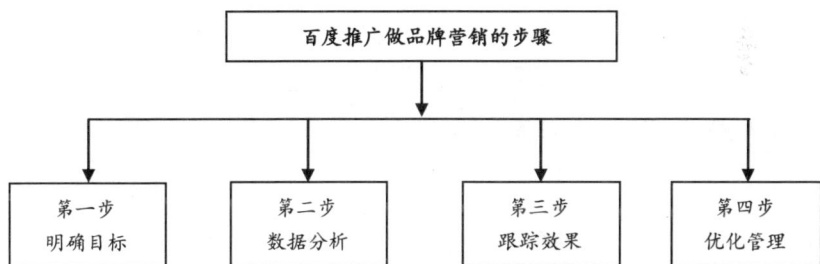

◆ 图 11-30　运用百度推广做品牌营销的步骤

❶ 明确目标

没有目标的企业，会被这个偌大的网络营销蛋糕给吞噬，一味地跟风，只会让企业埋没在众多电商企业之中，由此可见，企业在决定执行某个营销活动之前，一定得明确目标，很多企业在做百度推广时的目标几乎都是如图 11-31 所示的内容。

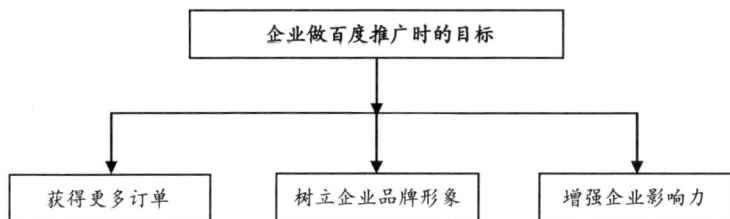

◆ 图 11-31　企业做百度推广时的目标

获得更多订单是图书企业的最终目标，获得订单的前提是产品或品牌得到推广：

▶ 利用百度推广将企业品牌或产品让更多的网民知晓，这一过程体现为图书企业在百度推广页面上的展现量；

▶ 如果网民感兴趣，就会点击进去，看到相应产品的介绍，这一过程体现为图书企业在百度推广页面上的点击量；

▶ 有的潜在客户对企业感兴趣，就会进入企业的网站进行更深入的了解，这一过程体现为图书企业在推广页面上的访问量；

▶ 若是客户想要更进一步地了解企业品牌和产品，就可以咨询企业客服，这一过程体现为咨询量；

▶ 最终的结果是获得订单量。

将这一过程用图解显示如图 11-32 所示。

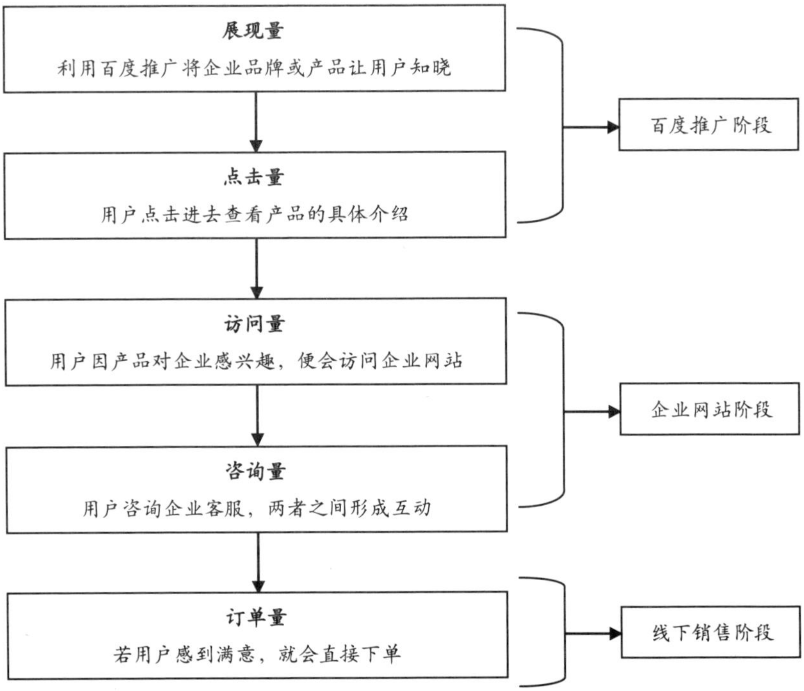

◆ **图 11-32 百度推广效果流程图**

由此可见，图书企业想要获得订单，就需要通过百度推广的平台提高品牌和产品的展现量以及点击量，而图书企业在确定目标之前，先要想清楚推广什么产品、产品的卖点、产品数量是多少，根据这些信息，在百度中推广起来就不会显得那么漫无目的了。

❷ 数据分析

图书企业在确定好百度推广目标之后，就得认真投放关键词了，关键词非常重要，因为它直接决定了企业推广的成败，如果图书企业选择的关键词搜索量居高并且出价合理，那么百度推广定会给企业带来一定的效益，若企业关键词没选择准确，只会损失得比较多。

如何选择关键词？有如图 11-33 所示的两个办法。

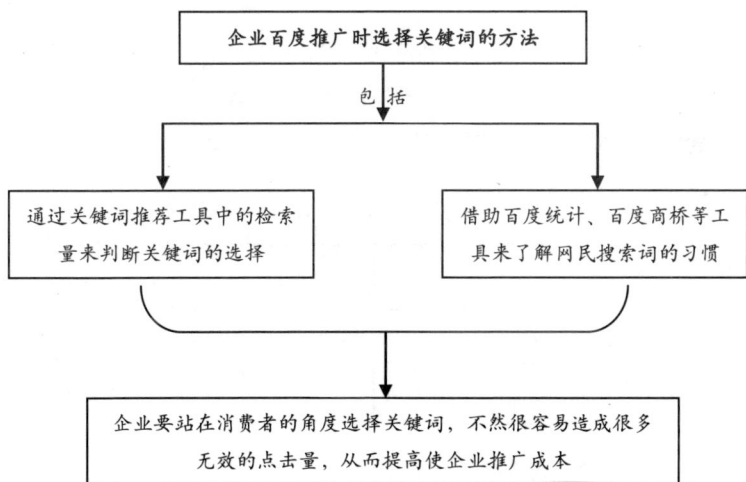

◆ **图 11-33　企业百度推广时选择关键词的方法**

企业选择好合适的关键词以后，还应该给关键词出一个合理的价格，这个价格需要从如图 11-34 所示的两方面进行考虑。

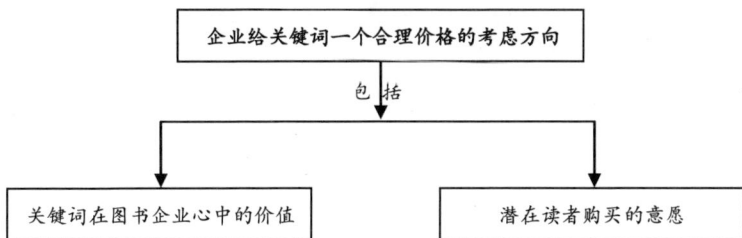

◆ **图 11-34　企业给关键词一个合理价格的考虑方向**

关键词在企业心目中的价值实际也是关键词本身的价值，如"青春文学"是青少年重点选择阅读的书籍，那么网络青少年多、网络青少年集中的区域应该设置高一点的价格。

　　根据潜在客户购买意愿制定关键词价格的意思是如果顾客的购买意愿强烈，那么该系列的关键词就应该设置高点的价格。

　　同时，图书企业应该每天都关注关键词的动态，根据历史数据，筛选出没有必要再用的关键词，重新设定好的关键词，历史数据表现出好的关键词，则可继续留用。

❸ 跟踪效果

　　图书企业选择百度推广进行产品营销和广告投放的时候，需要跟踪、评估广告投放和推广效果，为了让企业更好地检测效果，百度推出了一款网站流量分析工具——百度统计，百度统计的作用和对企业推广的意义如图 11-35 所示。

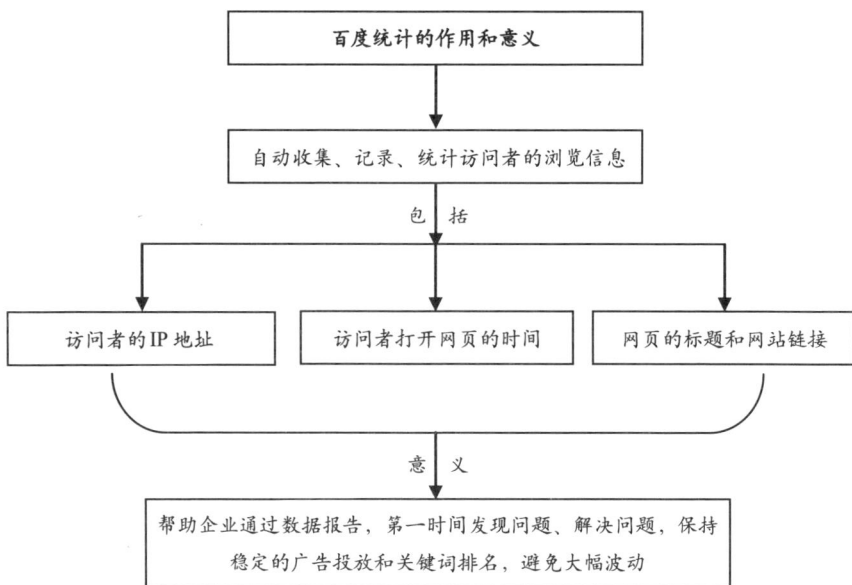

```
┌─────────────────────────────┐
│      百度统计的作用和意义        │
└─────────────────────────────┘
               │
               ▼
┌─────────────────────────────┐
│   自动收集、记录、统计访问者的浏览信息   │
└─────────────────────────────┘
              包 括
    ┌──────────┼──────────┐
    ▼          ▼          ▼
┌────────┐ ┌──────────┐ ┌──────────────┐
│访问者的IP地址│ │访问者打开网页的时间│ │网页的标题和网站链接│
└────────┘ └──────────┘ └──────────────┘
    └──────────┼──────────┘
              意 义
               ▼
┌─────────────────────────────────────────┐
│ 帮助企业通过数据报告，第一时间发现问题、解决问题，保持     │
│    稳定的广告投放和关键词排名，避免大幅波动            │
└─────────────────────────────────────────┘
```

◆ **图 11-35　百度统计的作用和意义**

❹ 优化管理

　　图书企业应当把不同时间段的数据进行汇总，然后生成报告，根据当前的形势，与推广标准进行比对，指出取得的成绩与不足。

　　图书企业在对投放数据进行分析的时候，还要结合历史数据和市场新动向，合理地调整关键词、创意、账户结构等各层级的内容，以达到推广标准，实现推广目标。在这个过程中，根据数据报告和分析得到的结论，制定优化方案，取得各方面确认后再实施。需要注意的是，优化管理主要有两方面的内容，如图 11-36 所示。

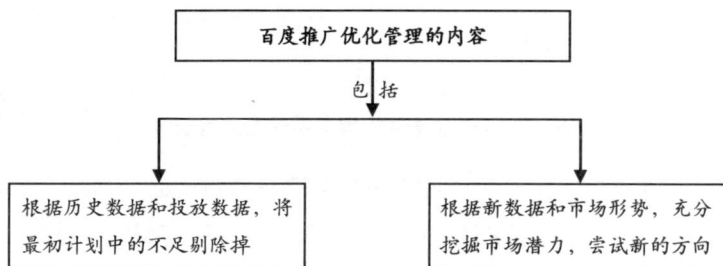

◆ 图 11-36　百度推广优化管理的内容

11.3 图书 + 百度推广经典案例

学习了相关的理论知识和推广技巧之后，接下来笔者为大家介绍图书行业的百度推广营销案例。

11.3.1　百度百科：法兰克福书展

法兰克福书展(Frankfurt Book Fair) 是一个国际性的图书展览，其宗旨是："允许世界上任何出版公司展出任何图书"。

然而在这个网络时代，对于这个国际书展，依然有很多普通民众不知晓，为了宣传法兰克福书展，让更多的人民了解该书展的意义，有网友在百度百科上编辑了 该词条，如图 11-37 所示。

◆ 图 11-37　法兰克福书展词条

在该词条的目录上可以看出，主要讲述了四个方面的内容，如图 11-38 所示。

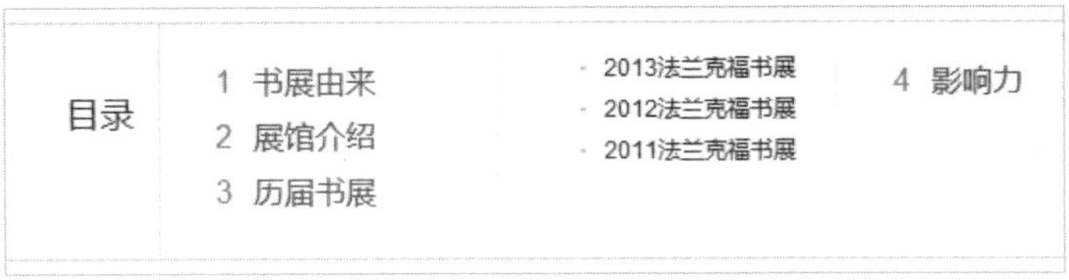

◆ 图 11-38 法兰克福书展词条的目录

运用百度百科对法兰克福书展进行词条编写，一方面能够宣传法兰克福书展，让更多的爱书人士了解到该书展的内容和意义，另一面还能够让感兴趣的人随时对该词条进行编辑，以时时传递最新的消息。

11.3.2　百度经验：书籍推荐

百度经验是一款用于解决人们实际生活问题的产品，主要是以操作步骤的方式进行展示的，图书企业可以通过百度经验来进行书籍的推荐，如图 11-39 所示为某个网友利用百度经验进行书籍推荐的示例。

◆ 图 11-39　利用百度经验进行书籍的推荐

图书企业可以借鉴这种方式来推广企业旗下的书籍，标题可以采用疑问的方式以引起读者的注意。

11.3.3　百度知道：问答推广

除了利用百度经验进行书籍的推广之外，还可以利用百度知道进行书籍的推广，因为在百度知道上，有很多爱书的人士会请求网友推荐书籍，如图 11-40 所示。

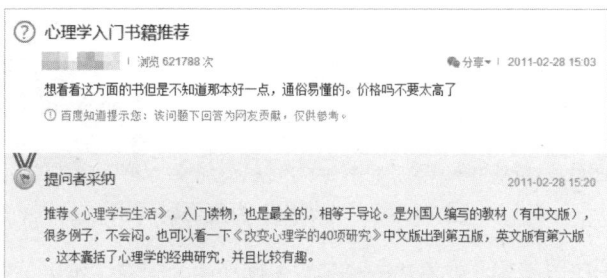

◆ **图 11-40　通过百度知道请求网友推荐书籍**

图书企业可以通过回答网友提问的形式将自己的产品推广出去，并且可以在回答的过程中添加外链，就是图片中标蓝色的字，当用户单击蓝色字"《心理学与生活》"之后，页面就会跳转到该书籍的百度页面，如图 11-41 所示。

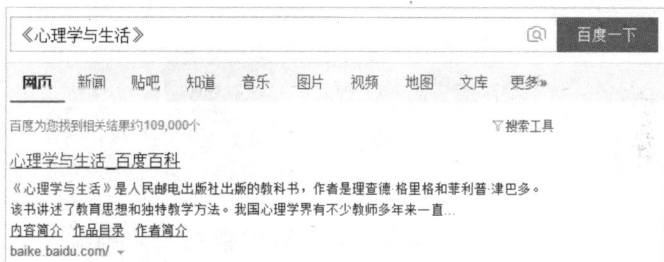

◆ **图 11-41　《心理学与生活》的百度页面**

图书企业还可以再结合百度百科，对该书籍进行相应的介绍，从而让用户对该书籍有个更全面的了解。

11.3.4　百度图片：书籍封面

利用百度图片进行书籍封面的推广也是一种很不错的推广方式。因为百度图片主要是百度对图片进行收录后呈现出来的效果，因此图书企业在百度百科、百度贴吧、百度经验或其他百度方式中撰写图书信息时，可以将清晰的书籍封面进行上传，方便百度图片进行收录。

如图 11-42 所示为作家落落写的书籍《须臾》的百度百科词条。

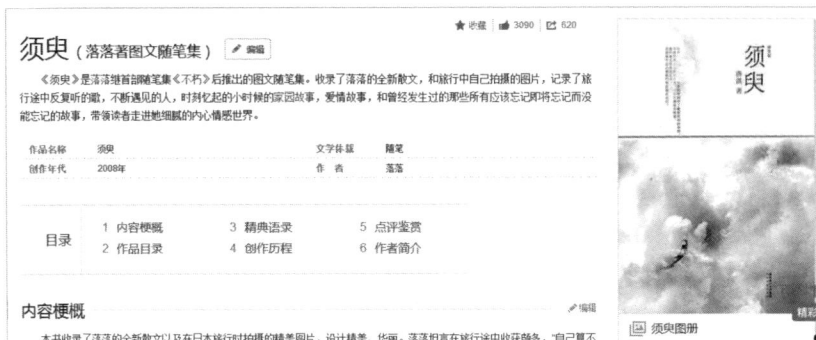

◆ 图 11-42 《须臾》百度百科词条

从图片中可以看到，在右边的《须臾》图册中，附有《须臾》书籍的封面，该封面已经被百度图片收录进去，如图 11-43 所示。

◆ 图 11-43 《须臾》书籍的封面被百度图片收录

通过这种方式，也能增加图书的曝光率，提升图书的知名度。